주거복지법제와 주택임대차법의 현황과 과제

이은희·여경수 저

충북대학교 출판부

목 차

머리글

이 책은 우리나라 공·사법을 아울러서 주거법제를 분석한 연구서이다. 주거복지법제의 현황과 과제(제2편)는 경기대학교 행정사회복지대학원 여경수 조교수가 집필하였고, 주택임대차법의 현황과 과제(제3편)는 충북대학교 법학전문대학원 이은희 교수가 집필하였다.

제1편에서는 헌법과 국제인권법에 근거한 주거권의 개념을 살펴보고자 한다.

제2편에서는 주거복지법제의 현황과 과제를 다루고 있다. 이 부분에서는 다음과 같은 6개의 법률을 살펴보고자 한다. 대표적으로는, ① 주거기본법, ② 공공주택 특별법, ③ 민간임대주택에 관한 특별법, ④ 주거급여법, ⑤ 장애인 고령자 등 주거약자 지원에 관한 법률, ⑥ 노숙인 등의 복지 및 자립지원에 관한 법률이다. 주거복지법제의 현황과 과제에서는 위에서 언급한 개별 법률의 현황과 과제를 구체적으로 서술하고자 한다. 우리나라에서는 주거기본법이 주거복지에 관한 기본법의 성격을 지니고 있다. 주거복지정책의 중요한 수단인 임대주택과 관련된 법률은 공공주택 특별법, 민간임대주택에 관한 특별법이다. 주거비보조제도를 다루고 있는 법률은 주거급여법이다. 주거복지에 취약한 계층을 배려하는 법률은 장애인 고령자 등 주거약자 지원에 관한 법률과 노숙인 등의 복지 및 자립지원에 관한 법률이다.*

---

* 제2편의 내용은 공저자가 기존에 발표한 논문을 학술서적의 형식으로 재편집한 것임

제3편 주택임대차법의 현황과 과제에서는 민법과 주택임대차보호법을 상세히 다루고 있다. 부동산임대차에 있어서 최초의 특별법은 1981년에 제정된 주택임대차보호법이다. 1970년대에 들어 인구가 대도시로 집중함에 따라 주택난이 매우 심각한 상황에 이르자 임대인의 횡포도 빈번하였다. 당시 가장 관심을 집중시켰던 법률문제는 임대주택이 양도됨에 따라 임차인이 그의 전 재산인 보증금을 돌려받지도 못하고 거리로 내쫓긴다는 문제였다. 그러므로 임차인에게 등기 없이 부동산 양수인에 대하여 임차권을 갖고 대항할 수 있으며, 또한 임대인에게 지불했던 보증금의 반환을 보장할 수 있는 길을 열어주는 것이 시급했다. 그래서 임차권의 등기가 없는 경우에도 임차인이 임대주택에 대한 점유를 취득하고 주민등록의 전입신고를 마친 때에는 그 익일부터 제3자에 대하여 대항력이 발생하도록 하였다(제3조 제1항). 그밖에도 주택임대차보호법은 최소 임대차기간(제4조), 임차보증금의 우선변제권(제3조의2), 임차권등기명령제도(제3조의3) 등을 규정하여 임차인을 보호한다. 특히 소액임차보증금 보호(제8조)는 임차인이 생활근거지를 크

을 미리 밝혀 둔다. 제2편 제2장 공공주택 특별법은 〈여경수, 「공공주택 특별법」에서 행복주택에 관한 평가와 과제(입법과 정책 제8권 제1호 375-395쪽, 2016)〉내용을 바탕으로 작성되었다. 제3장 민간임대주택에 관한 특별법은 〈여경수, 공공지원민간임대주택의 법률상 쟁점(일감부동산법학 제17호 149-173쪽, 2018)의 내용을 바탕으로 작성되었다. 제4장 주거급여법은 〈여경수, 외국의 주거비보조 입법례와 시사점(법학논총 제25집 제2호, 261-283쪽, 2018)〉의 내용을 바탕으로 작성하였다. 제5장 장애인 고령자 등 주거약자 지원에 관한 법률은 〈이헌석 · 여경수, 「장애인 · 고령자 등 주거약자 지원에 관한 법률」의 내용과 평가(토지공법연구 제57집 101-121쪽, 2012)를 바탕으로 작성하였다. 제6장 노숙인 등의 복지 및 자립지원에 관한 법률은 〈이헌석 · 여경수, 「노숙인 등의 복지 및 자립지원에 관한 법률」의 평가와 향후 과제(토지공법연구 제55집, 319-338쪽, 2011)를 바탕으로 작성하였다. 머리글에 소개된 학술논문은 본문에서는 별도로 각주로 소개하지 않았다. 다만, 통계자료와 개정된 법률내용 그리고 참고문헌은 2019년 2월자 기준으로 수정하였다.

게 벗어나지 않고도 최소한의 대체주거를 마련할 수 있도록 하는 배려이다. 그러나 주택임대차보호법은 '임대목적물과 차임의 균형' 이라는 적정가격의 문제를 외면하였고 존속보장에 관해서도 매우 소홀히 다루었다. 최단기간만 준수하면 임대인의 갱신거절이 자유롭기 때문이다.

이 책은 여러 특별법이 존재하는 현재의 주거복지법제와 주택임대차법을 수범자들이 전체적으로 파악할 수 있도록 구성되어 있다. 저자들이 제시하는 개선방안을 법 정책자들이 입법 등에 채택한다면 우리나라 주거복지법제와 주택임대차법이 한층 단순하면서도 권리보장에 철저한 법이 되리라 기대한다.

제1편
주거권

제1장 헌법상 주거권

Ⅰ. 헌법상 주거권 논의

우리나라 헌법에서는 주거권을 직접적으로 규정하고 있지는 않고 있다. 주로 학계에서 논의된 주거권의 개념은 다음과 같다. 인간의 존엄성에 적합한 주택조건을 향유할 권리,[1] 인간으로서의 존엄과 가치를 유지하는 데 필요한 주거수준을 확보하고 이를 누릴 수 있는 권리,[2] 인간의 존엄성에 적합한 주거조건과 주거환경을 향유할 권리,[3] 모든 사람이 적절한 주거에서 생활할 수 있는 권리[4]로 설명되고 있다. 위의 의견은 주거환경이 인간의 존엄성을 유지하는 데 적절한 주거환경을 갖추어야 함을 강조하는 점에서는 큰 차별성

1) 이은기, 주거기본법의 제정과 주거권, 그 함의, 공법연구 제44집 제4호, 한국공법학회 2016, 270쪽 ; 임숙녀/박희원, 주거권의 법리에 관한 고찰, 토지공법연구 제75집, 한국토지공법학회, 2016, 296쪽.
2) 조규범, 강제철거에서의 주거권 보호를 위한 입법론적 소고, 미국헌법연구 제20권 제2호, 미국헌법학회, 2009, 348쪽.
3) 김명엽, 고령자의 주거개선을 위한 법적 연구, 일감부동산법학 제11호, 건국대학교 법학연구소, 2015, 6쪽 ; 윤현식, 주거기본법의 의의와 과제, 일감부동산법학 제11호, 건국대학교 법학연구소, 2015, 59쪽.
4) 최승원/김태영, 주거권 실현을 위한 주거비 지원의 법적 고찰, 사회복지법제연구 제7권 제2호, 사회복지법제학회, 2016, 103쪽.

은 없다. 이들 주장의 의미는 주거권의 인정에 따라서 국가는 주거권을 보장할 책임이 있다는 점이다.[5)]

주거복지의 헌법적 근거는 복지국가원리에서 찾을 수 있다. 주거권과 관련되는 헌법적 근거는 헌법 제35조에서 찾을 수 있다. 헌법 제35조 제3항은 '국가는 주택개발정책 등을 통하여 모든 국민이 쾌적한 주거생활을 할 수 있도록 노력하여야 한다'고 규정하고 있다. 주거권은 여러 기본권을 포괄하고 있는 헌법상 기본권이다. 주거권은 인간의 존엄성, 행복추구권, 평등권, 자유권, 인간다운 생활을 할 권리, 환경권을 포함하는 복합적 기본권으로 파악할 수 있다. 주거권이 기본권으로 인식된다면, 국가에게 주거권 실현을 위한 의무가 부여되며, 이를 토대로 국가는 각종 주택정책을 실시하여야 한다. 주거권보장을 위한 주택관련법률을 제정하고, 이를 시행하여야 함은 국가의 중요한 과제이다.[6)]

Ⅱ. 주거기본법상 주거권의 의미

2015년 제정된 주거기본법 제2조에서는 주거권을 '국민은 관계 법령 및 조례로 정하는 바에 따라 물리적 · 사회적 위험으로부터 벗어나 쾌적하고 안정적인 주거환경에서 인간다운 주거생활을 할 권리를 갖는다'고 정의하고 있다. 이를 구체적으로 분석하면 아래와 같다.

5) 장은혜, 주거권의 법리적 쟁점과 보장법제에 관한 연구, 아주법학 제8권 제1호, 아주대학교 법학연구소, 2014, 47쪽.
6) 여경수, (가칭) 주거생활보장기본법 시안 작성의 필요성과 구성체계, 토지공법연구 제52집, 한국토지공법학회, 2011, 392쪽.

1. 주거기본법상 '물리적 · 사회적 위험으로부터 벗어나'의 의미

주거기본법상 '물리적 · 사회적 위험으로부터 벗어나'의 의미는 주거공간은 두 가지의 위험으로부터 벗어나야 함을 뜻한다. 첫째, 물리적 위험이란 자연환경에서 거주자의 신체적 안녕을 해칠 수 있는 요소이다. 자연재해, 추위, 습기, 열기, 비바람, 악취와 같은 자연환경요소와 화재, 건물붕괴와 같은 구조적 요소를 포함한다. 둘째, 사회적 위험이란 강제퇴거, 범죄와 같은 타인으로 인한 주거환경 침해뿐만 아니라 건강, 안전, 영양, 응급의료조치와 같은 필수적인 기반시설로부터 고립된 상황을 의미한다.[7] '물리적 · 사회적 위험으로부터 벗어나'의 의미는 사람의 주거환경이 자연환경이나 사회적인 위험으로부터 예방되며, 각종 위험으로부터도 보호될 수 있는 조건을 의미한다.

2. '쾌적하고 안정적인 주거환경'의 의미

주거기본법상 '쾌적하고 안정적인 주거환경'의 의미는 적절한 주거(adequate housing)의 의미와 비슷하다. 유엔 사회권위원회는 1991년 '적절한 주거에 대한 권리(The right to adequate housing)'의 제목으로 일반논평 4호(General Comment 4)을 발표하였다. 당시 일반논평에서 밝힌 주거의 적절성을 살펴보면 다음과 같다.[8] ① 점유의 법적 안정성(Security of tenure) : 임차인은 점유에 대한

---

7) 문준혁, 주거권 보장에 대한 사회보장법적 검토, 사회보장법연구 제5권 제1호, 서울대 사회보장법연구회, 2016, 42쪽.

8) The Committee on Economic, Social and Cultural Rights, General Comment No. 4 on the right to adequate housing, E/1992/23.

법적인 안정성을 보장 받아야 한다. ② 사회 용역, 시설, 기반시설에 대한 이용가능성(Availability of services, materials, facilities and infrastructure) : 주거생활의 안정성 확보에 필요한 사회 용역, 시설, 기반시설과 같은 편익시설에 대한 접근성을 확보할 수 있어야 한다. ③ 주거비용의 적정성(Affordability) : 주거 비용이 자신의 경제수준에 적정해야한다. ④ 물리적인 거주적합성(Availability) : 주거 공간이 적절한 규모를 갖추어야한다. 추위, 습기, 더위, 비, 바람으로부터 안전을 보장받을 수 있어야 한다. ⑤ 주거조건의 가능성(Accessibility) : 노인, 장애인, 어린이와 같은 사회적 약자의 주거조건에 맞는 주거공간이 마련된다. ⑥ 주거입지의 적합성(Location) : 직장, 문화시설, 상권과 같은 생활 시설에 근접하고 있어야 한다. ⑦ 주택의 문화적 적합성(Cultural Adequacy) : 주택의 건설방식에서 그 재료나 형태에서 문화적 다양성을 인정해야 한다. 이를 종합적으로 해석하면, 적절한 주거란 적정한 기간 동안의 법적인 안정성, 사회기반시설에 관한 이용가능성, 부담가능한 주거비용, 주거환경의 적합성, 거주자의 특성을 갖춘 주거공간, 생활 시설의 접근성 확보, 문화적 다양성을 보장하는 주거공간을 의미한다.

3. '국민은 관계 법령 및 조례로 정하는 바에 따라'의 의미

주거기본법에는 주거권의 주체를 국민으로 규정하고 있다. 주거권을 인간의 권리로 인식한다면 국내 체류 중인 이주노동자와 같은 외국인에게도 주거권의 주체성을 인정할 수는 있다. 현행 주거와 관련된 법령은 다음과 같다. 주택의 건설·공급에 대한 사항은 「주택법」에서 규정하고 있다. 임대주택의 공급에 대해서는 「공공주택 특별법」과 「민간임대주택에 관한 특별법」에서 정하고 있다. 공동주택의 관리는 「공동주택관리법」에서 규정하고 있다. 주거정책 자금은 「주택도시기금법」에서 규정하고 있다. 주거환경 정비는 「도시 및 주거환경비법」, 「빈집 및 소규모주택 정비에 관한 특례법」, 「도시재생 활성화 및 지원에 관한 특별법」에서 규정하고 있다. 주거비 보조제도는 「주거급여법」에서 규정하고 있다. 주거약자에 대한 지원은 「장애인·고령자 등 주거약자 지원에 관한 법률」에서 정하고 있다. 개인과 개인간의 주택임대차 관계는 「주택임대차보호법」에서 정하고 있다. 그 밖에도 국민기초생활보장법, 긴급복지지원법, 아동복지법, 한부모가족지원법과 같은 사회복지법제에서 주거복지에 관한 사항을 규정하고 있다. 다른 법령 및 조례에서 주거권을 보장하는 내용이 마련되지 않으면, 주거기본법에서 규정한 주거권의 사법적인 구제 가능성이 낮을 수 있다.

Ⅲ. 향후 개헌 과정에서 주거권의 헌법상 명문화 방안

우리나라 헌법은 제9차 개정에서 명문으로 '쾌적한 주거생활'이 헌법에 도입되었으나, 아직은 주거권이 개별기본권으로 헌법에 규정되지 못하고 있는 실정이다. 다만, 2018년 헌법 개정안에서는 다음과 같이 주거권을 규정하였다. '모든 국민은 쾌적하고 안정적인 주거생활을 할 권리를 가진다(헌법 개정안 제35조 제4항).'[9] 향후 개헌 과정에서는 주거권의 명문으로 규정하는 논의에서는 유럽연합 법제의 주거권 규정을 참고할 필요가 있다. 지금까지 논의된 주거권을 법률에 규정한다면 다음의 문장으로 주거권을 설명할 수 있다고 본다. 누구든지 물리적 또는 사회적 위험으로부터 벗어나,

9) 제출자 대통령, 대한민국헌법 개정안(의안번호 12670), 2018, 40쪽.

쾌적하고 안정적인 주거환경에서 인간다운 주거생활을 할 권리를 갖는다. 국가는 주택 공급과 주거비 지원을 통하여 국민의 주거안정과 주거수준의 향상을 도모해야 한다.

Ⅳ. 중간 맺음말

주거권은 여러 기본권을 포괄하고 있는 헌법상 기본권이다. 특히 환경권조항에서는 쾌적한 주거환경을 국가의 의무로 명시했지만, 각각 살펴본 바와 같이 주거권은 인간의 존엄성, 행복추구권, 평등권, 자유권, 인간다운 생활을 할 권리, 환경권을 포함하는 복합적 기본권으로 파악할 수 있다. 주거권이 기본권으로 인식된다면, 주거권을 실현하기 위해 국가에게는 헌법상 의무가 부여되며, 이를 토대로 각종 주택정책을 실시하여야 한다. 이를 위한 주택관련법률을 제정 · 시행하여야 함은 필수적이다.[10] 우리나라 주거기본법에는 주거권을 「물리적 · 사회적 위험으로부터 벗어나 쾌적하고 안정적인 주거환경에서 인간다운 주거생활을 할 권리」로 정의하고 있다(주거기본법 제2조).

주거기본법은 주거복지 등 주거정책의 수립 · 추진 등에 관한 사항을 정하고 주거권을 보장함으로써 국민의 주거안정과 주거수준의 향상에 이바지하는 것을 목적으로 하고 있다(주거기본법 제1조). 또한 주거기본법은 우리나라의 주거정책에 관한 규정을 정하고 있다.

---

10) 부동산정책과 법령의 헌법적 기초를 사회국가원리, 사회적 시장경제질서, 토지공개념 및 주택공개념, 부동산법제의 한계 등으로 정리한 아래의 내용은, 김수갑/여경수, 「재건축 초과이익환수법」의 법률적 쟁점과 과제, 공법학연구 (제7권제2호), 2006, 403~431면 참조.

제2장 국제인권법상 주거권

「세계인권선언」(Universal Declaration of Humans Rights) 제25조와 「경제적 사회적 및 문화적 권리에 관한 국제규약」(International Covenant on Economic, Social and Cultural Rights) 제11조에서 주거권과 관련한 국제법규의 핵심적인 내용을 파악 할 수 있다. 그 밖에 간접적으로는 「시민적 및 정치적 권리에 관한 국제규약」(International Covenant on Civil and Political Rights) 제17조(자신의 주택을 국가로부터 자의적이거나 불법적인 방법으로 침탈당하지 않을 자유권적인 권리), 「모든 형태의 인종차별 철폐에 관한 국제협약」(International Convention on the Elimination of All Forms of Racial Discrimination) 제5조(인종, 피부색, 국적 또는 윤리적인 이유로 주택에 대한 권리를 차별당하지 않을 권리), 「여성에 대한 모든 형태의 차별철폐에 관한 협약」(Convention on the Elimination of All Forms of Discrimination against Women) 제14조(국가는 농업에 종사하는 여성에 대하여 주택을 포함하는 적당한 환경에서 삶을 영위할 수 있도록 하여야 한다), 「아동의 권리에 관한 협약」(Convention on the Rights of the Child) 제27조(국가는 아동에 대하여 특히 주택과 관련해서는 도움을 필요로 하는 경우 물질적인 원조를 할 프로그램 등을 규정하고 이행하여야 한다).

그리고 아직 우리나라가 가입하지 않았지만 「모든 이주노동자와 그 가족의 권리보호에 관한 국제협약」(International Convention on the Protection of the Rights of All Migrant Workers and Members of Their Families) 제43조(이주노동자는 주택에 대한 접근권을 차별받지 않는다) 등에서 주거권 보장의 내용을 담고 있다.

제1절 세계인권선언에서 주거권

UN총회에서 1948년 10월 10일 세계인권선언이 채택된다. 국제법상 주거권을 처음으로 규정한 문서는 세계인권선언이다.[11] 세계인권선언에서 주거권에 관한 명시조항은 제25조이다. 이 조항에서 「모든 사람은 식량, 의복, 주택, 의료, 필수적인 사회보장을 포함하여 자신과 가족의 건강과 안녕에 적합한 생활수준을 누릴 권리를 가지며, 실업, 질병, 불구, 배우자와의 사별, 노령, 그 밖의 자신이 통제할 수 없는 상황에서의 다른 생계결핍과 사회보장을 누릴 권리를 가진다」라고 규정하고 있다. 이 조항은 생존권의 측면을 부각하고 있는 조항이다. 즉 주택이라는 주거공간을 확보하여 자신의 생계를 유지할 수 있다는 점을 강조하고 있다.

국제연합의 「인권에 관한 세계선언」은 그 전문에 나타나 있듯이 「인권 및 기본적 자유의 보편적인 존중과 준수의 촉진을 위하여 …… 사회의 각 개인과 사회 각 기관이 국제연합 가맹국 자신의 국민 사이에 또 가맹국 관할하의 지역에 있는 인민들 사이에 기본적인 인권과 자유의 존중을 지도 교육함으로써 촉진하고 또한 그러한 보편적, 효과적인 승인과 준수를 국내적·국제적인 점진적 조치에 따라 확보할 것을 노력하도록, 모든 국민과 모든 나라가 달성하여야 할 공통의 기준」으로 선언하는 의미는 있다. 그 선언내용인 각 조항이 바로 보편적인 법적구속력을 가지거나 국제법적 효력은 없다.[12]

---

11) Bogumil Terminski, THE RIGHT TO ADEQUATE HOUSING IN INTERNATIONAL HUMAN RIGHTS LAW : POLISH TRANSFORMATION EXPERIENCES, Revista Latinoamericana de Derechos Humanos Vol. 22 (2), 2011, p233.

12) 헌법재판소 2000. 8. 31. 자, 97헌가12 결정 「……세계인권선언(1948. 12. 10)이 제15조에서 "① 사람은 누구를 막론하고 국적을 가질 권리를 가진다. ② 누구를 막론하고 불법하게 그 국적을 박탈당하지 아니하여야 하며 그 국적변경의 권리가 거부

하지만 각 개별 국가에서 차후 헌법의 개정시 이러한 선언의 취지가 고려될 수 있으며, 국내법의 제정·개정·집행·판단의 과정에서 그 당위규범으로 인식할 수 있는 주요한 지침서로의 역할을 한다.

제2절 경제적 사회적 및 문화적 권리에 관한 규약에서 주거권

Ⅰ. 「경제적 사회적 및 문화적 권리에 관한 규약」의 의의

「경제적 사회적 및 문화적 권리에 관한 국제규약」(1990.6.13. 조약 1006호)과 「시민적 및 정치적 권리에 관한 국제규약」(1990. 6.13. 조약 1007호)은 세계인권선언의 실효성을 뒷받침하기 위하여 마련된 것이다. 「경제적 사회적 및 문화적 권리에 관한 국제규약」 제4조에서는 「……국가가 이 규약에 따라 부여하는 권리를 향유함에 있어서, 그러한 권리의 본질과 양립할 수 있는 한도 내에서, 또한 오직 민주사회에서의 공공복리증진의 목적으로 반드시 법률에 의하여 정하여지는 제한에 의해서만, 그러한 권리를 제한할 수 있음을 인정한다」하여 일반적 법률유보조항을 두고 있다. 이러한 국제규약은 헌법 제6조에 따라 국내법상의 효력이 있음은 당연하다.[13][14]

되어서는 아니된다."는 규정을 둔 것은 이를 뒷받침하는 좋은 예다. 그러나 개인의 국적선택에 대하여는 나라마다 그들의 국내법에서 많은 제약을 두고 있는 것이 현실이므로 국적은 아직도 자유롭게 선택할 수 있는 권리에는 이르지 못하였다고 할 것이다」. 한편 헌법재판소는 헌법소원 사건에서 「세계인권선언과 많은 국가의 헌법이 채택하고 있고…… 입법을 한다면 이 원칙에 반하는 결과가 될 것이다」(헌법재판소 1994. 4. 28. 자, 93헌바26 결정)라고 판시하여, 세계인권선언이 하나의 해석기준이 될 수 있는 것으로 파악하고 있다.

13) 국제인권조약은 헌법 제60조의 국회 동의권 행사대상을 제외한 경우에는 형식적 합헌성 요건과 조약의 내용도 헌법에 위배되지 않을 경우 당연히 국내법적 효력을 지닌다.

14) 헌법재판소는 출범이래로 우리나라 정부가 가입한 조약에 대하여는 국내법과 동등

이처럼 사회적 권리가 국제사회에서 등장하게 된 이유는 국제사회 질서에 있어서 연대성의 강화가 중요했기 때문이다. 1970년대에 들어서면서 새로운 국제경제질서를 모색하는 국제적 논의과정에서 제3세계에 속하는 개발도상국가들의 주장을 강화하기 위한 이른바 제3세대 인권개념이 등장하기 시작하였다. 제1세대의 인권이 국가의 침해로부터의 개인의 정치적 자유의 방어를 내용으로 하는 인권을 주로 지칭하고, 제2세대의 인권이 산업화 및 사회주의의 등장과 함께 나타난 국가의 적극적 관여를 요구하는 내용의 사회적 기본권을 일컫는다면, 제3세대 인권은 개발의 권리(the right to development), 평화의 권리(the right to peace), 깨끗한 환경 속에서 살 수 있는 권리, 인류공통의 유산으로부터 이익을 받을 권리, 인도적인 조력을 받을 권리 등을 국제사회 연대를 통하여 이룩하려고 노력하고 있다. 특히 주거권은 국가로부터 자신의 주택을 박탈당하지 않는 측면에서는 제1세대 인권의 범주에 속하며, 사회의 보호를 요하는 생활 자력이 부족한 사람에게는 그들 자신의 주거공간을 확보하는 생존권적 측면에서는 제2세대 인권의 성격을 가지며, 자연적 · 문화적 환경을 통하여 평화로운 삶을 제공받는 주택에 대한 권리는 제3세대 인권의 측면에서 파악될 수 있다.

한 효력을 인정한다. 즉, 「우리나라도 작년에 가입함으로써 국내법과 같은 효력이 있는 국제연합 국제인권규약에서도 행형제도의 기본적인 목표를 수감자의 교정을 통한 사회복귀에 있음을 천명하는 등(B협약 제10조)」(헌법재판소 1991. 4. 1. 자, 89헌마17 · 85 · 100 · 109 · 129 · 167(병합) 결정), 「외국의 입법례 및 국제인권규약 ……한편, 1976년에 발효된 국제인권규약 B규약 제9조 제3항 전문(前文)은 "형사상의 …… 것이다. 이와 같이 외국의 입법례나 국제인권규약에서는…… 이를 제한해야 한다는 입법론을 주장하고 있다」(헌법재판소 2003.11.27. 자, 2002헌마193 결정), 「헌법 제6조 제1항의 국제법 존중주의는 우리나라가 가입한 조약과 일반적으로 승인된 국제법규가 국내법과 같은 효력을 가진다는 것으로서 조약이나 국제법규가 국내법에 우선한다는 것은 아니다」(헌법재판소 전원재판부 2001. 4. 26. 자, 99헌가13 결정) 등의 판시에서도 보듯이 이러한 점을 분명히 하고 있다.

Ⅱ. 「경제적 사회적 및 문화적 권리에 관한 규약」의 주거권 내용

「경제적 사회적 및 문화적 권리에 관한 규약」중 (채택일 1966. 12.16, 발효일 1976.1.3, 대한민국 적용일 1990. 7.10) 제11조에서 「이 규약의 당사국은 모든 사람이 적당한 식량, 의복 및 주택을 포함하여 자기 자신과 가정을 위한 적당한 생활수준을 누릴 권리와 생활조건을 지속적으로 개선할 권리를 가지는 것을 인정한다. 당사국은 그러한 취지에서 자유로운 동의에 입각한 국제적 협력의 본질적인 중요성을 인정하고, 그 권리의 실현을 확보하기 위한 적당한 조치를 취한다」[15)]라고 규정되어 있다. 즉 국가는 모든 사람이 적당한 주택에서 생활할 수 있는 적당한 조치를 취하도록 규정하고 있다. 이처럼 주거권실현을 위한 국가적 책무를 선언하고 있다.[16)] 국제법상 주거권은 안전하고 평화롭고 그리고 존엄을 갖는 장소에서 살 수 있는 권리를 말한다. 이 권리는 프라이버시를 비롯한 다른 인권과 밀접하게 관련이 있다. 사회권규약 제11조 제2항은 바로 이 권리를 규정하고 있는데 단순한 거주의 권리가 아니고 '적절한' 삶의 기준(adequate standard of living)으로서의 주거권의 실현을 요구하고 있다.[17)]

---

15) The States parties to the present Covenant recognize the right of everyone to an adequate standard of living for himself [or herself] and his [or her] family, including adequate food, clothing and housing, and to the continuous improvement of living conditions. The States parties will take appropriate steps to ensure the realization of this right, recognizing to this effect the essential importance of international co-operation based on free consent.

16) Adams, Kristen David, Do We Need a Right to Housing?, *Nevada Law Journal* Vol.9 Iss. 2. 2009, p290.

17) 박찬운, 국제인권법에서 바라본 사회권의 법적 성격, 인권과 정의 364호, 2006, 112쪽.

1. 주거권의 주체으로서의 「모든 사람(Everyone)」

본 규약은 모든 사람이 주거권의 주체가 될 수 있는 형태로 규정하고 있지만, 특히 주거권 향유에 열악한 계층 내지 더욱 필요한 계층을 소개하면 다음과 같다.

(1) 여성(Women)

여성의 경우 교육이나 취업의 기회부족 등으로 적당한 주거권보장이 어렵다. 다만 가족이나 그의 배우자를 통한 주거권이 현실적으로 이루어지고 있다.[18] 여성이 독립적으로 주거권을 보장 받기에 어려움이 있다.[19] 특히 가정폭력피해여성과 성매매여성에 대한 국가의 특별한 배려가 요구된다.

(2) 어린이(Children) · 청소년(Youth)

전 세계적으로 상당수의 어린이가 열악한 주거환경에서 살아가고 있다. 특히 전쟁지역의 경우 천이백만명 이상의 어린이들이 그들의 거처를 확보하지 못하고 있다고 한다. 어린이에 대한 주거권보장에 대해서는 많은 개발국가 들이 더욱 관심을 가져야 할 사항이며 청소년의 경우도 그들의 양육을 받을 장소로서의 주거권이 더욱 중요하다.[20]

---

18) Klaus Toepfer, 『*Women's Rights to Land, Housing and Property in Post-conflict Situations and During Reconstruction : A Global Overview*』, UNCHC(Habitat), Nairobi, 1999, p8

19) UN Doc. E/CD.4/2005/48, p14.

20) UN Doc. E/CD.4/2005/48 pp15~16.

(3) 장애인(Persons with disabilities)

정신적 장애 내지는 신체적 장애를 지닌 이들에 대한 주거권보장은 사회국가원리의 측면에서 더욱 중요한 과제이다.[21]

(4) 노숙인(Homelessness)

노숙인라는 개념은 국가마다 정치·문화의 환경이 다른 이유로 명확하게 정의하기가 어렵다. 노숙인는 일정한 건조물의 거주지(residence) 없이 다리나 거리에서 숙식을 해결하는 계층으로 정의할 수 있으나, 넓게는 열악한 주거환경자를 포함해서 해석하여야한다.[22] 우리나라에서는 기차역의 대합실 등에서 숙식을 해결하는 사람들이나 쪽방과 같은 열악한 주거환경에서 거주하는 이들을 노숙인이라고 규정할 수 있다.

2. 적절한 주택기준(Adequate standard of living)의 의미

(1) 좁은 뜻

좁은 뜻으로는 「적당한 주택」이란 사생활 보호, 주택의 안정성, 내구성, 기반시설을 의미한다.

---

21) UN Doc. E/CD.4/2005/48 p18.

22) Graham Tipple, Suzanne Speak, Definition of Homelessness in Developing Countries, *Habtat International* Vol 29, 2005, p350.

(2) 넓은 뜻

최소한의 주거 공간 확보 마련뿐만 아니라 그 주거공간이 쾌적한 주거공간으로의 환경을 의미한다. 이는 단순한 주택의 문제를 넘어서 주택주변에 공원의 확충, 가로수의 조성, 상하수도시설의 정비 등을 뿐만 아니라 주택주변을 둘러싼 마을이 환경친화적 주거환경으로 이루어진 것을 의미한다.[23]

(3) 가장 넓은 뜻

주택의 물, 전기, 햇빛, 기온, 난방을 포함하는 쾌적함뿐만 아니라, 주택 주변에 공공도서관의 확보·박물관 등의 시설증축·공연장 시설이나 미술관 등을 통한 문화적 생활을 영위할 수 있는 주택의 문제까지 포함한다. 주택의 단순한 생존권적 측면이 아니라 주택을 둘러싼 시설을 문화적 공간으로 만들기 위한 것이다. 문화적 환경시설을 설치하여 주택에 주거하는 국민이 문화적 생활을 영위할 수 있는 문화적 주택도 주거권의 내용에 포함 된다[24]

(4) 정리

적절한 주거에 관한 개념정의는 그 범위의 설정이 어렵다. 최소한의 생존권적 보장이라는 측면에서는 주거권은 국가의 강한 책무

---

23) Habitat Agenda : Paragraph 136 (Action) Habitat Agenda의 원문과 자세한 규정 내용은, 『*The Istanbul Declaration and The Habitat Agenda: with subject index*』, Nairobi, 2001)에 수록되어 있다.

24) Habitat Agenda : Paragraph 113 (Action) 참조.

가 부여되며 국민의 권리가 된다. 친환경적인 주택과 그 주위공간은 국가에 대한 단순한 입법지침적인 역할을 가지며, 문화적인 주택환경의 공간의 확보는 국가목표규정으로 파악 할 수 있다. 다만 국가의 재정적인 문제해결과 국민적 합의가 형성될 경우 문화적인 주거공간의 확보를 포함하는 최광의의 주거권을 헌법상 주관적 공권성으로 파악 할 여지는 있다.

4. 국가의 적절한 조치(appropriate steps)의 내용

국가가 국민의 주거권보장을 위하여 취할 조치로 유엔문서는 다음과 같은 사항을 열거하고 있다.[25)]

가. 국가는 주택관련법령 등에 국민의 주거권 정보와 국민의 참여를 반영하여야한다.

나. 국가는 택지단지 등을 개발하여 저렴한 가격으로 주택을 공급하여야한다.

다. 국가는 강제철거의 경우 철거민에 대한 적당한 주거공간 확보를 법적으로 보장하여야한다.

라. 가정폭력방지법 등으로 보호를 받는 피해여성에 대한 주거공간을 확보해야한다.

마. 공공주택을 더욱 개발하여야 하며 합리적인 주택기금을 마련하여야한다.

바. 장애인에 대한 주택정책은 장애인에 적합한 주거공간을 확보하여야한다.

---

25) UN Doc. E/CD.4/2005/48 pp 20~21.

사. 국가는 시민단체(NGO)와 지방자치단체와 밀접한 협력을 통하여 주택사업을 추진하여한다.

아. 주거권을 보장 받지 못하는 사람들에 대하여 사법(司法)부에 의한 보호방안을 마련해야한다.

자. 노숙인에 대하여 적당한 주거권을 보장하기 위한 법과 정책이 수립되어야한다.

제3절 UN-Habitat Ⅰ.Ⅱ.Ⅲ에서 주거권

Ⅰ. 인간정주 밴쿠버 선언과 행동방침(The Vancouver Declaration on Human Settlement and Plan of Action : 1976년)

세계적인 주택문제 해결을 위한 국가들의 모임이 캐나다 밴쿠버에서 개최된다. 이 회의의 이름은 『유엔인간정주회의(United Nations Conference on Human Settlement)』이다. 이 회의의 결과물로 「인간정주 밴쿠버 선언과 행동방침(The Vancouver Declaration on Human Settlement and Plan of Action : 1976년)」이 제정된다. 이 선언에서는 「적정한 수준의 주택과 서비스의 확보는 인간의 기본적인 권리이며, 정부는 국민의 주거 안정에 대한 책임을 져야 한다. 그리고 모든 사람들이 정주에 관련된 주택, 도시계획 등의 정책과 프로그램에 개인 혹은 집단적으로 참여하는 것은 권리임과 동시에 의무이다」라고 규정하고 있습니다. 1978년 『유엔인간정주위원회(United Nations Commission on Human Settlements)』가 설립되었고 또 사무국 기능을 하기 위한 유엔인간정주센터가 창설되었다. 케냐의 나이로비에 본부를 둔 유엔인간정주센터(UN Habitat)

는 유엔의 인간 주거를 위한 프로그램의 기획 및 운영을 책임지고 있다. 유엔인간정주센터는 쾌적한 주거 환경, 인프라, 서비스 등에 대한 접근 기회를 확대함으로써 지역 주민들의 삶의 질 향상을 위한 각 국가의 정책 및 전략 수립을 지원한다. 각 국가차원의 정부와 지방자치단체들이 도시 환경 여건과 생산성 향상을 도모하기 위한 민간 및 공공 자원을 충분히 활용할 수 있게 역량을 강화하는 사업을 진행한다. 유엔인간정주센터는 전 지구적인 주거 불평등과 차별을 해결하기 위한 지원강화와 물리적·사회적 기반시설의 공급 등 정부 차원의 지원 체계의 강화를 그 목적으로 한다. 유엔인간정주센터는 유엔의 인간 주거를 위한 프로그램의 기획 및 운영을 책임지고 있다. 유엔 해비타트의 활동은 많은 개별 국가들의 주거정책입안에 영향을 주고 있다.[26]

II. 이스탄불 선언(The Istanbul Declaration and The Habitat Agenda : with subject index : 1996년)

1996년도에는 「이스탄불 선언」(The Istanbul Declaration and The Habitat Agenda : with subject index)을 발표된다. 이 선언문은 전문(preamble), 목표 및 원칙(goals and principles), 공약(commitment), 그리고 마지막 장에서 범세계적 행동계획(Global Plan of Action : Strategies for Implementation) 등 4개의 장으로 구성되어 있다. 전문(前文)에는 인간 주거의 개선 필

26) Peter M. Ward, C.B. Smith, Housing rehab for consolidated informal settlements: A new policy agenda for 2016 UN-Habitat III, *Habitat International* 50, 2015, p374.

요성에 대한 인식과 목적이 규정되어 있다. 목표 및 원칙에서는 인간정주에 대한 공정성, 인간 정주, 빈곤퇴치, 지속가능한 개발, 가족단위의 사회구조, 모든 국가 및 시민단체의 동참과 연대 등의 원칙을 제시하고 있다. 무엇보다도 이 선언에서는 주거권을 강조하고 있다.

Ⅲ. 새로운 도시 의제(New Urban Agenda : 2016년)

2016년 10월 20일, 에콰도르 키토에서는 169개국의 정부대표단, 국제기구, 도시전문가, 시민사회, 기업과 같은 다양한 참석자들이 참석하였다. 해비타트 III는 유엔 총회의 결의에 따라 20년마다 개최되는 회의로, 정식 명칭은 〈제3차 주택 및 지속가능 도시발전에 대한 유엔회의(The United Nations Conference on Housing and Sustainable Urban Development)이다.[27] 해비타트 III의 결과물인 「새로운 도시의제」는 '모두를 위한 도시(cities for all)'를 핵심가치로 하고 있다. 〈새로운 도시 의제〉는 도시 공간의 경제, 사회, 환경, 문화의 쟁점을 전반적으로 다루는 의제이다.[28] 우리나라도 〈새로운 도시의제〉를 통하여 세계적 도시정책의 흐름을 파악할 수 있으며, 국내 도시문제를 국제적 관점에서 조망하고, 나아가 우리 도시정책의 현주소를 좀 더 객관적인 시각에서 파악할 수 있다.[29] 새로운 도시 의제를 위한 이행계획(Quito implementation

27) United Nations, Draft outcome document of the United Nations Conference on Housing and Sustainable Urban Development (Habitat III), A/CONF.226/4, para 1.

28) United Nations, Draft outcome document of the United Nations Conference on Housing and Sustainable Urban Development (Habitat III), A/CONF.226/4, para 24.

plan for the New Urban Agenda)으로 지속가능발전을 위한 변화의 약속을 실천을 위한 다음과 같은 세 가지를 제시한다.[30] ① 사회적 포용과 빈곤 종식을 위한 지속가능한 도시 개발(Sustainable urban development for social inclusion and ending poverty),[31] ② 모두를 위한 지속가능하고 포용적인 도시의 번영과 기회(Sustainable and inclusive urban prosperity and opportunities for all),[32] ③ 환경적으로 지속가능하고 복원력 있는 도시 개발(Environmentally sustainable and resilient urban development)[33]이다. 이번 해비타트 III의 결과물인 「새로운 도시의제」[34]는 '모두를 위한 도시(cities for all)'를 핵심가치로 하고 있다. 해비타트 III는 기존의 해비타트 회의와 다음과 같은 차이점이 있다. 첫째, 전 지구적인 불평등현상의 증가, 경제성장, 기후변화를 대비하는 점에서 차이점이 있다.[35] 둘째, 해결방식에서 해비타트III는 기존의

---

29) 박세훈, 해비타트 III 「새로운 도시의제(New Urban Agenda)」의 성립배경과 의의, 공간과사회 제26권 4호(통권 58호), 2016, 11쪽.

30) United Nations, Draft outcome document of the United Nations Conference on Housing and Sustainable Urban Development (Habitat III), A/CONF.226/4, para 23-24.

31) United Nations, Draft outcome document of the United Nations Conference on Housing and Sustainable Urban Development (Habitat III), A/CONF.226/4, para 25-42.

32) United Nations, Draft outcome document of the United Nations Conference on Housing and Sustainable Urban Development (Habitat III), A/CONF.226/4, para 43-62.

33) United Nations, Draft outcome document of the United Nations Conference on Housing and Sustainable Urban Development (Habitat III), A/CONF.226/4, para 63-80.

34) David Satterthwaite, A new urban agenda?, *Environment and Urbanization* 28 (1), 2016, p3.

35) Michael A Cohen, From Habitat II to Pachamama : a growing agenda and diminishing expectations for Habitat III, *ENVIRONMENT & URBANIZATION* Vol 28 No 1, 2016, p43.

주거권 중심에서 인권영역을 망라하는 광범위한 분야를 포함하고 있다. 해비타트 Ⅲ는 주거권의 개념을 확장한 도시권을 권리보장의 핵심에 두고 있다.[36] 셋째, 해비타트Ⅲ는 도시권 보장의 실현에서 시민의 참여를 중요한 가치로 삼고 있다.

---

36) SUSAN PARNELL, Defining a Global Urban Development Agenda, *World Development* Vol. 78, 2016, p533.

제2편

주거복지법제의 현황과 과제

제1장 주거기본법

제1절 주거기본법의 지위

Ⅰ. 주거기본법 제정배경

지난 2015년 주거기본법 제정 이전에는 우리나라 법률체계상 주거복지에 관한 기본법이 부재했다. 주거기본법 제정이전에는, 주거복지에 관한 기본 원칙을 천명하고 관련 정책을 포괄적으로 규율하는 기본법에 관한 연구가 있었다.37) 주거기본법 제정이전에 가장 큰 문제점은, 주거복지정책에 관한 일관된 철학이 부재한 점이다. 정권 교체시마다, 주거정책이 크게 변경되는 현상이 되풀이되었다. 국민들은 정부가 집행하는 주거정책의 일관성에 관한 불신이 있었다. 주거기본법의 제정배경은 사회 변화에 대응하여, 주택정책의 기본구조를 단순한 주택공급에서 주거복지로 전환하는 데 있다. 주거기본법상 주택정책은 임대주택공급과 주거급여와 같은 주거복지 정책에 중점을 둔다. 주거기본법은 우리나라의 주거법제의 기본법의 지위를 갖는다. 주거기본법에서는 주거권, 주거정책의 기본원칙

37) 여경수, (가칭) 주거생활보장기본법 시안 작성의 필요성과 구성체계, 토지공법연구 제52집, 2011, 383쪽.

을 신설하였다. 또한 유도주거기준, 주거복지지원센터, 주거복지 전문인력의 양성에 관한 사항을 신설하였다. 기존의 주택법에서 규정한 주택종합계획, 주택정책심의위원회, 최저주거기준에 관한 조문을 보완하여서, 주거기본법에서 규정하고 있다.

II. 주거정책 관련 법 체계의 기본법적 지위

1. 주거기본법의 헌법상 근거

헌법상 복지국가 원리와 사회권 보장, 사회적 시장경제질서에 따르면, 국가는 국민의 주거권을 보장할 책임이 있다. 헌법 제35조 제3항에서는 국가는 주택개발정책등을 통하여 모든 국민이 쾌적한 주거생활을 할 수 있도록 노력하여야 한다는 규정을 두고 있다. 2018년 헌법 개정안에서는 다음과 같이 주거권을 규정하고 있다. "모든 국민은 쾌적하고 안정적인 주거생활을 할 권리를 가진다"(헌법 개정안 제35조 제4항).[38]

(1) 주거기본법 제정 이전 주택법의 개정과정

주거기본법 제정이전에 주거와 관련된 법률에 관한 기본법의 성격을 지닌 법률은 주택법이었다. 주택건설촉진법이 제정된 이후 수차례 개정되었으며, 2003년 주택법으로 법의 이름이 개정되었다. 당시 주택법이 주택공급 뿐만 아니라 주거복지 및 주택관리 등을 포함하는 한 차원 높은 차원에서 주택문제를 접근하고자 하였다는

38) 제출자 대통령, 대한민국헌법 개정안(의안번호 12670), 2018, 40쪽.

점에서, 긍정적인 평가를 받았다. 주택법은 주택정책의 기본방향과 최저주거기준을 규정하고 있었다.[39] 하지만 주택법에는 주거권에 관한 규정이 없으며, 공동주택의 공급에만 초점을 둔 법률이라는 비판이 있었다.

(2) 주택법제에서 주거기본법의 위치

주거기본법은 주거권 보장에 관한 기본법의 역할을 수행한다. 주거기본법의 제정은 주거권과 관련한 다른 법률들을 체계적으로 조합하고 일관된 효과를 거둘 수 있도록 정비할 과제를 남기고 있다.[40] 주거기본법에서는 우리나라 주거정책의 수립·추진에 관한 사항을 정하고 있다. 주거기본법 이외에도 다음과 같은 주거관련 법률이 존재한다. 주택의 건설·공급에 대한 사항은 「주택법」에서 규정하고 있다. 임대주택의 공급에 대해서는 「공공주택 특별법」과 「민간임대주택에 관한 특별법」에서 정하고 있다. 공동주택의 관리는 「공동주택관리법」에서 규정하고 있다. 주거정책 자금은 「주택도시기금법」에서 규정하고 있다. 주거환경 정비는 「도시 및 주거환경 비법」, 「빈집 및 소규모주택 정비에 관한 특례법」에서 규정하고 있다. 주거비 보조는 「주거급여법」에서 규정하고 있다. 주거약자 지원은 「장애인·고령자 등 주거약자 지원에 관한 법률」에서 정하고 있다. 개인과 개인간의 주택임대차 관계는 「주택임대차보호법」에서 정하고 있다. 이처럼 국민의 주거와 관련된 법령은 다양하게 산재

---

39) 김수갑·여경수, 한국 주택법의 과제, 공법연구 제34집 제4호, 2006, 310쪽.

40) 윤현식, 주거기본법의 의의와 과제, 건국대학교 법학연구소, 일감부동산법학 제11호, 2015, 81쪽 ; 문준혁, 주거권 보장에 대한 사회보장법적 검토, 서울대 사회보장법연구회, 사회보장법연구 제5권 제1호, 2016, 51쪽.

되어 있다. 주거와 관련된 개별법의 영역에서 지도원리가 다른 이유로 통일적인 해석이 이루어지지 않고, 서로 모순되는 문제들이 발생하였다.[41] 주거기본법 제4조에 따르면, “국가는 주거정책에 관한 다른 법률을 제정하거나 개정하는 경우에는 주거기본법에 부합해야한다”고 규정되어 있다.

〈주거기본법을 토대로 한 주거법제 개관〉

법 제명	해당 법률의 목적 조항	주거기본법 근거 조항
주택법	주택의 건설·공급 및 주택시장의 관리 등에 관한 사항	주택이 체계적이고 효율적으로 건설 및 공급되도록 노력하고, 주택시장 및 주택산업이 건전하게 기능할 수 있도록 유도하도록 규정(주거기본법 제10조)
공공주택 특별법	공공주택의 원활한 건설과 효과적인 운영을 위하여 필요한 사항	저소득층 등 주거지원이 필요한 계층을 위한 공공임대주택을 공급(주거기본법 제11조 제1항)
민간임대주택에 관한 특별법	민간임대주택의 건설·공급 및 관리와 민간 주택임대사업자 육성 등에 관한 사항	민간임대주택의 공급이 활성화될 수 있도록 지원(주거기본법 제11조 제2항)
공동주택 관리법	공동주택의 관리에 관한 사항	국민이 살기 좋은 주거생활을 영위할 수 있도록 투명하고 효율적인 공동주택 관리체계를 구축(주거기본법 제12조)
주택도시 기금법	주택도시기금을 설치하고 주택도시 보증공사를 설립하여 주거복지 증진과 도시재생 활성화를 지원	주거정책을 효율적으로 실시하기 위하여 필요한 자금을 설치·운용(주거기본법 제13조)

41) 김서기, 주거권 보호 측면에서 주거 관련 제 법규에 대한 비판적 고찰, 한국집합건물법학회, 집합건물법학 제26집, 2018, 65쪽.

법 제명	해당 법률의 목적 조항	주거기본법 근거 조항
도시 및 주거환경비법	도시기능의 회복이 필요하거나 주거환경이 불량한 지역을 계획적으로 정비하고 노후·불량건축물을 효율적으로 개량하기 위하여 필요한 사항	주거환경을 정비하고 노후주택을 개량하여 주민의 삶의 질이 개선될 수 있도록 지원(주거기본법 제14조)
도시재생 활성화 및 지원에 관한 특별법	도시의 경제적·사회적·문화적 활력 회복을 위하여 공공의 역할과 지원을 강화함으로써 도시의 자생적 성장 기반을 확충하고 도시의 경쟁력을 제고하며 지역 공동체를 회복하는 등 국민의 삶의 질 향상에 이바지	
주거급여법	생활이 어려운 사람에게 주거급여를 실시	주거비 부담이 과다하여 주거생활을 영위하기 어려운 저소득가구에게 주거급여를 지급(주거기본법 제15조)
장애인·고령자 등 주거약자 지원에 관한 법률	장애인·고령자 등 주거약자의 안전하고 편리한 주거생활을 지원하기 위하여 필요한 사항	장애인·고령자 등 주거약자가 안전하고 편리한 주거생활을 영위할 수 있도록 지원(주거기본법 제16조)

제2절 주거기본법의 주요내용

주거기본법에는 주거권을 명시하고 있다. 주거기본법에서는 인간다운 주거생활을 할 권리를 보장하기 위한, 국가의 과제로 다음과 같은 사항을 규정하고 있다. ① 주거종합계획과 주거정책심의위원회 설치, ② 임대주택공급과 주거급여제도와 주거비 보조제도 실시, ③ 최저주거기준과 유도주거기준을 설정·공고, ④ 주거복지 전달체계 구축과 주거복지센터 설치와 주거복지 전문인력의 양성을 규정하고 있다.

Ⅰ. 주거기본법상 인간다운 주거생활을 할 권리와 주거정책의 원칙

주거기본법상 주거권을 명시한 점에서 가장 큰 의미를 지닌다. 주거기본법상 주거권을 「물리적·사회적 위험으로부터 벗어나 쾌적하고 안정적인 주거환경에서 인간다운 주거생활을 할 권리」로 정의하고 있다. 주거권이 실정법상 명문화되기 이전에는, 학계에서는 주거권에 관한 연구가 주로 외국의 사례를 참조하였다.

주거권을 보장하기 위한 여러 가지의 주거정책을 기본 원칙으로 주거기본법에서 규정하고 있다. 대표적으로는 주거급여를 통한 주거비 부담완화, 공공임대주택의 공급확대, 주택의 효율적 공급과 관리, 주거환경의 개선, 장애인·고령자와 같은 주거약자에 대한 배려, 주택 시장 기능의 정상화이다.42) 이들 원칙을 주거기본법에서는 자세히 규정하고 있다.43)

---

42) 권오정, 주거기본법 제정과 주거복지사의 현재와 미래, 한국주거학회, 한국주거학회지, 제10권 제2호, 2015, 5쪽.

43) 1. 소득수준·생애주기 등에 따른 주택 공급 및 주거비 지원을 통하여 국민의 주거비가 부담 가능한 수준으로 유지되도록 할 것,
2. 주거복지 수요에 따른 임대주택의 우선공급 및 주거비의 우선지원을 통하여 저소득층 등 주거취약계층의 주거수준이 향상되도록 할 것,
3. 양질의 주택 건설을 촉진하고, 임대주택 공급을 확대할 것,
4. 주택이 체계적이고 효율적으로 공급될 수 있도록 할 것,
5. 주택이 쾌적하고 안전하게 관리될 수 있도록 할 것,
6. 주거환경 정비, 노후주택 개량 등을 통하여 기존 주택에 거주하는 주민의 주거수준이 향상될 수 있도록 할 것,
7. 장애인·고령자 등 주거약자가 안전하고 편리한 주거생활을 영위할 수 있도록 지원할 것,
8. 저출산·고령화, 생활양식 다양화 등 장기적인 사회적·경제적 변화에 선제적으로 대응할 것,
9. 주택시장이 정상적으로 기능하고 관련 주택산업이 건전하게 발전할 수 있도록 유도할 것이다. 또한 국가 및 지방자치단체는 개별 법률이 정하는 바에 따라 주택이 체계적으로 건설 및 공급되도록 노력하고, 주택시장 및 주택산업이 건전하게 기능할 수 있도록 유도하도록 한다.

Ⅱ. 주거종합계획 수립과 주거정책심의위원회 설치

주거기본법상 국가 및 지방자치단체는 주거종합계획을 수립한다. 주거종합계획에는 주거정책의 기본목표 및 기본방향, 공공주택의 공급, 공동주택의 관리, 임대주택 우선공급, 주거비 지원, 최저주거기준, 유도주거기준 등에 관한 사항 등을 포함하도록 한다(제5조와 제6조). 주거기본법에 따라서 10년 단위의 주거종합계획을 수립하고 있으며, 5년마다 계획의 타당성을 재검토한다. 주거종합계획에 지향하고 있는 주거정책과 주요내용은 다음과 같다. ① 보편적 주거복지 실현을 위한 촘촘한 주거안전망 구축, ② 커뮤니티 중심의 살기 좋은 주거환경 조성, ③ 주택품질 제고를 위한 주택공급 및 관리 강화, ④ 수요 맞춤형 주택공급체계 구축, ⑤ 지속가능한 주택시장 대응체계 확립이다.[44]

국가 및 지방자치단체는 주거정책심의위원회를 설치하여 최저주거기준 및 유도주거기준의 설정, 주거종합계획의 수립 등을 심의하도록 한다(제8조와 제9조). 주거복지를 전담하는 위원회를 신설하여 전문성을 확보하고 지속적인 관심을 제고하기 위한 것이라는 점에서 의의가 있다.

Ⅲ. 임대주택공급과 주거급여, 주거비 보조제도의 법적 근거

주거기본법상 임대주택공급과 주거급여, 주거비 보조제도의 법적 근거를 규정하고 있다. 국가 및 지방자치단체는 개별 법률이 정하는 바에 따라 저소득층 등 주거지원이 필요한 계층을 위한 공공임대주

---

44) 국토교통부, 제2차 장기('13~'22) 주택종합계획.

택을 공급하고, 민간임대주택 공급이 활성화될 수 있도록 지원하여야 한다(제11조). 국가 및 지방자치단체는 저소득가구에 대하여 개별 법률이 정하는 바에 따라 주거급여를 지급하고, 주거급여의 지급대상이 아닌 저소득가구에 대해서도 예산의 범위 내에서 주거비를 보조할 수 있다(주거기본법 제15조). 2015년 7월부터는 주거급여제도가 전국적으로 시행되고 있다. 주거급여법상 주거급여제도의 목적은 「생활이 어려운 사람에게 주거급여를 실시하여 국민의 주거안정과 주거수준 향상에 이바지」하는 것이다. 주거급여법상 주거급여는 주거안정에 필요한 임차료, 수선유지비, 그 밖의 수급품이다. 주거급여 대상자인 임차가구에게는 임차료를 지급하고, 자가가구에게는 수선유지비를 지급한다. 주거급여법상 주거급여의 시행은 국토교통부가 담당한다. 주거급여는 사회적 취약계층에 대한 생계보조의 보완수단일 뿐만 아니라, 주택정책으로도 중요한 수단으로 활용된다.

Ⅳ. 최저주거기준과 유도주거기준을 설정·공고

주거기본법상 최저주거기준과 유도주거기준을 설정·공고하도록 규정하고 있다. 국토교통부장관은 국민이 쾌적하고 살기 좋은 생활을 위한 필요한 최소한의 주거수준에 관한 지표로서 최저주거기준을 설정·공고할 수 있고, 국민의 주거수준 향상을 추가적으로 유도하기 위한 지표로서 유도주거기준을 설정·공고할 수 있도록 한다(제17조부터 제19조까지). 다만, 이러한 최저주거기준 미달가구에 대한 우선적 주택공급 및 개량자금 지원은 국가 및 지방자치단체의 재량에 맡겨져 있다(제18조 제1항). 취약 계층에 대한 국가의 보호가 재량행위로 또는 노력규정으로 명문화해서 그 실효성이 미약한 점이 있다. 국토교통부장관 및 지방자치단체의 장은 최저주거기준에 미달되는 가구가 밀집한 지역에 우선적으로 임대주택을 건설하거나 도시 및 주거환경정비법에서 정하는 바에 따라 우선적으로 정비사업을 시행할 수 있도록 필요한 조치를 할 수 있다.[45]

최저주거기준은 면적, 시설, 구조·성능·환경 등 세가지 부문별로 인간다운 생활을 영위하는데 필요한 최소한 기준을 제시하고 있다. 그런데 요건규정이 '양호한', '적절한'과 같이 추상적 규정으로 일관하고 있다. 예를 들어 방음·환기·채광 등은 적절한 설비를 갖추도록 하고 있으나 구체적인 설비기준이 없고, 소음·진동·악취·대기오염 등 환경요소는 법정기준에 적합해야 한다고 규정하고 있으나 구체적인 법정기준이 마련되어 있지 않은 상태이다. 이 때문에 요건충족여부를 행정주체가 임의적으로 판단할 것이므로, 이 최저주거기준은 사실상 무의미하다는 우려가 있다.[46]

V. 주거복지 전달체계 구축과 주거복지센터 설치, 주거복지 전문인력 양성

주거기본법상 주거복지 전달체계 구축과 주거복지센터 설치와 주거복지 전문인력 양성을 규정하고 있다. 국가 및 지방자치단체는 모든 국민이 쉽게 이용할 수 있도록 지역적·기능적으로 균형 있는 주거복지 전달체계를 구축하여야 한다. 또한 주거복지센터 설치에 관한 법적인 근거를 규정하고, 주거복지정보체계 구축·운영 및 주

45) 이은기, 주거기본법의 제정과 주거권, 그 함의, 한국공법학회, 공법연구 제44집 제4호, 2016, 287쪽.

46) 여경수, (가칭) 주거생활보장기본법 시안 작성의 필요성과 구성체계, 토지공법연구 제52집 2011,397쪽.

거복지 전문인력 양성을 할 수 있도록 규정하고 있다(제21조부터 제24조까지).

우리나라의 현실에서는 주거복지와 관련된 정보를 얻거나 주거복지 수급권을 행사하기가 쉽지가 않다. 그 절차가 매우 복잡하다는 점에서 주거복지지원센터를 설치하여 주거복지의 정보제공이나 상담을 제공하는 것은 의미가 있다. 국가와 지방자치단체로 하여금 주거복지의 효율적인 운영을 위한 체계를 구축하는 의무를 부여할 필요성은 크다. 주거기본법상 주거복지지원센터를 지방자치단체에만 설치토록 규정하고 있다. 주민편의성과 주민 접촉기회의 측면에서는 타당하지만, 전국적인 주거복지 전달 공급체계의 일원화를 통한 효율성을 제고하기 위해서는 국가도 설치주체로 포함할 필요가 있다.

한편, 주거기본법에서 주거복지센터 설치와 주거복지업무에 대하여 언급하고 있으나, 실무현장에서 주거복지업무와 관련 업무 간에 명확하게 구분하기 어려운 현실이다. 이를 해결하기 위하여, 더 구체적으로 업무영역과 사업 등을 규명해놓아야 할 것이다.[47]

제3절 주거기본법의 과제

Ⅰ. 주거의 문제를 생활환경에서 접근

주거의 문제를 생활환경에서 접근한다. 주거환경에서 지역의 자연, 역사, 문화의 특성을 고려하며, 환경과의 조화를 배려한다. 이로써 주민이 자랑과 애착을 가질 수 있는 적절한 거주 환경의 형성을

47) 이지숙, 법률에 규정된 주거복지사업과 민간주거복지센터의 사업현황, 한국주거학회 추계학술발표대회 논문집 제27권 제2호, 2015, 433쪽.

도모한다. 주거를 단순한 거주의 공간만이 아닌 거주 환경의 유지와 향상을 도모한다.

Ⅱ. 주택계획단계에서 국민의견 반영과 주택정책 공표

주택계획단계에서 국민의 의견을 반영한다. 주택계획단계부터 주택정책의 실시 상황에 관한 정보를 국민들이 쉽게 접근할 수 있도록 하는 방안이 필요하다.

Ⅲ. 재해를 대비한 안전한 주거 공간보장

재해를 대비한 안전한 주거공간을 확보한다. 지진이나 폭우 또는 폭염과 같은 재해를 대비하는 안전한 주거공간의 확보가 필요하다. 그리고 이를 실현하기 위한 방안을 법률에서 규정할 필요성이 있다.

Ⅳ. 기후변화를 대비한 에너지 절감형 주택공급

주거기본법에 기후변화를 대비한 정책의 근거를 직접 규정할 필요가 있다. 예를 들면, 건축물 에너지효율등급이 높은 건축물에 대한 재정적 지원과 세금 감면을 법률에서 직접 규정할 필요가 있다. 특히 저에너지 건물 조성 기술을 국가적인 차원에서 지원한다. 또한 주택에서 사용하는 에너지를 절감하기 방안이 필요하다. 예를 들면, 태양열, 태양광, 지열과 같은 신·재생에너지를 활용한 거주자가 필요한 에너지를 생산·이용하는 친환경적인 주택에 관한 공급과 관리가 필요하다.

제2장 공공주택 특별법

제1절 우리나라 주거정책에서 공공임대정책과 법제

Ⅰ. 우리나라의 주거복지정책

우리나라에서는 국토교통부가 주거정책에 관한 주무부서이다. 국토교통부가 밝힌 제2차 장기(2013~2022년) 주택종합계획 추진을 살펴보면, 국가의 보편적 주거복지 실현을 목표로 ① 주거복지 향상, ② 주거수준 및 주거환경 개선, ③ 주택시장 안정을 주택정책의 주된 목적으로 제시하고 있다. 국토교통부는 주택정책의 중심을 주거급여 시행, 행복주택와 같은 도심내 공공임대주택 공급 확대를 통한 보편적 주거복지 실현에 두고 있다. 또한 주택정비사업을 물량확보 차원을 넘어서, 지역공동체를 중시하고 원주민의 재정착을 지원하는 개념으로 전환하고 있다.[48]

주거복지 관련사업은 공급 측면의 지원, 수요 측면의 지원, 주택개량 지원처럼 세 가지로 구분할 수 있다.[49]

① 공급 측면의 지원사업에는 공공임대주택과 공공분양주택의 공급 정책이 포함된다.

② 수요 측면의 지원사업에는 주택자금과 전세자금의 융자지원, 주거급여와 같은 임대료보조정책이 포함된다.

③ 주택개선 지원사업에는 저소득층 에너지 효율개선, 슬레이트

48) 국토교통부, 제2차 장기(2013~2022년) 주택종합계획 추진, 2013(12월 30일), 보도자료.
49) 이세진, 주거복지사업 평가, 국회예산정책처, 2013, 2쪽.

처리 지원사업, 농어촌주택 개량자금지원과 같은 각종 주택개선 지원사업이 포함된다.

Ⅱ. 임대주택법제의 체계

1. 임대주택법제의 체계

헌법상 복지국가 원리와 사회권 보장 그리고 사회적 시장경제질서에 따르면, 국가는 국민의 주거권을 보장할 책임이 있다. 특히 헌법 제35조 제3항에서는 "국가는 주택개발정책등을 통하여 모든 국민이 쾌적한 주거생활을 할 수 있도록 노력하여야 한다."는 규정을 두고 있다. 우리나라에서는 주거권을 보장하는 법률로는 주거기본법이 제정되어 있다. 주거기본법에 따르면, "국민은 관계 법령 및 조례로 정하는 바에 따라 물리적·사회적 위험으로부터 벗어나 쾌적하고 안정적인 주거환경에서 인간다운 주거생활을 할 권리를 갖는다."(주거기본법 제2조). 주거기본법에는 공공임대주택과 민간임대주택의 법적인 근거를 규정하고 있다.[50] 우리나라의 임대주택 관련 법률은 다음과 같은 두 가지 법률이 있다. 공공임대주택을 주로 다루는 공공주택 특별법이 있다. 그리고 민간임대주택을 주로 다루는 민간임대주택법이다. 이처럼 임대주택의 공급주체에 따라서는 공공임대주택과 민간임대주택으로 구분된다.

그 밖에도, 임대주택과 관련된 법령은 다음과 같다. 부도가 발생한 공공건설임대주택을 매입하여, 공공주택으로 공급함으로써 임차

50) 국가 및 지방자치단체는 저소득층 등 주거지원이 필요한 계층을 위한 공공임대주택을 공급하여야 하며, 민간임대주택의 공급이 활성화될 수 있도록 지원하여야 한다. 이와 관하여 필요한 사항은 따로 법률로 정한다고 규정하고 있다(주거기본법 제11조 참조).

인의 보호와 주거안정 지원을 목적으로 하는 「부도공공건설임대주택 임차인 보호를 위한 특별법」이 있다. 그리고 장기공공임대주택의 시설개선을 통한 장기공공임대주택 입주자의 삶의 질 향상에 기여함을 목적으로 하는 「장기공공임대주택 입주자 삶의 질 향상 지원법」이 있다.[51]

2. 임대주택 현황

우리나라에서 가구기준으로는 전체 1,937만 가구 중 자가로 거주하는 가구는 1,102만 가구(자가점유율 56.8%)이다. 임차가구는 835만 가구이며, 임차가구에서 공공임대 136만, 법인임대 42만, 무상임대 77만 가구이다. 임차가구 중 580만 가구는 사적인 임대차시장에서 전월세 형태로 거주하고 있다. 민간임대주택법이 적용되는 임대사업자로 등록된 누적 임대주택 수는 총 114만채로 집계된다.[52] 민간임대주택법상 등록임대주택은 임대료 인상(연 5%)과 임대기간(4~8년)이 규제된다. 이처럼 민간임대주택법의 적용을 받는 임대주택의 규모는 우리나라 전체 주택 수에 비해서는 적은 규모이다.

51) 여경수, 장기공공임대주택 입주자 삶의 질 향상 지원법 평가와 향후 과제, 한국부동산학보 제47권, 2011, 224쪽.
52) 국토교통부, 보도자료(2018. 6. 11) : 통계청이 발표(2015.12.30.)에 따르면, 2014년 개인별 주택소유통계에 따르면 주택소유자 1,265만명(공동소유 포함) 중 2주택 이상 소유자 172.1만명(13.6%), 3주택 이상 소유자 30.5만명(2.4%)이다. 2014년말 기준으로 전국 지방자치단체에 등록된 민간임대사업자는 10.4만명이다.

Ⅲ. 공공주택 특별법상 공공임대주택

1. 공공주택 특별법상 공공임대주택의 종류와 개념

공공주택 특별법상 공공임대주택의 종류는 영구임대주택, 국민임대주택, 행복주택, 장기전세주택, 분양전환공공임대주택, 기존주택매입임대주택, 기존주택전세임대주택이 있다(공공주택특별법 시행령 제2조 제1항).

공공주택은 주택에 대한 구매력이 취약한 저소득층의 주거복지향상을 위해 공적자금을 이용해서 시장가격보다 저렴하게 공급되는 주택을 통칭하는 말이다.[53] 우리나라에서는 서민과 중산층의 주거안정을 확보하기 위해서 다양한 종류의 임대주택정책을 시행하고 있다. 공공주택의 기본적인 목적은 무주택 서민의 주거안정과 건전한 주거문화 형성이다. 공공주택 공급의 목적은 스스로 최소한의 주거수준을 유지할 수 없는 주거취약계층의 주거비 부담을 완화하는 목적이다.[54]

우리나라에서 공공주택은 영구임대, 50년 공공임대, 국민임대, 매입임대, 전세임대, 행복주택처럼 그 종류가 다양하다. 국토교통부가 제2차 장기(2013~2022) 주택종합계획에서 밝힌 공공임대주택과 관련된 정책내용을 살펴보면 다음과 같다. ① 공공임대주택 재고 확대 및 공급방식 다양화, ② 공공임대주택의 효율적 운영관리 시스템 구축, ③ 민간임대사업 활성화이다.[55] 국토교통부는 우리나라의 공공임대주택 공급 실적과 계획을 확대하고자한다.

---

53) 공공임대주택은 국가 또는 지방자치단체의 재정, 국민주택기금, 공공택지를 지원받아 국가, 지방자치단체, 한국토지주택공사(LH), 지방공사가 건설, 매입, 임차방식으로 공급하는 임대주택을 의미한다.

54) 여경수, 장기공공임대주택 입주자 삶의 질 향상 지원법 평가와 향후 과제, 한국부동산학회, 부동산학보 제47집, 2011, 227쪽.

55) 국토교통부가 밝힌 제 2차 장기('13~'22) 주택종합계획 요약자료, 2013, 3쪽 : 국토교통부, 서민 주거안정을 위한 주택시장 정상화 종합대책, 2013, 21쪽.

Ⅳ. 공공임대주택의 기능과 대안

1. 공공임대주택의 기능

우리나라에서는 서민과 중산층의 주거안정을 확보하고자 다양한 종류의 임대주택정책을 시행하고 있다. 공공임대주택의 목적은 서민의 주거안정과 건전한 주거문화 형성이다. 공공임대주택 공급의 목적은 스스로 최소한의 주거수준을 향유할 수 없는 저소득층의 주거부담을 완화하고자 하는 취지이다.

우리나라의 공공주택 정책은 불완전 경쟁 상태에 있는 주택시장에 정부가 개입하여 수요와 공급의 균형을 조절함으로써 서민의 주거를 안정시키는데 그 목적이 있다. 이러한 시장의 불균형을 조절하기 위한 다양한 방안들이 존재하지만 그 중에서 특히 정책대상가구(저소득층, 빈곤층) 또는 실수요자에게 주택을 적절히 공급하여 주거복지 안정화와 시장불균형을 해소하는 것이 국내 공공주택 정책의 주된 방식이었다.[56] 경제적 능력이 없는 사람들에게는 공공부문이 직접 공공임대주택을 제공하는 것이 가장 확실한 주거보장이 되며 공공부문이 보유하고 있는 재고주택은 임대주택시장의 안정에도 기여하게 된다.[57] 이 때문에 공공임대주택이 저소득층 주거복지의 성공에 대한 가장 강력한 수단인 점을 많은 연구자들이 인식하고 있다. 서민의 주거안정을 위한 정책에는 다양한 방법이 있으나 무엇보다도 중요한 것은 충분한 공공임대주택의 공급이고, 공공임대주택은 주거복지의 핵심적인 내용이다.[58]

---

56) 김호기, 국내 공공주택 정책 및 구축효과에 관한 연구, 한국행정학회 동계학술발표논문집, 2014, 2281쪽.

57) 민태욱, 현행 임대주택법의 문제점과 향후 과제, 한국토지공법학회 제99회 학술대회 자료집, 2015, 108쪽.

2. 공공임대주택의 한계와 대안

우리나라의 공공임대주택 재고율은 전체 주택재고의 5.6% 수준이며, 이 중 5년, 10년 공공임대주택과 같이 10년 이내에 분양 전환되는 공공임대주택과 사원임대주택을 제외하면 재고율은 4.8% 수준으로 떨어진다. 이에 반해 주요 선진국의 공공임대주택 재고율은 네덜란드가 35%, 영국 17.1%, 프랑스 19%, 일본 6.1% 등이며, OECD 평균 11.5%, EU평균 9.4%에 비해서도 아직은 부족한 수준이다.[59] 저소득계층의 주거 안정을 위해서는 적정한 공공임대주택의 재고량 확보는 가장 시급한 문제라고 할 수 있다.[60] 공공임대주택에 관한 재원이 부족하다. 또한 공공임대주택단지에 대한 부정적 인식으로 인하여 낙인화가 발생할 수 있다. 토지확보와 건설비절감을 위하여 도시외곽에 건설하다보니 공간적으로 고립되고 인프라가 단절되거나 부족하다. 처음부터 주택의 품질이 민영주택보다 낮을 뿐 아니라 관리가 제대로 되지 않아서 노후화가 빠르게 진행된다. 내부적으로도 기초생활수급자, 노인, 장애인 등이 집단거주하다보니 활력이 떨어진다.[61] 주택은 단순한 물리적 거주 공간에 그치는 것이 아니라 교육, 복지, 직업, 범죄, 청소년, 가족과 같은 다양한 사회적 이슈가 중첩되는 영역이라고 할 수 있다. 특히나 공공주택은 단순한 주거지 공급에 그칠 경우 사회적 낙인의 대상이

---

58) 송동수, 공공임대주택의 현실과 법적 검토, 한국토지공법학회, 토지공법연구 제58집, 2012, 45쪽.

59) 기획재정부, 「서민주거지원 사업군 심층평가 결과 및 지출성과 제고방안」, 2013, 6쪽 ; 주요국의 공공임대주택 개념을 살펴보면, 각국의 특수성을 반영하여 서로 상이하게 정의되고 있다. 어떤 주택을 공공임대주택으로 규정하고 강한 공공적 규제를 적용할지는 해당 국가의 정책적 판단으로 정하고 있다.

60) 임숙녀, 공공임대주택의 공급-관리에 관한 문제점 및 개선방안, 한국토지공법학회, 토지공법연구 제71집, 2015, 265쪽.

61) 민태욱, 앞의 논문, 90쪽.

될 수도 있으므로 사회적 배제가 아닌 사회적 통합을 통해 지속가능한 공동체 구현이 가능하도록 서비스 범위를 지속적으로 확대할 필요가 있다.[62)]

우리나라의 많은 전문가들이 저소득층의 주거안정을 위해 공공임대주택의 확충이 필요하다는 것을 공감함에도 불구하고, 막대한 건설 재원을 어떻게 마련하고 재정지원을 어느 규모로 할 것인지에 대해서는 아직 명쾌한 해결책을 마련하지 못하고 있다.[63)] 주거복지 정책에서 공공임대주택정책의 확대와 적절한 관리는 중요하다.[64)] 국가가 아직 주거복지에 관한 철학이 부족하다고 볼 수 있다. 우리나라 임대주택 관련 법제의 복잡성과 너무나도 다양한 유형의 공공임대주택으로 인해 서비스를 제공하는 측과 서비스를 수혜 받는 측 모두 혼란을 겪고 있다. 임대주택의 개념에 대한 재정립과 지속적 공급, 효과적인 배분을 위한 입주자 선정기준에 대한 법률규정 명문화 등이 필요하다.[65)]

우리나라의 공공임대주택 과제는 다음과 같다[66)]. ① 공공임대주택의 개념 재정립과 지속적인 공급[67)], ② 공공임대주택 입주 희망

62) 우윤석 · 설동필, 우리나라 공공주택 공급시장에 대한 연구, 숭실대학교 사회과학연구소, 사회과학논총 제15집, 2012, 22쪽.
63) 장경석, 공공임대주택 재정지원의 쟁점과 과제, 국회입법조사처, 현안보고서(제210호), 2013, 1쪽.
64) 여경수, 헌법상 주택공개념에 관한 연구, 조선대학교 법학연구소, 법학논총 제22권 제2호, 2015, 334쪽.
65) 송동수, 앞의 논문, 67쪽.
66) 김수갑 · 여경수, 임대주택법제의 개선과제, 한국토지공법학회, 토지공법연구 제30집, 2006, 519쪽.
67) 주거의 사각지대에 있는 노숙인과 비주택거주민(쪽방, 반지하방, 비닐하우스)과 같은 사회적 취약계층의 배려차원에서 현재의 기초수급자 외 소득 4분위 이하 가구의 저소득층에서 공공임대주택의 대상과 공급량의 확대 검토가 필요하다. : 김훈, 주거복지정책의 발달과정에 관한 고찰 : 공공임대주택정책을 중심으로, 한국행정사학지 제41권, 한국행정사학회, 231쪽.

자의 가구 특성과 지불능력을 고려한 공급체계의 구축[68], ③ 형평성이 확보된 공공임대주택 배분체계의 확립, ④ 공공임대주택의 효과적인 유지관리 체계의 확립, ⑤ 공정한 임대료의 체계와 적정한 관리운용체계의 개선[69], ⑥ 민간임대주택사업자에 의한 공공임대주택의 건설촉진의 방안과 사회적 경제를 통한 주거복지사업확대, ⑦ 임대주택단지의 사회적 통합[70], ⑧ 공공임대주택사업에 대한 지방자치단체의 참여확대, ⑨ 임대주택 임차인의 실효성 있는 권리구제방안, ⑩ 임대주택 입주민들에 대한 적극적인 권리구제방안 홍보이다.

제2절 외국의 임대주택법제

Ⅰ. 미국의 공공임대주택

미국은 1937년 제정된 주택법(Housing Act)을 통해 최하위 소득계층을 위한 공공임대주택(public housing)을 공급하기 시작했다.

---

68) 공공임대주택에 대한 재정지원의 유무와 지원비율은 국토교통부의 내부규정으로 정하고 있어 재정지원기준이 불확실하며 법적 근거도 미약하다. 법적 근거를 정비하는 것과 관련하여 공공임대주택의 재원조달에 관한 심도 깊은 논의가 있어야 할 것이다. : 민태욱, 공공임대주택에 관한 입법평가, 토지공법연구 제80집, 한국토지공법학회, 2017, 21쪽.

69) 임대사업자는 임차인대표회의의 구성 및 운영비, 선거관리위원회의 구성 및 운영비, 공동단체의 활성화 및 관련비용의 지원 등에 관하여 임차인의 고유영역에 간여를 하고, 다시 관련비용의 지출과정에서도 간여하고 있다. : 이순배, 임대주택 관계 법률이 임대주택법제의 불완전성에 미치는 영향 분석, 토지공법연구 제73집, 한국토지공법학회, 2016, 104쪽.

70) 저소득층의 주거안정을 위해 집단적으로 공급된 임대아파트단지에 대한 차별, 배제현상이 심각한 사회 문제로 대두되자 이를 해결하기 위해 사회적 통합(소셜믹스)정책이 도입되었다. 그러나 물리적·입지적 차별과 제도적·법적 기준 미비로 집단 간 갈등과 충돌은 계속되고 있다. 또한 집단 간 상충되는 심리적 인식이 여전히 존재한다. : 공윤경, 사회적 배제 극복을 위한 소셜믹스정책과 대안 주거운동, 한국도시지리학회 제19권 제1호, 한국도시지리학회, 2016, 31쪽.

그러나 1973년 닉슨 행정부가 공공주택 건설중지령(moratorium)을 선언하면서 공공주택 건설과 같은 공급위주의 주택정책에서 임대료 보조 등 수요자 위주의 정책이 도입되었다. 1974년 주택·커뮤니티 개발법(Housing and Community Development Act)의 Section 8에 입각한 중앙정부의 공공임대주택에 대한 임대료보조계획(Rent Supplement Program)이 통과되었다. 임대료 보조계획은 지방정부가 공공임대주택 입주 자격자에게 증명서(certificate)를 발급하고 증명서를 가진 가구가 입주한 민간주택의 소유자에게 지방정부가 보조금을 지불하는 제도이다. 1982년 주택에 관한 대통령 위원회 보고서에서 미국의 주택문제는 저소득자가 과도한 주거비부담 때문에 적정한 주택을 확보할 수 없다는 문제가 제기되면서 주택 바우처 제도(housing voucher)가 검토되고 동 제도는 1987년부터 본격적으로 시행되고 있다.

Ⅱ. 영국의 사회주택

영국의 사회주택정책은 18세기후반과 19세기초반 도시화와 산업화의 문제점에 대한 온정적인 대응방안으로 이루어졌다.71) 영국에서 사회주택은 지방정부(local authorities)와 지역정부 및 행정위원회의 규제를 받는 협동회사(co-operatives,), 비영리주택조합(not-for-profit housing associations)과 신탁회사(trusts)로 구성된 주택협회(Housing Associations (HAs) ; 최근 승인된 사회임대인(Registered Social Landlord)로 개칭)에서 주로 관리가 된

71) Carr, Helen and Cowan, Dave, The Social Tenant, the Law and the UK's Politics of Austerity, Oñati Socio-legal Series 5 (1), 2015, p76

다.[72] 영국의 공공임대주택정책의 발전은 전쟁에 따른 주택수요의 증가와 저소득층을 위한 복지정책의 필요성과 밀접한 관련이 있다. 공공주택정책은 지방정부를 중심으로 한 정책이라는 점에서 특색을 가진다.

영국의 공공주택정책과 관련된 법제는 1919년 이후 20여 차례 개정된 주택법(Housing Act)를 중심으로 이루어지고 있으며 지방정부법과 주택조합법등 특별목적을 위한 개별법들이 이를 보완하고 있다. 기본법으로서의 주택법은 공공임대주택과 관련된 중앙정부와 지자체의 권한과 의무, 주택보조금을 비롯한 주택재정조달, 공공임대주택임대차의 유형과 임차인의 권리, 무주택부랑자(homeless)에 대한 정부지원 등을 내용으로 하고 있다. 이는 저소득층 등 적절한 주거를 확보할 수 없는 사람들에 대한 지원체계의 일환으로 주택법제가 구성되었다는 특성을 가진다.

1980년 이후 공공임대주택의 임차인은 보장임대차제(secure tenancy), 임차인헌장(Tenants' Charter), 구매권(the right to buy) 등 법률적인 보장을 받고 있다. 그러나 이 같은 임차인의 지위의 향상은 임차인의 의무강화와 병행되고 있다. 특히 1996년 주택법은 임차인이 임대계약을 성실히 수행할 것, 생활방해(nuisance) 등 반사회적 행위(anti-social behaviour)를 하지 않을 것, 불법용도로 주택을 사용하지 않을 것 등 임차인이 임차를 지속하기 위해 준수하여야 할 의무를 법률화하고 있다.

1979년 이후 신자유주의의 영향 하에 지자체나 중앙정부가 주택

72) Jouko Heino, Darinka Czischke, Mariya Nikolova, *Managing Social Rental Housing In The European Union : Experiences and Innovative Approaches*, Cecodhas European Social Housing Observatory, Final Report October 2007, p105.

의 직접적 제공자(providers)의 역할에서 물러나 간접적 관리자(enablers)의 역할로 탈바꿈하고 있다. 이 같은 국가영역의 역할변화는 공공임대주택의 민영화에 반영되어 있다.[73] 그러나 민영화도 순수 민간부문으로 공공주택의 역할을 이전하기보다는 제3영역의 비중을 늘려가는 방식을 택함으로써 여전히 복지정책의 일환으로서의 공공임대주택의 필요성을 인정하는 체제가 유지되고 있다고 볼 수 있다. 특히 민영화를 주택시장에 대한 정부개입의 축소로만 이해해서는 안 된다. 오히려 민간 영역이 확대됨으로써 주택수급을 원활히 하기 위한 민간영역 자체에 대한 중앙정부의 개입이 확대되는 계기가 되고 있는 점을 유의할 필요가 있다.[74]

1997년 이후 지금까지 집권하고 있는 노동당정부는 보수당의 18년간 집권 동안 진행된 이러한 공공임대주택의 민영화 정책을 전면적으로 수정하기보다 그 부분적 문제점을 보완하면서 정책을 유지하는 형태를 취하고 있다. 2000년 이후 공공임대주택정책은 주로 사회적 혼합(social mix) 및 수급불일치 완화에 목표를 두고 있다. 기존의 공공임대주택 배분방식인 가점제(point system)와 대기자 명부(waiting list)에 의한 할당정책은 2002년부터 입주자 선택형(Choice-Based Letting, CBL)[75]으로 전환되고 있다. 이는 일부 대단지 공공임대주택에서 야기되는 빈곤 집중 완화, 임차인의 주거선택 기회증대, 탐색에 따른 선호도를 반영한 일종의 쇼핑 인

73) David Clapham, Housing Policy and the Discourse of Globalization, *European Journal of Housing Policy*, 6(1), 2006, p55.

74) 김종철, 영국의 공공임대주택정책과 법제, 토지공법연구 제14집, 2001, 44쪽.

75) CBL은 영국 부수상실(The Deputy Prime Minister)의 5개년 주택계획에서 제시된 것으로 2002년 제정된 The Homeless Act에 근거하고 있다. 2005년 말까지 지자체의 25%가 CBL system을 적용하며, 2010년까지는 지자체의 100%가 CBL system을 적용토록 하고 있다. : David Cowan, Housing Law and Policy, Cambridge University Press, 2011, p180.

센티브(shopping incentives)[76] 차원으로 지역별수급 불일치 및 효율적 재고관리 차원에서 추진되고 있다.[77]

Ⅲ. 프랑스의 사회주택

프랑스의 사회주택은 HLM(the habitations à loyer modéré)으로 불린다.[78] 2007년 12월 31일 자크 시락(Jacques Chirac) 프랑스 대통령은 "국가는 프랑스에 거주하는 모든 이들에게 주거를 제공해야 할 의무가 있다"고 공표하고 서민들이 국가에 대하여 주택을 요구할 수 있는 권리를 부여하는 입법을 추진하겠다고 발표하였다. 소위 "대항력 있는 주거권(un droit opposable au logement)"이 바로 그것이다. 이에 대한 후속조치로 고용·사회통합 및 주택부 장관은 대항력 있는 주거권을 규정하고 사회적 통합을 용이하게 하는 다양한 수단을 포함시킨 법률안을 제출하였다. 헌법위원회는 1989년에 법제화되고 1990년 5월 31일 소위 "Besson"법으로 강화된 "주거권(droit au logement)"을 헌법적 가치의 대상으로 주목하였다. 주거권에 대한 국가의 개입을 규정하고 있는 2006년 7월 13일의 법률[79]은 비위생적이거나 불결한

---

76) 도심이나 근교 지역에는 공공임대주택 대기자가 많은 반면, 외곽지역에는 공가발생 등이 심각해짐에 따라 임대료 개편을 통하여 지역별 임대료 수준 조정을 통해 임차인이 탐색한 만큼 저렴한 임대료 서비스가 제공될 수 있도록 하였다. 이는 구체적으로 공공임대주택의 공가 발생 시 '광고'를 통해 임차인을 모집하는 입주자 선택형 공공임대주택 입주 허용인 CBL의 형태를 취한다.

77) 진미윤, 2000년 이후 공공임대주택정책의 특징과 지속성 강화방안, 국토연구제53권, 2007, 169쪽.

78) Eric S. Tars, Julia Lum & E. Kieran Paul, The Champagne of Housing Rights : France's Enforceable Right to Housing and Lessons for U.S. Advocates, Northeastern University Law Journal, Vol. 4 No. 2, 2012, p442.

79) Loi portant engagement national pour le logement (Loi n°2006-872 du

집에서 거주하거나 일시적으로 수용된 사람들, 거처를 제공받지(relogement) 못한 채 퇴거의 위협을 받는 사람들이 지체 없이 권한 있는 데빠르트망 중재위원회에 제소할 수 있도록 하였다. 중재위원회는 도지사(지방자치단체의 장)로 하여금 중재신청인이 지방자치단체의 공원에서 거주할 수 있도록 사회임대인(bailleur social)에게 명하게 하고, 임대인이 이를 거부한 경우에는 공원내 도지사에게 처분권이 유보된 부분에 대하여 직접적으로 거주를 위한 할당을 명할 수도 있다. 사회주택 건설부문에서의 이러한 결정들은 정부로 하여금 "서민의 주거를 위한 고등위원회(Haut comité pour le logement des personnes défavorisées : HCLPD)"의 심의와 논의를 토대로 국가가 보장해야 하는 권리로 "대항력 있는 주거권"을 법률로 정하도록 하였다.[80] 서민들은 두 가지 새로운 범주에서 지체없이 중재위원회에 제소가 가능한 데, 즉 집이 없는 사람과 불편하고 비좁게 생활하는 자녀가 있는 가족이 이러한 범주에 속하게 된다. 위원회는 긴급한 주거수요자들의 우선순위를 정하고, 동시에 맞춤시설(결손아동보호소, 사회주택)내 수용을 원하는 이들의 수요를 조사한다. 주거수요에 대하여 필요와 수용량에 상응하는 해결책을 얻지 못한 이들은 이러한 수요의 선순위자가 되는 때로부터 중재위원회를 통해서 국가를 상대로 제소할 수 있다. 법원은 강제로(sous astreinte) 거주, 이재민수용 혹은 맞춤시설로의 수용 등을 명할 수 있다. 국가를 상대로 하는 소송은 선순위수요자들은 2008년 12월 1일부터 다섯 가지 경우에 소를 제기

13 juillet 2006)

80) "대항력있는 주거권"이 일반적으로 인정되는 "주거권"과의 차이는 정부를 상대로 주거제공을 재판에 청구할 수 있다는 점이다. 현재 프랑스에서는 "교육을 받을 권리"와 "보건권"에 대해서 시민의 대항권이 인정되고 있다.

할 수 있다 : 주거를 잃은 사람들, 이재민수용대책 없이 퇴거의 위협을 받고 있는 사람들, 일시거주자, 거주하기 부적합한 임대주택(locaux) 혹은 비위생적이거나 위험한 주거에 거주하는 자, 알맞은 주거를 소유하지 못했거나 비좁게 미성년(mineur) 자녀와 함께 사는 세대이다. 2012년 1월 1일부터는 주택수요에 대한 해결책 없이 장기간 방치된 사회주택피대상자도 제소할 수 있다. 이와 동시에 대항력 있는 주거권은 꼬뮨이나 주거밀집지역에 우선적용될 수 있으며, 이러한 경우에 소제기는 자치단체들에 대하여 행해질 것이다. 2007년 1월 3일 도미니끄 드 빌뼁(Dominique de Villepin) 프랑스 총리는 "서민의 주거를 위한 고등위원회"의 보고서를 받았다. 보고서의 내용은 2007년 1월 17일자로 법안상정 되었다.81)

프랑스는 세계대전이 끝난 직후 도시화와 인구의 증가 등으로 인하여 주택의 절대적인 숫자가 부족하게 되자 신규주택건설을 정책적으로 장려하였고, 이에 따라 신규주택의 건축이, 특히 공공임대주택분야에서 많이 이루어지게 된다. 그러나 1980년대부터는 출산율이 감소하고 주택보급사정이 호전되면서, 프랑스 정부는 단순한 신규주택건설보다는 임차인에 대한 금융지원 등을 통하여 저소득층에게 보다 안정적인 주거권을 향유하도록 하고 있다. 우리나라도 주택의 건설뿐만 아니라 금융지원 등을 통한 적극적인 주택정책도 함께 고려해야 할 것이다.

---

81) 주거권보장에 관한 논의동향(http://nas.na.go.kr/index.jsp 국회법제실 2007.1.17 일자 탑재자료.

Ⅳ. 독일의 사회주택

독일에서 사회주택은 국가와 주 정부의 지원으로 건설된 주택으로서 소유주가 정부의 지원을 받는 대신 정부가 제시하는 입주자선정, 임대료 등에 관한 일정한 조건을 따르기로 합의한 주택을 지칭한다. 일반적으로 정부의 지원을 받고 주택을 건설하는 자는 정부로부터 지원을 받는 대신 이윤율, 임대료, 입주대상자 선정 등에 있어서 정부의 간섭과 규제를 받는다. 독일 바이마르헌법 제155조 제1항에서 「토지는 분배 및 이용은 국가가 감독하고 그 남용을 막으며 또한 모든 독일인에게 건강한 주거를 제공하며 모든 독일의 가족 특히 다수의 자녀를 가진 가족에게 그 수요를 충족하는 주거와 가산(家産)을 가지게 하여야 한다」[82] 라고 규정하였다.

독일의 현행 헌법인 독일연방공화국 기본법은 바이마르 헌법과는 달리 사회권적 기본권 조항이 규정이 없다. 다만, 헌법 제20조 「독일연방공화국은 민주적이고도 사회적 연방국가이다」라는 조항을 통해서 사회권적 기본권을 도출하는 학설이 지배적이다. 독일연방정부는 예상하지 못했던 통일이후 급격한 정치적, 사회적, 경제적 변화 속에서 새로운 공공정책들을 수립하여야 했다. 주택부문에 있어서는 구 서독지역에서의 신규주택수요와 구 동독지역의 재개발수요 등의 충족이 주요 현안이 되고 있다. 통일 이후 변화한 사회·경제적 환경에 적극적으로 대응하기 위하여 제시된 제안으로는 주택공급의 효율성과 안정성을 공공적 규제 및 지원수단들의 적절한 연계를 통해 이룩하고자 하는데 있다. 남북한과 동서독은 서로 역사적 배경도 다르고 사회경제적 역량도 커다란 차이를 보이고 있기 때문

82) 번역본, 독일과 미국의 연방제, 법무부(법무자료 제236집), 2000, 450쪽.

에, 통일과정도 다를 수밖에 없을 것이다. 그렇기 때문에 주택정책에 대한 과제도 큰 차이가 있을 수 있어서 독일 통일의 경험으로부터 직접적인 교훈을 얻기는 어려울 것이다. 하지만 독일에서의 주택정책에 대한 내용을 바탕으로 우리나라에 있어서 다음과 같은 몇 가지 시사점들을 고려해 볼 있다.

1. 공공지원수단의 효율성 제고

공공지원수단간의 유기적 연계는 중복투자나 보조실패의 문제를 방지하는데 크게 기여할 것이다. 이를 위해서는 각 지원수단들의 경제적 효과에 대한 객관적 평가가 선행되어야 하며, 이를 바탕으로 기능이 상호 중복되거나 상호 모순적인 지원 수단들의 재정비가 이루어 져야 할 것이다. 독일의 신축적인 수단간 연계는 주택공급의 안정성을 확보하기 위한 기본적인 수단들의 정립을 전제로 한 것이다. 따라서 아직 주택공급의 사회적 안정성을 확보하기 위한 기본적 정책수단들이 크게 부족한 우리나라의 경우에는 이 부문에 대한 개발 노력들이 선행되어야 한다.

2. 사회적 취약 계층들에 대한 직·간접적 지원의 체계화

사회적 취약 계층들의 주거안정성 확보는 공공의 주요책임 가운데 하나이다. 이를 위해 세입자보호, 임대주택건설지원, 주택보조금 지급 등의 직, 간접적인 지원수단들이 체계화 되어져야 한다.

독일에서는 가족 수에 따라 최저 주거 면적에 부합되는 크기의 임대주택에서 살 수 있게 하고 자기의 소득수준에 비해 임대료 부담이 큰 경우에는 지자체에서 차액만큼을 보조금으로 준다. 아직까지 우리나라에서는 이러한 제도를 도입하지 않고 있다. 이러한 제도를 도입하려면 재원도 문제지만 적정수준의 임대주택 재고가 확충되고 소득파악시스템이 구축되어야 한다. 임대주택 재고가 부족하면 주거비 보조가 임대료상승으로 연결될 가능성이 있고, 소득이 제대로 파악되지 않으면 무임승차(free riding)를 막을 길이 없기 때문이다. 우리나라의 경우에도 주택 바우처 제도 등의 도입을 검토하는 과정에서, 바람직한 주거비 보조제도의 발전방향을 마련해야 할 것이다.

3. 지방자치단체의 역할강화

공공투자재원의 분배는 지역특성에 따라 이루어질 때 가장 큰 효과를 기대할 수 있다. 따라서 주택부문투자에 대해 지방자치단체의 참여가 강화되어질 필요가 있다. 이를 위해서는 중앙정부와 지방정부간의 긴밀한 협의가 필요하다. 주택부문에 대한 공공의 투자가 빈약하고 지방자치의 경험이 적은 우리나라의 경우에는 이러한 지자체의 역할강화가 단기적으로는 무리이다. 그러나 장기적으로는 이러한 지자체의 역할강화가 보다 효율적인 공공투자를 위해 반드시 필요할 것이다.

V. 네덜란드 사회주택

네덜란드의 주택정책을 담당하는 곳은 주택 · 공간 계획 · 환경부(Ministry of Housing, Spatial Planning and Environment)로 우리나라의 국토교통부와 유사한 역할을 담당하고 있는 부처다.[83]

2001년 네덜란드 국회는 국민의 원하는 곳에 국민이 산다('What people want, where people live)는 합의서(Memorandum)를 승인했다. 이것은 사회주택입주민에 대한 선택권을 폭넓게 보장하는 것을 의미하며, 이는 네덜란드에서는 이미 사회주택재고량이 충분함으로 그 실효성이 어느 정도 담보되어있다.[84] 사회임대주택 자체가 복지 정책의 최우선 요건이자 풀뿌리 민주주의의 요람으로 발전한 경우도 많다. 네덜란드 주택협회는 변화하는 시장의 수요에 맞춰 맞춤식 서비스를 제공하는 것으로도 유명하다. 저출산·초고령화 사회의 진입에 맞춰 주택협회는 도움이 필요한 노인층에게 간호주택을 제공한다. 육체적·정신적 장애인, 노숙자, 청년, 소수인종, 마약중독자, 출소자 등의 다양한 계층에게도 다양한 복지 기능을 수행할 있는 전천후 사회임대주택을 제공하고 있다. 또한 비영리단체인 주택협회에는 임차인 조직의 참여가 법적으로 보장되어 있다. 임차인들은 주택협회 내에서 자신의 불만 사항을 충분히 개진할 수 있을 뿐만 아니라 이런 사항이 반영되지 않을 경우 앞서 언급한 임대료위원회에 진정서를 제출할 수 있다. 이와 같은 사회임대주택 모델을 작동시키기 위해 네덜란드는 다양한 법적, 제도적 장치는 물론 금융 시스템까지 구축해왔다. 이 과정에서 이념을 달리 하는 의회 각 정당과 중앙-지방 정부, 이익단체 간의 지루한 논쟁과 극적인 대타협이 있었다. 오늘날과 같이 사회적 책무를 강조하는 다양한 주택협회가 활동하게 된 배경에는 이런 사회적 대타협

---

83) Hugo Priemus, Housing And New Urban Renewal : Current Policies In The Netherlands, *European Journal of Housing Policy* 4(2), 2004, p240

84) André Ouwehand, The Dutch Housing Policy For The Next Decade: An Attack On Housing Associations Or Adjustment To Changing Demands?, *European Journal of Housing Policy* 2(2), 2002, p203.

의 힘이 결정적이었다. 네덜란드의 경우 독립적인 비영리 주택사업자의 양성을 주거복지의 해법으로 활용한 것은 우리나라에 주는 시사점이 있다.

Ⅵ. 스웨덴의 사회주택

스웨덴은 원래 농업국가로 유럽에서는 외곽에 위치한 가난한 국가였다. 스웨덴에서 본격적으로 산업화가 이루어진 것은 1870년대 이후이며, 산업화과정에서농민층의 광범위한 붕괴가 있었다. 농민층 중 다수는 이민을 가기도 하였지만 도시로 유입됨에 따라 이들의 주택, 위생, 빈곤, 실업 등의 문제는 매우 심각한 양상을 나타냈다. 이 때 사회민주주의 경향을 가진 정치인들이 사회복지의 중요성을 제기하였으며, 1884년 질병, 산업재해, 노령기에 국가보험을 통한 구제가 가능하도록 하는 내용이 의회에서 통과되었다. 이후 실업과 제1차 세계대전의 발발로 제도가 제대로 정착되지는 못하였으나, 1930년대에는 이러한 사회복지정책이 실행됨으로써 유럽국가중 가장 선진적인 사회보장제도가 확립되었다.

스웨덴의 경우 사회민주주의의 이념적 기초로 복지국가를 평등과 사회정의를 실현할 수 있는 수단으로, 그리고 사회적 권리와 시민권을 확립할 수 있는 수단으로 생각하였다. 스웨덴은 주거권을 사회권으로 파악한다.[85] 주택부문에 있어서 그들은 복지국가를 실현하기 위한 수단으로 주택융자와 근로자를 위한 택지의 공급을 제시하고 있다. 이것이 나중에 지방정부로 하여금 주택계획을 효과적으

85) Bo Bengtsson, Housing as a Social Right: Implications for Welfare State Theory, *Scandinavian Political Studies* Vol. 24 No. 4, 2001, p255.

로 실천하기 위한 주택금융의 지원과 장차 개발이 필요한 토지를 미리 취득케 하는 토지선매제, 그리고 값싼 주택을 공급하기 위한 공유지 장기임대로 발전한 것이다.[86] 스웨덴에서 주택정책은 기초지방자치단체가 책임지는 사회정책의 하나인데 지역주택공사는 사회적 약자에게 임대 형태의 주거서비스를 공급하며 사회적 공공적 기능을 담당하고 있다.[87]

Ⅶ. 일본의 공영주택

일본의 공공임대주택정책은 1951년에 「공영주택법」이 제정되어 공영주택제도가 도입되면서 시작되었다. 이후 1966년에 「주택건설계획법」이 제정되었다. 「주택건설계획법」은 5년 단위로 40년간 주택건설5개년계획을 추진하는 것이 주요 내용이다. 이 계획은 민간의 주택건설촉진도 도모하고 있지만 그 정책의 핵심은 공공임대주택인 공영주택의 공급에 있었다. 이후 주택건설5개년계획은 추후에 도입된 다른 공공임대주택의 공급에도 큰 영향을 주었다. 현재 일본의 공공임대주택에는 「공영주택법」에 기초한 공영주택과 「특정우량임대주택 공급촉진에 관한 법률」에 기초한 특정우량임대주택, 「고령자거주안정확보에 관한 법률」에 기초한 고령자대상 우량임대주택, 독립행정법인 「도시재생기구법」에 기초한 도시재생기구임대주택, 「지방주택공급공사법」에 기초한 공사주택, 「주택지구개량법」에 기초

---

86) Synthesis Report, Regular National Report on Housing Developments in European Countries, Department of Environment, Heritage and Local Goverment Ireland, 2004, p80 ; UNITED NATIONS, Guidelines on Social Housing(Principles and Examples, New York and Geneva, 2006, p31.

87) 최희경, 공공주택 운영의 소셜 엔지니어링 접근 : 스웨덴 지역주택공사의 경험, 공간과사회 제27권 3호, 2017, 178쪽.

한 개량주택이 있다. 이 가운데 공영주택이 현재까지 공공임대주택정책의 핵심이 되어왔으며 재고수준에 있어서도 가장 많은 재고수준을 달성하고 있다. 이들 공공임대주택을 지원하는 제도로서는 1950년에 설립된 주택금융공고와 일본주택공단이 있다. 주택금융공고는 국민이 건강하고 문화적인 생활을 영위하게 하기 위한 주택을 건설하고 구입하는데 필요한 자금을 융자하는 역할을 수행해 왔다. 일본주택공단은 주택이 부족한 지역에서 주거에 어려움을 겪고 있는 근로자를 위해 내화성능을 갖춘 공동주택과 택지를 대량으로 공급하는 역할을 수행해왔다.88)

일본의 임대주택시장은 2000년대 들어와 협소한 민간임대주택공급이 증가하고 있는 문제와 임대차계약과정에서 고령자나 장애인가구와 같은 사회적 약자에 대해 임대차를 기피하는 차별화 문제 그리고 가족단위의 가구가 중장기적으로 안정되게 생활할 수 있는 민간임대주택이 부족한 문제, 고령자의 거주를 위한 임대주택의 배리어프리화가 부족한 문제가 발생하고 있다. 이러한 민간임대주택시장의 문제점을 보완하기 위해 일본의 공공임대주택정책은 주거안정망을 재구축하기 위해 저소득가구에서 중간소득가구에 이르기까지 광범위한 공공임대주택의 수혜대상을 저소득층과 사회적 약자에 집중시키는 정책으로 전환하고 있다. 또한 민간임대주택시장의 환경을 정비해 민간활력을 통한 주거안전망구축에도 적극적으로 노력하고 있다. 또한 주거안전망구축은 다양한 공공임대주택을 시장의 상황에 맞추어 연계시켜 유연성 있게 운용하는 방향에서도 추진되고 있다. 주거안전망구축을 위한 구체적 정책수단으로서 공영주택

88) 박혁서, 임대주택시장에 있어서 공공임대주택정책의 역할에 관한 연구, 한국주거환경학회, 주거환경 제10권 제3호, 2012, 88쪽.

제도를 보완해 주거에 곤란을 겪고 있는 저소득가구에게 공평하고 정확하게 임대주택이 공급될 수 있도록 함과 동시에 특정우량임대주택과 고령자대상 우량임대주택 그리고 도시재생기구임대주택을 활용해 공영주택을 보완하고 있다. 그리고 입주자부담을 경감하기 위한 교부금과 임대주택의 질적향상을 위한 교부금의 지속적인 조성과 특정우량임대주택과 고령자대상 임대주택의 제도재편 그리고 공공임대주택재고 상호간의 유연한 전용 등을 추진하고 있다. 그리고 민간임대주택시장에 대한 정비는 공공임대주택에 의해 해결되지 못하는 사회적 약자를 위해 민간임대주택시장을 정비하는 것으로서 사회적약자가 입주 가능한 주택을 사전에 등록시켜 물건에 대한 정보를 수요자에 신속히 제공하는 방안이 추진되고 있다. 또한 임대인의 리스크를 경감하기 위한 임대료 채무보증제도와 비영리조직(NPO)과 연계한 주거지원서비스 등을 추진하고 있다.[89)]

제3절 공공주택 특별법에서 행복주택의 내용과 과제

Ⅰ. 공공주택 특별법상 행복주택의 개념과 현황

1. 행복주택의 개념

2014년 1월 14일 「보금자리주택건설 등에 관한 특별법」을 「공공주택건설 등에 관한 특별법」으로 법제명이 변경된다. 당시 법개정의 취지는 보금자리주택의 명칭을 공공주택으로 변경하고,

---

89) 박혁서, 임대주택시장에 있어서 공공임대주택정책의 역할에 관한 연구, 한국주거환경학회, 주거환경 제10권 제3호, 2012, 93쪽.

공공주택사업에 따른 공업지역 대체지정 제도와 입주·거주의무 제도를 개선하는 취지이다. 현재의 법제명은 「공공주택 특별법」이다.

행복주택사업은 철도부지, 유휴 국공유지 등 도심 내 가용부지를 활용하여 주변 시세보다 저렴한 임대주택을 공급하고, 공급물량 중 80%를 신혼부부, 사회초년생, 대학생 등 사회활동이 왕성한 계층에게 우선 공급한다. 행복주택사업은 입주자의 대상(대학생·신혼부부 등에게 우선공급)과 주택건설부지(도심 내 철도·유수지 및 유휴 국·공유지)의 측면에서 일반적인 공공주택사업과 구분된다고 할 수 있다.

행복주택의 특징은 다음과 같은 같다. 첫째, 행복주택은 주로 도심지내에 건설되어 서민층의 실질적인 수요를 충족한다. 둘째, 행복주택은 주로 소형임대주택 공급에 초점에 맞추어 있어서 주택에 대한 사용의 가치를 중점에 두고 있다. 셋째, 행복주택은 공급대상 계층을 사회초년생에 중점을 두고 있다. 넷째, 행복주택은 임대주택 외에도 공공기관과 상업기관과 같은 기능을 계획하여서 주변의 도심지 재생사업과의 연계를 염두 해두고 있다.

Ⅱ. 「공공주택 특별법」상 특별법상 특례 규정

1. 공공시설 부지 등에서의 공공주택사업에 대한 특례(제40조의2)

「공공주택 특별법」상 공공시설 부지 등에서의 공공주택사업에 대한 특례를 규정한다. 행복주택을 건설할 때 사업시행자로 하여금 국토교통부장관에게 일괄 사업승인을 받아 공공주택 외의 주택과 판매·업무·숙박시설 등을 함께 건설할 수 있도록 한다. 사업승인 또는 건축허가가 있은 때에는 도시·군관리계획, 지구단위계획 및 택지개발계획 등의 변경을 의제하도록 한다(제40조의2).

2. 국유재산법 등에 대한 특례(제40조의3)

「공공주택 특별법」상 국유재산법 등에 대한 특례를 두어서 행복주택을 유휴 국·공유지에 건설하기 위하여 「국유재산법」, 「공유재산 및 물품 관리법」상의 국·공유재산의 사용허가 시 일반경쟁 입찰, 사용허가 요건, 사용기간 및 영구시설물 축조금지 등의 제한을 완화한다(제40조의3). 이 법조문의 취지는 사업시행자인 한국토지주택공사의 어려운 재정여건과 손실이 발생하는 임대주택 사업의 특성을 고려하여 행복주택의 임대료를 주변시세보다 저렴하게 책정할 수 있도록 국·공유지의 사용료 또는 대부료를 감면하는 등의 특례를 규정하려는 것이다.

2015년도에는 행복주택의 국유지 활용 범위를 국토교통부장관이 관리하는 국유재산 일부에서 모든 국유재산으로 확대했다. 「국유재산법」 등에 대한 특례를 두어서 ① 국가와 지방자치단체는 「국유재산법」, 「공유재산 및 물품 관리법」, 그 밖의 관계 법률에도 불구하고 제40조의2 제1항에 따른 공공주택사업의 원활한 시행을 위하여 필요한 경우에는 그 공공주택사업자에게 수의계약의 방법으로 국유재산 또는 공유재산을 사용허가하거나 매각·대부할 수 있다. 이 경우 국가와 지방자치단체는 사용허가 및 대부의 기간을 50년 이내로 할 수 있으며, 대통령령으로 정하는 바에 따라 사용료 또는 대부료를 감면할 수 있다. 국유재산은 국토교통부장관이 관리하는 국유재산과 기획재정부장관이 관리하는 일반재산 중 기획재정부장관과 협의를 거친 것으로 한다. 공공주택사업의 원활한 시행을 위하여 국토교통부장관은 기획재정부장관과 협의하여 국유재산을 관리하는 중앙관서의 장에게 그 소관에 속하는 국유재산을 용도 폐지하여 기획재정부장관에게 인계하도록 요청할 수 있다. 요청을 받은 중앙관서의 장은 인계요청을 받은 날부터 60일 이내에 의견을 국토교통부장관에게 통보하여야 한다.

행복주택은 공공시설부지, 공공기관 보유 토지 등을 활용하여 대학생·신혼부부 등 주거취약계층에게 임대주택을 건설·공급하는 공공주택사업이다. 공공임대주택 수요가 가장 많고 시급한 곳은 수도권이다. 수도권의 경우에는 공용주차장과 공용차고지는 나대지 형태이므로 사업추진이 용이하다. 기존 주차장과 차고지 기능은 지하화하고 지상부에 공공임대주택을 건설하기가 수월하다고 볼 수 있다. 특히 공영차고지는 대중교통인 시내버스와 연계되어 있어 역세권개발과 유사한 사업이라는 점에서 교통근접성도 좋을 것이라 판단된다.[90]

3. 철도건설법 등에 대한 특례(제40조의4)

「공공주택 특별법」상 철도건설법 등에 대한 특례를 두어, 공공주택사업 시행자를 철도건설사업의 시행자로 의제하고, 철도시설의 점용을 50년 이내에서 허용하며 그 점용료를 감면할 수 있도록 한다(제40조의4). 철도부지에 행복주택을 건설하기 위한 특례이다.

90) 허강무, 박근혜정부의 토지정책 과제, 한국토지공법학회, 토지공법연구 제60집, 2013, 104쪽.

4. 학교용지 확보 등의 특례(제40조의5)

「공공주택 특별법」상 학교용지 확보 등의 특례를 두어 행복주택사업의 시행자에 대하여는 학교용지의 개발·확보 의무를 완화하고 학교용지부담금을 면제한다(제40조의5).

5. 건축기준 등에 대한 특례(제40조의6)

「공공주택 특별법」상 건축기준 등에 대한 특례를 둔다. 이에 따라서 건폐율, 용적률, 대지 개념, 공개공지, 건폐율·용적률 산정방법, 층고제한, 공원·녹지 확보 및 주차장 설치 등에 대한 특례를 규정하였다(제40조의6). 철도·유수지 등의 부지 위에 고층 복합주거타운을 건설하려면 건폐율·용적률 등의 완화가 필요하다. 그리고 부지여건상 도시계획시설인 공원·녹지를 설치하거나 주차장을 확보하는 것이 어려울 수 있으므로 관련 특례를 규정한 취지이다.

다만, 국토교통부는 행복주택을 대학생·신혼부부·사회초년생 및 노인 등에게 주로 공급할 계획이므로 주차수요도 적을 것이라고 예상하고 있으나, 차량보유 여부는 입주조건과 무관하다는 점을 고려하면 주차장 설치기준을 과도하게 완화할 경우 입주민의 주차난을 유발하게 될 우려가 있다. 조경 및 공원·녹지 기준 등의 규제와 관련하여서도 입주민의 주거환경 및 여건을 저해하지 아니하는 범위에서 합리적인 수준으로 설정할 필요가 있을 것으로 보인다.

Ⅲ. 행복주택의 입주자격과 임대료

1. 행복주택의 입주자격

행복주택은 대학생·신혼부부 등을 우선공급 대상으로 하여 주변 시세보다 저렴하게 도심지 주택을 임대하려는 것으로, 영구임대주택 또는 국민임대주택 등 소득요건을 중심으로 입주자격을 정한 일반적인 사례와 달리, 대학생·신혼부부 등의 신분을 기준으로 입주자격을 정할 계획이다. 이는 정책당국의 재량의 여지가 상대적으로 크다고 하겠다. 예컨대, 신혼부부와 같은 특정 신분요건을 청약자격으로 규정하되, 추첨을 통해 입주자를 선정할 것인지, 소득, 연령 및 부양가족수 등의 요건에 따라 우선순위 기준을 별도로 정할 것인지에 따라 수혜계층이 달라질 수 있을 것으로 보인다.

현행 주택공급에 관한 규칙(제32조의5)에 따른 공공부지 행복주택 입주대상은 대학생, 사회초년생, 신혼부부, 주거급여수급자, 고령자 및 산업단지 근로자이다. 공공부지 행복주택을 일반형과 산업단지형으로 구분하고, 일반형의 경우에는 대학생·사회초년생·신혼부부에게 80퍼센트를, 주거급여수급자 및 고령자에게 각각 10퍼센트를 공급하며, 산업단지형의 경우에는 산업단지 근로자에게 80퍼센트, 대학생·사회초년생·신혼부부 및 고령자에게 각각 10퍼센트를 공급하도록 한다.

2. 행복주택의 임대료

기존 공공건설임대주택인 영구임대 및 국민임대주택은 건설비를 기반으로 저소득층을 대상으로 하는 임대료 체계이다. 하지만 행복주택은 시세를 기반으로 젊은 계층에게 주거사다리를 제공하기 위한 임대료 체계이다.

Ⅳ. 「공공주택 특별법」상 행복주택의 과제

공공임대주택사업과 관련하여 이미 많은 쟁점들이 제기되어왔다. 사회계층 혼합을 비롯한 사회통합정책, 임대료 체계와 적정한 주거비 부담을 위한 정책, 공공임대주택 정책의 우선순위와 같은 내용이 대표적인 쟁점이다. 아래에서는 「공공주택 특별법」상 행복주택의 과제를 다루고자한다.

1. 행복주택 입주자의 수요 대상을 적절하게 분류

기존의 공공임대주택사업은 수요 대상을 적절하게 파악하지 못한 측면이 있다. 행복주택사업이 성공하기 위해서는 수요 대상을 적절하게 분류하고, 각 수요자별 생활양식을 고려한 주택 규모와 공간계획이 필요하다. 이를 위해서는 행복주택에 관한 수요자 설문조사, 전문가 자문을 통해 행복주택에 거주하게 될 국민들이 실제로 체감하고 만족할 수 있는 맞춤형 주택 모습을 지속적으로 개발하고 적용해야한다.

2. 행복주택 사업 건설에 관한 재원 확보 방안

행복주택 건설로 인한 공기업과 국가의 부채가 문제된다. 정부의 입장은 미착공 부지에 대한 행복주택 공급도 역세권 또는 직주근접이 가능한 양호한 부지만을 선별하여 젊은 사회활동계층에게 집중 공급한다는 점에서 기존 주택사업과 차별화된다는 설명이다. 그리고 미활용 분양주택 용지를 행복주택으로 공급함에 따라 사회활동계층과 저소득층의 주거복지를 증진시킬 수 있고, 도시형성의 장애요인이 되어 온 미착공 나대지를 개발함에 따라 지역경기 활성화와 일자리 창출에도 기여할 것으로 보인다. 하지만 그간 공공임대주택 건설에 따른 사업시행자(LH공사, SH공사 등)의 재무적 손실이 확대됨에 따라, 행복주택의 건설은 어려움이 적지 않을 것으로 보인다.[91] 그동안 임대주택공급을 주도하던 LH공사의 재무구조악화로 실행단계에서는 재원마련이 걸림돌이 되고 있다.[92]

행복주택의 경우에는 철도부지뿐 아니라 폐교나 미사용 국공유지의 적극적인 활용을 통한 재원 절감의 장점이 있다. 향후 주거복지에 관한 예산의 우선 배분과 주거관련 사회적 기업이나 사회적 조합을 통한 행복주택 건설 지원을 고려할 필요가 있다. 행복주택 사업의 지속가능성을 담보할 수 있는 재정과 기금지원방안을 강구해야하는 과제가 있다.

3. 행복주택의 기능과 주변지역과의 조화를 확보

정부는 창조경제를 위해 지속 가능한 도시의 창조적 공간으로 조성하는 것을 행복주택의 정책 주안점으로 잡고 있다. 행복주택을 통해서 지역경제 활성화, 일자리 창출, 주민간의 소통공간을 통해

---

91) 장경석, 4·1 부동산 대책의 주요내용과 쟁점, 국회 입법조사처, 이슈와 논점 제634호, 2013, 4쪽.

92) 김용순·이석제·남영우, 민간부문을 활용한 행복주택 사업활성화 방안에 대한 연구, 대한부동산학회, 대한부동산학회지 제40호, 2015, 310쪽.

경제 · 문화 · 공공활동의 거점으로 개발한다는 것이 핵심내용이다.[93] 하지만 행복주택 관련 제기되어온 문제들은 교통 · 교육 문제, 주변 임대시장 영향, 인근 지역 경관 및 일조권 · 조망권 피해, 체육시설 · 주차장 등 기존 편의시설 이용 제한 등으로 요약된다.[94]

행복주택에 대한 긍적적인 주민인식을 높이기 위해서는 정확한 행복주택 이미지를 지속적으로 홍보해야한다. 행복주택 예정지역의 지역주민들에게 사회적 문화와 사회적 자본을 이해할 필요가 있다. 행복주택지구내에 도서관, 다목적시설, 사회적 기업의 유용성을 홍보할 필요성이 있다. 사업추진 과정에서 주민설명회, 공청회등은 물론 협의체 구성 등을 통해 주민들의 의견을 적극 수렴하고, 주민 편익시설 및 공공시설 설치, 도시기반시설 정비 등을 통해 주거환경을 개선할 필요가 있다. 행복주택을 통해 지역경제를 활성화하는 방향으로 추진되어야 한다.[95] 또한 지역 주민을 위한 공원이나 문화 또는 공익 시설의 공급을 통해서 행복주택 근거리 주민과 지방자치단체의 참여를 유도할 수 있다.

또한 중앙정부는 국가 전체의 개괄적인 정책방향과 목표를 제시하고, 지자체가 지역 내 수요파악을 토대로 수립한 공공임대주택 공급계획에 의거하여 재원을 배분하는 역할을 담당하는 방식이 중앙정부와 지자체간의 새로운 관계로서 확립되어야 할 것이다.[96]

---

93) 국토교통부, 행복주택, 지속가능한 도시의 창조공간으로 만든다, 2013. 4. 23(보도자료).
94) 국토교통부, 행복주택 시범지구 지역의견 대폭 반영한다, 2013. 12. 11(보도자료).
95) 이훈 · 허재완, 행복주택 입지에 대한 지역주민인식 연구, 한국부동산연구원, 부동산연구 제24집 제4호, 2014, 117쪽.
96) 남원석, 한국 공공임대주택의 미래, 한국공간환경학회, 공간과 사회, 통권 48호, 2014, 173쪽.

제3장 민간임대주택에 관한 특별법

제1절 민간임대주택에 관한 특별법상 민간임대주택

Ⅰ. 민간임대주택에 관한 특별법상 민간임대주택의 종류

우리나라에서는 민간임대주택은 일정한 경우에는 민간임대주택법의 적용을 받는다. 민간임대주택법상 민간임대주택은 임대 목적으로 제공하는 주택으로서 임대사업자가 등록한 주택이다(민간임대주택법 제2조 제1호). 민간임대주택법상 임대사업자로 등록하여 임대업을 할 경우에는 임대의무기간, 연 5%의 임대료 증액제한의 의무가 있다. 하지만, 주택도시기금의 자금지원, 취득세와 같은 각종 세금감면, 토지의 우선공급, 용적률·건폐율이나 층수제한 완화와 같은 다양한 혜택을 받을 수 있다.

민간임대주택은 민간건설임대주택과 민간매입임대주택으로 구분된다(민간임대주택법 제2조 제1호). 민간건설임대주택은 임대사업자가 임대를 목적으로 건설하여 임대하는 주택이다. 민간매입임대주택은 임대사업자가 매매 등으로 소유권을 취득하여 임대하는 민간임대주택을 의미한다(민간임대주택법 제2조 제3호).

민간임대주택을 기간으로 구분하면 다음과 같다. 장기일반민간임대주택은 임대사업자가 공공지원민간임대주택이 아닌 주택을 8년 이상 임대할 목적으로 취득하여 임대하는 민간임대주택을 말한다. 단기민간임대주택은 임대사업자가 4년 이상 임대할 목적으로 취득하여 임대하는 민간임대주택을 말한다(민간임대주택법 제2조 제6호).

Ⅱ. 민간임대주택에 관한 특별법상 민간임대주택의 기능

현행 민간임대주택시장과 관련한 제도는 「민법」상의 임대차계약 제도, 「주택임대차보호법」에 따른 주택임대차에 관한 특례, 「민간임대주택에 관한 특별법」에 따른 임대주택사업자제도가 있다.

우리나라 정부는 민간임대주택시장의 안정을 도모하고자, 다양한 노력을 기울여왔다. 금융대출에 기반한 자가주택보유의 촉진은 자칫 가계안정의 불안을 가져온다. 한편 공공임대주택은 국가 재정의 한계가 있다. 이런 이유로 정부는 공공임대주택을 보완할 수 있는 민간임대주택시장의 기능을 바란다. 정부는 민간임대주택사업자에 대한 다양한 세제혜택을 주는 한편, 규제를 한다. 이런 방식으로 정부는 사적인 민간임대주택시장에 개입하고 있다. 민간임대주택법상 임대주택공급자와 임대주택을 제도권 임대사업자와 매입임대주택으로 등록하고, 임대조건을 신고하도록 하고 있다(민간임대주택법 제5조). 또한 의무임대기간 동안 임대주택으로 유지하는 등의 공공성을 유지하도록 하고 있다.[97] 정부가 공공지원민간임대주택에서 임대료를 제한하는 이유는 세입자의 주거권을 보장하기 위한 수단이다. 주거권은 시장 영역에서 권한 남용을 제한하는 방식으로 실현된다.[98]

우리나라에서는 공공임대주택 공급확대만으로는 임대주택의 수요를 감당하기 어렵다. 또한 공공의 영역만 강조하면, 주거복지정책의 사각지대가 발생될 여지가 있다. 민간임대주택정책은 공공의 영

---

97) 현무준, 준공공임대주택 제도에 대한 소고, 대한부동산학회지 제32권 제1호, 대한부동산학회, 2014, 53쪽.

98) Joe Hoover, 2015, The human right to housing and community empowerment : home occupation, eviction defence and community land trusts, *Third World Quarterly* 36(6) : pp1092-1109.

역을 뒷받침해줄 수 있는 주택정책의 수단으로 활용되어야 한다.

Ⅲ. 민간임대주택에 관한 특별법상 민간임대주택의 과제

우리나라 민간임대주택시장에서는 다양한 이해관계가 상충한다. 주요 이해관계자의 입장에서 장기적으로 신뢰할 만한 제도를 만들기 위해 필요한 요소가 무엇이고, 이를 위해서는 입법적으로 검토해야 할 사항이 무엇인지를 살펴보는 노력이 필요하다.[99] 우리나라에서는 사적인 임대주택에 거주하는 세입자들은 주택임대차보호법의 적용을 받는다.[100] 하지만 주택임대차보호법은 다음과 같은 문제점이 있다. 주택임대차보호법에 따라서는 2년의 주택임대차기간을 보장받지만, 상대적으로 잦은 이사와 과도한 임대료 상승으로 세입자는 주거불안에 노출되어 있다.[101] 민간임대주택법상 등록 민간임대주택은 사실상 계약갱신청구권과 전월세상한제가 적용되어 세입자의 주거권이 보장된다. 주택임대차보호법상 임대인의 경우에는 조세부담이 있으나, 민간임대주택법상 민간임대주택임대인은 각종 세제 혜택이 있다.

우리나라 민간임대주택의 과제를 다음과 같이 제시할 수 있다.

첫 번째로는, 민간임대주택법상 다양한 혜택을 부여해서, 임대사업자로 등록하는 방안이 필요하다.

두 번째로는, 임차인에 대한 주거비 보조를 통한 임차인의 주거

---

99) 장경석 · 박인숙, "국내외 민간임대주택시장제도의 현황과 시사점", 정책보고서 제33호, 국회 입법조사처, 2014, 2쪽.

100) 여경수, "헌법상 주택임대차보호법에 관한 입법 과제", 일감부동산법학 제11권, 건국대학교 법학연구소, 2015, 31쪽.

101) 이상영, "지속가능한 민간임대 주택시장에 대한 대안적 검토", 동향과 전망, 제86호, 한국사회과학연구소, 2012, 348쪽.

비 부담을 낮추는 방안이다. 현재 시행되고 있는 주거급여법상 주거급여제도와의 연결성이 중요하다.

세 번째로는, 다양한 민간임대주택 공급을 통해 임대료 상승을 완화한다.[102)]

네 번째로는, 민간임대주택법상 임차인대표회의를 법적인 의무단체로 규정할 필요가 있다. 임대주택 관리의 모든 의사결정과 임대주택의 시설 관리와 비용지출과 관련된 권리와 책임을 명확히 할 필요가 있다.[103)] 현재는 임차인대표회의의 구성이 임의조항으로 규정되어 있어 임차인대표회의의 구성 비율이 낮고 관리규약, 관리비와 같은 사항에 협의가 활성화되지 못하고 있다. 민간임대주택의 관리에 대한 임차인의 참여를 촉진할 필요가 있다.

다섯 번째로는, 민간임대사업자의 적극적인 시장 참여를 유도할 수 있는 전략이 필요하다.[104)]

---

102) 한만희 · 박준, "민간임대주택시장의 안정을 위한 정책 대안 분석" 국토연구 제94권, 국토연구원, 2017, 136쪽.

103) 이재삼, "민간임대주택특별법상 공정계약을 위한 법적 연구", 가천법학 제10권 제4호, 가천대학교 법학연구소, 2017, 153쪽.

104) 손태성 · 강정규 · 황택진, "기업형 임대주택사업의 활성화 방안에 관한 연구, 주거환경, 제14권 제3호, 한국주거환경학회, 2016, 181쪽.

제2절 민간임대주택에 관한 특별법상 공공지원민간임대주택의 내용과 과제

Ⅰ. 민간임대주택에 관한 특별법상 공공지원민간임대주택의 도입배경

민간임대주택법상 공공지원민간임대주택은 임대사업자가 일정한 민간임대주택[105]을 8년 이상 임대할 목적으로 취득하여, 임대료와 임차인의 자격 제한을 받는 민간임대주택을 의미한다. 공공지원민간임대주택은 기존의 기업형 민간임대주택사업을 개선하면서, 새롭게 도입된 임대주택정책이다. 기존의 민간임대주택법상 기업형 임대주택사업에 관한 비판이 학계에서 제기되었다. 첫째, 기업형 임대사업자에 대한 지원에서는 대형 건설업체에 대한 과도한 지원이 부적절하다는 지적이다. 기업형 민간임대주택사업자가 임대의무기간의 종료 후 매각으로부터 많은 시세차익이 발생[106]할 수 있다는 지적이다. 둘째, 기업형 민간임대주택의 최초 임대료의 규제가 없다는 점이다.[107]

105) 민간임대주택법에 규정하고 있는 경우는 아래와 같다.
가. 「주택도시기금법」에 따른 주택도시기금의 출자를 받아 건설 또는 매입하는 민간임대주택
나. 「주택법」 제2조 제24호에 따른 공공택지 또는 이 법 제18조제2항에 따라 수의계약 등으로 공급되는 토지 및 「혁신도시 조성 및 발전에 관한 특별법」 제2조제6호에 따른 종전부동산을 매입 또는 임차하여 건설하는 민간임대주택
다. 제21조제2호에 따라 용적률을 완화 받거나 「국토의 계획 및 이용에 관한 법률」 제30조에 따라 용도지역 변경을 통하여 용적률을 완화 받아 건설하는 민간임대주택
라. 제22조에 따라 지정되는 공공지원민간임대주택 공급촉진지구에서 건설하는 민간임대주택
마. 그 밖에 국토교통부령으로 정하는 공공지원을 받아 건설 또는 매입하는 민간임대주택

106) 이순배, 기업형 임대주택사업의 공익성과 수혜귀착에 관한 연구, 토지공법연구 제77집, 한국토지공법학회, 2017, 56쪽.

공공지원민간임대주택은 주택도시기금출자, 공공택지, 촉진지구 내 택지, 용적률 특례 등을 받아 건설 또는 매입한 주택을 의미한다(민간임대주택법 제2조). 공공지원민간임대주택은 공공의 지원을 받는 까닭에, 공공지원민간임대주택은 청년과 신혼부부와 같은 주거지원계층에 대한 배려와 초기 임대료 제한이 부과되어 있다. 민간임대주택특별법상 공공지원민간임대주택의 활성화를 제고하고자 여러 가지 특례를 규정하고 있다. 대표적인 특례로는 역세권과 같은 소규모 촉진지구를 지정할 수 있도록 최소면적기준을 조례로 완화하고 있다(민간임대주택법 제22조). 공공지원민간임대주택은 공공의 기여를 통해서, 청년들에게 주거공간을 마련해주는 정책의 특성을 지니고 있다. 청소년기에서 성인기로 접어드는 청년들은 안정적인 주거공간을 통해서 취업과 자산형성을 도모할 수 있다.[108]

Ⅱ. 민간임대주택에 관한 특별법상 공공지원민간임대주택의 특례규정

1. 공공지원민간임대주택 건설을 위한 토지 공급과 건축 특례

공공택지 수의계약의 공급방법, 국토의 계획 및 이용에 관한 법률에 따른 용적률·건폐율의 상한 적용 등의 특례를 공공지원민간임대주택으로 한정하여 적용한다(민간임대주택법 제18조, 제21조 참조).

107) 이강훈, 기업형 민간 임대주택 사업의 방향과 전망, 황해문화(여름호), 새얼문화재단, 2017, 216쪽.

108) Susanna R. Curry · Laura S. Abrams, 2015, Housing and Social Support for Youth Aging Out of Foster Care : State of the Research Literature and Directions for Future Inquiry, *Child Adolesc Soc Work J* 32, pp 143-153.

2. 용적률 특례에 따른 공공기여

공공지원민간임대주택 건설 시 조례 또는 지구단위계획으로 정한 용적률보다 완화 받는 경우 증가되는 용적률과 연계하여 공공임대주택을 공급하거나 국토교통부령으로 정하는 임대기준에 따라 주거지원계층에게 우선 공급하도록 한다. 이처럼 용적률 특례에 따른 공공기여 방안을 마련한다(민간임대주택법 제21조의2 참조).

3. 촉진지구와 관련된 사항

공공지원민간임대주택 촉진지구와 관련된 사항된 사항은 아래와 같다.

첫 번째로는 촉진지구 지정 요건을 개선한다. 역세권 등 임대주택 수요가 많은 곳에 소규모 촉진지구 사업을 추진할 수 있도록, 촉진지구를 조례로 2천제곱미터 이상으로 지정할 수 있도록 한다. 유상공급 토지면적의 50퍼센트를 초과하여 비(非)주택용도로 공급할 수 없도록 한다(민간임대주택법 제22조 참조).

두 번째로는, 촉진지구의 감리 및 준공검사 절차를 개선한다. 촉진지구의 감리, 준공검사 등 현지성이 높은 사무는 관할 기초지자체에서 직접 처리할 수 있도록 하여 자치권한을 강화한다(민간임대주택법 제28조의2와 제39조의2 참조).

세 번째로는, 촉진지구의 사업절차를 개선한다. 촉진지구 시행자에게 허용하던 개발제한구역 해제 제안권을 공공시행자로 한정하고, 공공시행자에 한정하여 촉진지구 지정 · 변경 시에 도시 · 군기본계획이 일괄 변경되도록 절차를 간소화한다. 역세권 등에서 소규모 촉진지구사업을 신속하게 추진하기 위하여 녹지지역이 아닌 도시지역으로서 대통령령으로 정한 지역에서 10만 제곱미터 이하 촉진지구 지정과 지구계획을 통합하여 승인하기 위해 통합심의위원회의 심의를 거친 경우에는 시·도 도시계획위원회 심의 절차를 생략할 수 있도록 한다(민간임대주택법 제30조, 제31조와 제33조 참조).

Ⅲ. 공공지원민간임대주택의 임차인 선정기준과 임대료 산정기준

1. 공공지원민간임대주택의 임차인 선정기준

공공지원민간임대주택의 우선공급대상, 임차인의 요건, 선정방법 등은 국토교통부장관이 정하는 바에 따라 공급하도록 한다. 주택소유 여부 등 임차인자격을 확인하기 위하여 주민등록번호, 국세·지방세 등에 관한 자료를 관계 기관에게 요청할 수 있도록 한다(민간임대주택법 제42조 및 제42조의2부터 제42조의6까지 참조).

2. 공공지원민간임대주택의 임대료 산정기준

공공지원민간임대주택은 공공성을 확보하고자 임대료의 규제를 받는다. 공공지원민간임대주택은 국토교통부장관이 정하는 바에 따라 임대료를 산정하도록 규정한다(민간임대주택법 제44조 참조).

3. 공공지원민간임대주택의 임차인 보호를 위한 제도 개선

공공지원민간임대주택의 임차인을 보호하고자 다음과 같은 내용이 민간임대주택법에 규정되어 있다.

첫 번째로는, 임대료 증액시 임대차계약 변경신고를 하여야 한다.

100세대 이상 공동주택은 임대차계약 변경예정일 1개월 전까지 관할 지자체에 사전 신고하도록 한다(민간임대주택법 제46조 참조).

두 번째로는, 임차인이 임대료 증액 상한규정(연 5% 이내)을 인지할 수 있도록 임대사업자가 임대료 증액제한에 대하여 설명 · 확인받도록 한다(민간임대주택법 제48조 참조).

공공지원민간임대주택의 임차인의 실질적인 권리보호를 위해서는 다음과 같은 논의가 필요하다. 표준임대차계약서에 임대료의 증액을 제한하는 내용을 명확하게 기술한다. 또한 표준임대차계약서에 임대의무기간 동안의 임대인의 임대의무에 관한 사항을 명확하게 기술한다.

4. 공공지원민간임대주택의 사업지원

공공지원민간임대주택 사업에서 도심 내 토지를 확보하기 방안으로, 토지주인을 대신하여 공공기관이 주택 건설, 임차인 선정 등의 업무 등을 지원할 수 있도록 한다(민간임대주택법 제59조의2 참조).

Ⅳ. 공공지원민간임대주택의 과제

1. 공공임대주택정책과 공공지원민간임대주택정책의 정합성 유지

우리나라는 공공임대주택공급비율이 전체 주택 재고량에 비해서 낮은 편이다. 공공임대주택 수요대상을 보다 다양한 소득계층과 가구특성을 기준으로 확대하는 제도적인 지원이 필요하다.[109] 다만,

109) 신서경 · 윤영호 · 권오정 · 최병숙, 한국형 사회주택의 개념 정립과 유형화 연구, 한국주거학회논문집 제28권 제6호, 한국주거학회, 2017, 30쪽.

공공임대주택정책만으로는 다양한 주거수요를 담을 수 있는 질적 중심의 주거복지사업에는 한계가 있다. 이제는 국가의 직접공급중심의 문제해결에서 벗어나, 다양한 민간개발을 유도할 필요가 있다.[110] 공공지원민간임대주택정책은 공공임대주택정책과 유기적으로 연계할 필요가 있다. 공공임대주택에는 상대적으로 상당한 국가적인 재원이 투입된다. 또한 공공임대주택단지가 낙후되면, 사회적인 배제현상이 나타난다. 공공임대주택에 입주한 이후 근무지의 변경으로 주거지를 변경하는 것도 쉽지 않다. 공공지원민간임대주택은 공공임대주택에 비해서는 공공의 재원이 적게 투입되며, 임차인의 주거지 변경이 공공임대주택에 비해서는 용이하다.

공공임대주택정책과 공공지원민간임대주택정책이 상호 발전적인 시행될 필요가 있다. 이를 위해서는 다음과 같은 과제가 있다.

첫째, 지방자치단체의 주거복지 조직과 주거복지센터 전문인력이 먼저 확충되어야 한다.

둘째, 주택도시기금의 운용 원칙도 재정립되어야 한다.[111] 주거복지재원의 적절한 배분이 이루어져 한다.

셋째, 각 개별 제도에 맞는 입주자 선정과 임대료 체계 그리고 임대주택관리가 필요하다. 공공임대주택은 주로 주거취약계층에 집중하고 있다. 공공지원민간임대주택의 입주자는 다른 공공임대주택의 수혜자에 비해서는 경제능력을 확보하고 있다. 그러므로 공공지원민간임대주택의 입주자격은 공공임대주택에 비해서는 소득 수준은 높이며, 지급하는 임대료 역시 높게 책정할 수 있다. 주거복지

---

110) 이소영 · 오명원, 공공임대주택의 다양성추구를 위한공공인센티브의 유형과 디자인 분석, 주택도시연구 제7권 제1호, SH도시연구원, 2017, 40쪽.

111) 남원석, 공적 임대주택의 공급체계에 대한 모색 서울의 경험을 바탕으로, 공간과 사회 제7권 제3호, 한국공간환경학회, 2017, 45쪽.

정책의 대상을 확대할 수 있는 여력을 확보할 수 있다. 이처럼 국민의 주거권보장을 위한 공공임대주택정책과 공공지원민간임대정책 상호간의 정합성 있는 정책의 입안과 시행이 요구된다.

2. 사회적 경제와 공공지원민간임대주택의 공급과 관리

사회적 경제주체가 공급, 운영, 관리하는 공공지원민간임대주택 정책의 활성에 관한 논의가 필요하다. 공공지원민간임대주택정책을 제한적 영리를 추구하는 사회적 경제주체와 일정한 공적자원이 협력하는 민관협력 형태의 주거복지정책으로 접근한다. 사회적 경제주체는 사회적기업육성법상 사회적기업, 협동조합 기본법상 사회적 협동조합, 비영리법인과 같은 비영리 또는 최소한의 영리를 추구하는 민간주체이다.[112] 사회적 경제주체의 주거복지 사업 참여는 기존 공공임대주택사업의 국가의 재정 부담을 줄이며, 일반 민간 건설사 주도의 임대주택 사업의 비공공성을 해결하는 대안이 된다. 사회적 경제주체가 공공지원민간임대주택 사업을 원활히 시행할 수 있도록 법제도의 정비가 필요하다.

첫째, 공공지원민간임대주택 공급 계획에서부터 공동체 경제활동이 가능한 협동조합 공간을 설계하고 개발한다. 공공지원민간임대주택 입주민이 자율적으로 협동조합을 설립할 수 있는 환경을 만들어 준다. 입주민의 협동조합 운영으로 얻어지는 수익금 중에서 대출상환, 수익배분, 사회적 기여 등에 대한 계획을 수립하고 순환구조를 구축하도록 한다. 지역 공동체에서 조직화된 운영으로 수익창

112) 여경수, 주거복지관련 사회적기업 육성을 위한 법제도개선방, 법학논총 제32권, 숭실대학교 법학연구소, 2014, 111쪽.

출과 경제적 자립을 실현한다. 나아가서 지역사회에서 공동사업체로 성공할 수 있는 역할과 목표를 자율적으로 수립하도록 한다.[113]

둘째, 사회적 경제주체의 공공지원민간임대주택사업 참여를 유도한다. 현실에서는 사회적 경제주체의 재정, 신용도, 사업수행능력이 아직은 부족하여 자금조달이나 택지 확보, 사업 운영에 어려움이 있다. 이를 개선하기 위한 방안이 필요하다. 사회적 경제주체에 대한 교육, 경비 지원을 지방자치단체가 지원할 수 있는 별도의 법적인 근거마련이 필요하다. 예를 들면, 공공지원민간임대주택에 관해서는 사회적 협동조합, 사회적 기업의 단체에서 위탁 관리할 수 있다는 점을 법령에 명확히 규정한다. 또한 공공지원민간임대주택과 관련한 사회적 협동조합, 사회적 기업의 역할을 구체적이고 명확하게 규정할 필요성도 있다.

셋째, 민간임대주택법에 규정된 주택임대관리업과 관련된 규정과 연계하여 다음과 같은 사항을 검토할 필요가 있다. 사회적 경제주체가 소규모로 공공지원민간임대주택을 관리하는 경우에는 주택임대관리업으로 등록한 후에 업무를 수행할 수 있도록 법제도의 정비가 필요하다.

넷째, 주거기본법상 국토교통부장관은 사회적 경제에 기반한 공공지원민간임대주택계획을 수립하여 주거종합계획에 포함시키도록 규정한다.

다섯째, 법령상 사회적 경제에 기반 한 공공지원민간임대주택사업을 육성하기 위한 주택도시기금 지원, 택지 발굴, 보증상품 개발과 같은 사항이 포함되도록 한다. 법령에서 국가는 사회적 경제에

113) 손희자, 협동조합 융합개발을 통한 사회주택 발전방안 연구, 부동산학보 제71집, 한국부동산학회, 2017, 286쪽.

기반 한 공공지원민간임대주택사업자 역량강화를 위한 교육·운영과 경비를 지원할 수 있는 근거를 마련한다. 더 나아가서, 사회적 경제 주체들이 공공지원민간임대주택사업에서 관리뿐만 아니라, 임대관리와 임대주택개량사업, 주거 관련 기자재 사업에 참여하는 방안도 모색된다.

3. 사회적 통합과 공공지원민간임대주택정책

공공지원민간임대주택은 청년과 신혼부부와 같은 주거지원계층에게 특별 공급하는 할당량이 규정되어 있다. 공공지원민간임대주택 건설시 지역 사회의 반대에 직면할 수 있다. 지역 주민과의 갈등 없이 공공지원민간임대주택의 공급이 필요하며,114) 주거에 따른 사회적인 배제를 방지하기 위해서는 혼합단지와 같은 방식을 통한 사회적인 통합이 필요하다.115) 공공지원민간임대주택정책이 성공하기 위해서는 사회적 배제를 해소하고 지역사회의 활성화와 사회적 통합을 위한 방안이 마련되어야한다.116) 이를 위해서는 공공지원민간임대주택의 개량과 품질의 제고가 전제된다. 공공지원민간임대주택 단지 내에 옥상정원을 만들어서 지역 주민에게 개방하는 방식과 같은 사업도 고려할 만하다. 공공지원민간임대주택의 건축물을 주변

114) Crystal Legacy · Gethin Davison · Edgar Liu, 2016, "Delivering Social Housing: Examining the Nexus between Social Housing and Democratic Planning, Housing", Theory and Society 33(3) : pp324-341.

115) Rupert H. Doney · Pauline M. Mcguirk · Kathleen J. Mee, The Problematisation of Social Housing Social Housing, Australian Geographer 44(4), 2013, pp401-418.

116) 원선미, 주거권 실현을 위한 공공임대주택 법제 정비방안, 한국방송통신대학교 법학과 석사학위논문, 2017, 62쪽.

공간과 조화롭게 설계하는 방안도 대안이 된다. 공공지원민간임대주택단지 저층에는 공공의료기관이나 행정기관, 복지기관을 유치하는 방식도 고려할 만하다. 이처럼 지역주민이 함께 이용할 수 있는 복지·문화시설이나 창업지원시설과 같은 지역주민 선호시설 사업을 공공지원민간임대주택 입주단계에서부터 고려한다. 이를 통한, 공공지원민간임대주택단지와 주변 주거단지와의 사회적인 통합을 도모한다.

제4장 주거급여법

제1절 헌법상 근거와 주요내용

Ⅰ. 주거급여법의 제정배경과 주거급여법의 헌법상 근거

1. 주거급여법의 제정배경

주거급여법상 주거급여제도의 의미 살펴보면 다음과 같다. ① 주거급여제도의 시행으로 최저주거기준을 확보하며, ② 주거급여제도의 시행으로 주거 빈곤을 완화하며, ③ 주거급여제도로 주택산업의 건전한 육성에도 기여한다. 지난 2012년, 국회 국토교통위원회에서는 주거급여 정책대상자의 폭과 지원액을 확대하는 방향으로 주거급여법(안)을 마련하였다. 이후 2013년 12월 31일 국회 본회의 의결을 거쳐서, 2014년 주거급여법이 제정된다.

우리나라의 공공임대주택 공급량은 부족한 실정이다. 주거취약계층이 공공임대주택에 입주하기도 어려운 상황이다. 이를 보완하기 위한 제도로 주거급여제도가 주택정책의 수단으로 도입되었다. 주거급여제도의 주된 정책 목표는 저소득층의 주거임대료를 완화하는 것이다. 저소득층의 주거수준향상과 주거 환경의 개선이다. 주거비 지원정책은 주거정책과 복지정책이 중첩되는 영역이다. 주거는 생존을 위한 필수적인 재화이다. 또한 사회적으로 주어지는 각종 혜택과 권리는 안정된 주거지를 전제로 한다. 이처럼 주거는 사회의 일원으로서 정상적인 사회관계를 유지하는 기본조건이다.[117] 주거

117) 윤희숙, 주거급여 재편 논의의 문제점과 개선방향, 한국사회정책』 제20권 제4호, 2013, 147쪽.

복지정책은 주택생산자 보조방식과 주택소비자 보조방식으로 나눌 수 있다. 주택생산자 보조방식은 공공임대주택을 건설하여 저렴한 임대료로 저소득층에게 공급하는 형태이다. 주택소비자 보조방식은 임차가구에게 임대료를 보조하는 형태와 주택의 전월세 자금을 융자 지원하는 형태이다.[118] 주거급여법상 주거급여는 임차가구에게 임대료를 보조하는 방식이다. 또한 주거급여를 국토교통부가 담당하면서 주택시장상황에 맞는 정책수단을 활용할 여지가 있다.[119] 또한 주거급여제도는 공공임대주택이 지닌 비효율성의 문제를 보완할 수 있다. 주거급여정책의 시행으로 공공임대주택정책이나 금융지원과 같은 주거복지정책이 실효성을 갖출 수 있다.

2. 주거급여법의 헌법상 근거

발전된 복지국가는 누구든지 적정한 주거환경에서 생활을 영위하도록 노력한다.[120] 우리나라 헌법 제35조 제3항에서는, 모든 국민이 쾌적한 주거생활을 할 수 있도록 국가가 노력할 것을 규정하고 있다. 헌법상 보장된 주거권을 실현하고자, 개별 법률로 주거기본법이 제정되어 있다. 주거기본법상 주권권의 의미를 다음과 같이 규정하고 있다. 국민은 관계 법령 및 조례로 정하는 바에 따라 물리적·사회적 위험으로부터 벗어나 쾌적하고 안정적인 주거환경에서 인간다운 주거생활을 할 권리를 가진다. 국가는 주택 공급과 주

---

118) 하성규, 주택정책론, 박영사, 2010, 288쪽.

119) 장경석, 「주거급여법」의 주요 내용과 시행에 따른 과제, 이슈와 논점 제797호, 2014, 4쪽.

120) Peter A. Kemp, The Role and Design of Income-Related Housing Allowances, *International Social Security Review* Vol.7 Issue 3, 2000, p43.

거비 지원을 통한, 국민의 주거비가 부담 가능한 수준으로 유지되도록 할 의무가 있다. 이를 실현하기 위해서 주거기본법상 국가 및 지방자치단체는 저소득가구에 대하여 개별 법률이 정하는 바에 따라 주거급여를 지급하고, 주거급여의 지급대상이 아닌 저소득가구에 대해서도 예산의 범위 내에서 주거비를 보조할 수 있도록 법률상 근거를 마련하고 있다. 이처럼 주거급여법은 주거권을 실질적으로 보장하기 위한 대표적인 법률이다.121)

Ⅱ. 주거급여법상 주거급여의 내용

1. 주거급여 수급권자 자격

주거급여법상 주거급여액은 주거안정에 필요한 임차료, 수선유지비, 그 밖의 수급품이다. 주거급여 수급권자는 일정한 소득인정액 이하인 자로 한다. 소득인정액은 중앙생활보장위원회의 심의·의결을 거쳐 결정한다. 주거급여 선정기준은 기준 중위소득의 100분의 43 이상으로 한다. 중위소득은 모든 가구를 소득 순으로 나열 했을 경우에, 중간 순위를 차지한 가구의 소득을 의미한다. 이처럼 주거급여액은 상대적인 빈곤 수준으로 반영된다.

2. 주거급여의 종류와 지급액

주거급여법상 주거급여 지급액은 임차인과 자가가구주에게 지원된다.

---

121) 여경수, 헌법상 주택공개념에 관한 연구, 법학논총 제22권 제2호, 2015, 315쪽.

(1) 주거급여 중 임차료 지급

주거급여 중 임차료 지급은 타인의 주택에 거주하는 사람에게 지급한다. 국토교통부장관은 임차료의 지급수준을 정하기 위하여 가구규모, 주거기본법상 최저주거기준을 고려하여 지역별 기준임대료를 정할 수 있다. 임차료는 수급자 명의의 지정된 계좌로 지급한다(주거급여법 제7조). 지급기준은 임차급여는 지역별 기준임대료, 해당 가구가 실제 지불하는 임차료 등을 고려하여 지급된다.

(2) 주거급여 중 수선유지비 지급

주거급여 중 수선유지비 지급은 주택을 소유하고 그 주택에 거주하는 사람에게 지급한다. 수선유지비의 지급기준은 다음과 같다. 국토교통부장관이 수급자의 가구규모, 소득인정액, 수선유지비 소요액, 주택의 노후도와 같은 사항을 고려하여서 정한다. 수선유지비를 현금으로 지급하는 경우에는 수급자 명의의 지정된 계좌로 지급하여야 한다. 수선유지비의 지급 절차와 방법에 관하여 필요한 사항은 국토교통부령으로 정한다.

(3) 주거급여 반환명령과 벌칙

주거급여법상 부정한 방법으로 주거급여를 수급한 사람에 대한 반환명령과 벌칙을 규정하고 있다. 보장기관은 주거급여 수급자가 속임수나 그 밖의 부정한 방법으로 주거급여를 받거나 타인으로 하여금 주거급여를 받게 한 경우에는 비용을 징수할 수 있다. 보장기관은 수급자에게 이미 지급한 수급품 중 과잉지급분이 발생한 경우에는 반환을 명할 수 있다. 부정 수급자에 대한 벌칙 규정으로 1년 이하의 징역 또는 1천만원 이하의 벌금을 부과할 수 있는 규정이 있다.

Ⅲ. 주거급여 이외의 주거비보조제도

1. 주거기본법상 주택임차료 보조제도

주거급여법이 제정된 이후에도 주거기본법상 주택임차료 보조제도도 함께 운영한다. 주거기본법 제15조 제3항에 따르면, 국가 및 지방자치단체는 주거급여 대상이 아닌 저소득가구에게도 예산의 범위에서 주거비의 전부 또는 일부를 보조할 수 있다. 주거급여법상 주거급여제도와 주거기본법상 주택임차료 보조제도와의 보완적인 운영을 위한 검토가 필요하다.

2. 주택도시기금법상 주거비 지원제도

주택도시기금법상 주택도시보증공사는 주거복지사업을 시행하고 있다. 주택전세와 구입수요자 자금지원 제도는 다음과 같다. 서민들에 대한 전세임대의 자금지원, 전세가격 안정과 미분양주택 해소를 위한 매입임대주택의 자금지원 제도가 있다. 주택도시기금은 저리의 대출제도를 통해 시중은행의 대출제도에 접근하기 어려운 일정 소득 이하의 서민들이 주거비용을 마련할 수 있도록 지원하고 있다.[122)]

122) 김태영, 주거권 실현을 위한 주거비 지원의 법적 고찰, 이화여자대학교 대학원 박사 학위논문, 2016, 133쪽.

3. 한국주택금융공사법상 주거비 지원제도

한국주택금융공사법상 한국주택금융공사는 주택저당채권 등의 유동화와 주택금융 신용보증 및 주택담보노후연금보증 업무를 수행하고 있다. 이를 통한, 주택금융의 장기적이고 안정적 공급을 촉진한다. 한국주택금융공사의 주택수요자에 대한 보증으로는 전세자금보증, 월세자금보증, 임대보증금반환자금보증, 모기지신용보증, 중도금보증, 건축·개량자금보증이 있다.

제2절 외국의 입법례와 사례

주거비보조의 기능은 주거문제 해결뿐만 아니라, 현대사회의 다양한 위험에서 대상자를 보호하는 기능을 한다. 현대사회의 위험은 실업, 빈곤, 질병, 재해가 대표적이다.[123] 외국의 주거비보조 근거가 되는 법률을 중심으로 주거비보조제도의 구성요소, 작동방식, 조직의 구성, 예산의 운용, 제도적 효과를 살펴보고자한다. 특히 개별국가에서 주거비보조가 수급권인지, 합리적인 주거비보조비의 기준을 어떻게 산정되는지, 주거비보조의 전달체계가 어떠한지와 같은 사항을 국가마다의 특성을 살펴본다. 외국의 주거비보조제도의 근원적인 쟁점과 우리나라의 시사점들을 도출하는 사항에 도움이 되고자한다.

---

123) Julia Griggs & Peter A. Kemp, Housing Allowances as Income Support: Comparing European Welfare Regimes, International Journal of Housing Policy(Vol. 12, No.4), 2002, p391.

Ⅰ. 영국의 「주거급여(Housing Benefit)」 입법례와 사례

1. 영국 주거급여제도의 기원과 발전과정

영국에서는 주거비 보조 제도의 근거법은 사회보장 주거급여법(Social Security Contributions and Benefits Act 1992)이다. 영국에서는 주거권에 관한 논의가 사회적으로 활발히 이루어져왔다.[124] 영국에서는 주거급여의 범위와 역할에 관해서는 아직도 사회적으로 논쟁이 활발하다.[125] 영국의 주거비 보조제도의 구체적인 운영 방식은 주거급여규칙(Housing Benefit Regulations 2006)를 통해서 정하고 있다.[126] 영국의 경우에는 전체 예산에서 주거급여 예산이 차지하는 비중이 급증하고 있다. 영국에서는 주거급여의 개선 논의가 지속적으로 이루어지고 있다.[127] 영국의 주거급여는 소득과 자산에 대한 조사를 근거로 지원하는 사회보장의 수단으로도 활용된다.[128] 영국에서는 25세 이하의 젊은층에게도 주거비보조에 관한 혜택을 충분히 부여하기 위한 노력을 진행하고 있다.[129]

---

124) Peter King, Can we use Rights to Justify Housing Provision?" *Housing, Theory and Society* Vol.17, 2000, p27.

125) Ryan Powell, Housing Benefit Reform and the Private Rented Sector in the UK: On the Deleterious Effects of Short-term, Ideological "Knowledge" Housing, *Theory and Society* Vol.32, No.3, 2015, p323

126) https://www.gov.uk/housing-benefit/overview(검색일: 2018년 2월 20일).

127) Roger Harding, The implications of the changes to Housing Benefit, *Journal of Poverty and Social Justice* Vol.19, No.2, 2011, p177.

128) Mark Stephens, An Assessment of the British Housing Benefit System, European Journal of Housing Policy Vol.5 No.2, 2005, p111.

129) Peter A. Kemp, The Role and Design of Income-Related Housing Allowances, *International Social Security Review* Vol.7 Issue 3, 2000, p697.

2. 영국 주거급여제도의 운영현황

영국의 주거비보조는 두 가지로 구분된다. 첫째는 저소득층 임차인에게 지급되는 주거급여이다. 둘째는, 주택을 구입한 사람에 대한 주택담보대출 이자를 지원하는 것이다. 영국의 주거급여 제도는 복잡하고, 주거급여의 담당 부처가 나뉘어져 있다. 임차가구에 대한 주거급여는 노동연금부(Dept. of Work and Pension)에서 담당한다(Hugo Priemus & Peter A. Kemp, 2004: 166). 주거급여이외의 금융지원은 지역사회부(Department of Communities and Local Government)에서 담당한다. 하지만 지역별로 지역사무소(local council)에서 주거급여와 주거관련 보조 업무를 모두 처리하고 있다. 이를 통해서는 주거급여 수혜자들의 접근성과 주거급여제도운영의 효율성이 제고되고 있다.[130] 주거급여의 지급과 지급액수는 지원대상자의 소득과 가구의 상황에 따라서도 달라진다. 주거급여는 재직 중이거나 실업 상태이거나 상관없이 신청할 수 있다.[131] 영국의 주거급여제도의 시사점은 다음과 같다. 지역단위에서 통합적으로 주거비 보조제도를 시행함으로써, 저소득층에 대한 주거보장을 세밀하게 수행하고 있다. 또한 청년층에게 주거비보조를 지급함으로써, 청년층의 주거권 보장에 실질적인 도움을 주고 있다.

---

130) 김태영, 앞의 논문, 61쪽.

131) Dave Cowan, Caroline Hunter & Hal Pawson, Jurisdiction and Scale : Rent Arrears, Social Housing, and Human Rights, *Journal Of Law And Society* Vol.39, 2012, p287.

Ⅱ. 프랑스의 「주택수당(Allocation de Logement)과 차등적 주거수당(Aide Personnalisée au Logement)」 입법례와 사례

1. 프랑스 주택수당과 차등적 주거수당의 기원과 발전과정

프랑스의 주거비 보조 제도는 주택수당(Allocation de Logement, AL)과 차등적 주거수당(Aide Personnalisée au Logement, APL)으로 구분된다.[132] 1948년에 시작된 주택수당(AL)은 저소득층의 생계비 지출 부담을 줄이기 위해 도입된 사회보장적 성격이 강하다. 프랑스 의회는 1948년 임차인의 거주권과 임대료 상한제를 강화하며, 저소득층의 주거비 지원방안을 담은 법률을 제정한다. 프랑스 주택수당(AL)은 1972년과 1974년의 연속적인 개편을 하여, 주택수당(AL) 대상가구를 고령자와 장애인 그리고 대학생으로 확대하였다. 반면, 차등적 주거수당(APL)은 공공임대주택을 대체하고자, 도입된 제도이다. 차등적 주거수당(APL)은 주택정책적인 측면이 보다 강하다.

프랑스는 2008년 1월 1일 주거청구권을 도입하였다.[133] 프랑스에서 주거청구권의 의미는 국가가 국민의 주거문제에 적극적으로 개입하여 해결하며, 국민은 주거에 관하여 국가를 상대로 적극적인 권리를 행사할 수 있도록 입법화한 조치이다. 프랑스 주택정책의 중심에는 공공임대주택이 자리 잡고 있다.[134] 프랑스는 공공의 재정적 지원을 받은 주택을 사회주택(Logement Social)이라고 정의한다. 프랑스의 사회주택정책의 의미는 사회적 통합과 소득의 재분

---

132) https://www.service-public.fr/particuliers/vosdroits/N20360 : 2018.2.24. 최종 검색.

133) 권세훈, 프랑스의 주거정책과 주거권", 법제 12월호, 2016, 163쪽.

134) 봉인식, 프랑스의 주거급여, 도시와 빈곤 제106호, 2014, 138쪽.

배, 주택의 공공성을 의미한다. 프랑스 사회주택은 공공의 지원방식에 따라 두 가지로 구분될 수 있다. 첫째로는 건설에 대한 지원이다. 순수 임대목적으로 건설, 매입된 주택과 조합구성과 같은 특수한 목적에 따라 분양되는 주택이다. 둘째로는 임대료 보조와 같은 개인에 대한 지원을 받은 가구가 거주하는 주택이다.

2. 프랑스 주택수당과 차등적 주거수당의 운영현황

프랑스는 공공임대주택을 주거복지 주요한 정책을 활용하면서도, 주거비 보조제도를 2가지로 유형하고 하고 있다. 주거비 보조제도 중 주택수당(AL)과 달리 차등적 주거수당(APL)의 경우에는 임대인에게 지급한다. 차등적 주거수당(APL)은 임대인에게 수당이 지급되며, 신규 또는 기존주택 소유자에 대한 건설 지원과 연계해 지급한다. 따라서 임차인은 임대료에서 주거비보조금을 공제한 금액을 임대인에게 지불하면 된다. 이와 같은 방식은 임차인에게 직접 보조금을 지급하는 방식 보다는 정책적 목표를 보다 분명하게 전달시킬 수 있는 장점이 있다. 또한 안정적인 신규주택 공급과 기존주택 정비를 통한 주거환경개선에 타당하다는 평가이다.[135] 프랑스의 주거비보조제도의 시사점은 다음과 같다. 주거비보조의 대상이 되는 주택을 사회주택으로 분류하여 주택의 공공성을 확보한다. 주거비보조비를 임대인이 자가 소유의 주택을 수리비로 활용하여, 주거경관 개선이나 세입자의 주거수준을 향상할 수 있다.

135) 봉인식, 앞의 논문, 143쪽

Ⅲ. 독일의 「주거보조금(das Wohngeld)」 입법례와 사례

1. 독일의 「주거보조금(das Wohngeld)」 주거급여제도의 기원과 발전과정

독일의 주거보조금(das Wohngeld)은 주거보조금법(Wohngeldgesetz (WoGG))에 근거하고 있다. 독일에서는 소득에 비해서 임대료가 부담스러운 계층에 대한 임대료를 보조한다. 독일에서는 임대료를 시장이 결정하지만, 주거보조금은 가구의 경제적인 능력을 고려해서 지원한다.136)

2. 독일의 주거보조금제도의 운영 현황

독일의 주거보조금은 세입자를 위한 임대보조금(Mietzuschuss)과, 소유자를 위한 부담보조금(Lastenzuchuss)이 있다. 주거보조금은 연방정부 부서인 환경부에서 업무 총괄과 재정지원을 담당하고, 각 지방정부에서 신청을 받는다.137) 독일에서는 2016년 주택보조금 제도를 대폭 개편하였다. 기존의 주택보조금의 지급액수는 높이면서, 지원대상자의 범위를 확대하였다.138) 독일의 주거보조금제도의 시사점은 다음과 같다. 독일의 경우에는 주거보조금의 담당 부서는 환경부이다. 이는 주거의 문제를 단순한 생존의 문제를 넘어서, 쾌적한 환경에서 거주할 수 있는 방안이 된다.

---

136) Stefan Kofner, Housing allowances in Germany, In: P. A. Kemp (Ed.) Housing Allowances in Comparative Perspective (Bristol: Policy Press), 2007, p159

137) 김태영, 앞의 논문, 171쪽.

138) http://www.wohngeld.org/ 2018.2.24. 최종 검색.

Ⅳ. 미국의 「주택선택바우처(Housing Choice Voucher)」의 입법례와 사례

1. 미국 주택선택바우처제도의 기원과 발전과정

미국의 경우에는 공공임대주택의 공급보다는 주거비지원제도를 통한 주택정책을 펼치고 있다. 미국의 경우에는 유럽국가들과는 달리 주거복지정책에 관한 국가의 적극성이 결여되어 있다고 평가된다. 미국에서는 주거비보조제도의 핵심은 주택선택바우처(Housing Choice Voucher)제도이다.

미국은 1937년 공공주택법(Public Housing Act of 1937)상 공공주택청(Public Housing Agency)이 연방정부의 권한을 위임받아서 공공주택정책을 시행하였다. 1970년대 공공임대주택건설에 따른 재정부담, 도심 내 공공임대주택을 중심으로 한 빈곤의 집중화에 직면하면서, 미국 내에서 신규 공공임대주택건설정책을 전면 폐기한다. 미국은 당시 공공임대주택정책의 대안으로 저소득임차인의 주거비를 보조하는 주택바우처프로그램이 시행된다. 주택바우쳐 프로그램의 법률상 근거는 1974년 주택법(Housing Act of 1974)이다.[139] 이후 미국에서는 1998년에는 적정한 주택과 노동책임법(Quality Housing and Work Responsibility Act)이 제정된다. 미국에서는 이 법률에 근거해서 주택선택바우처(Housing Choice Voucher)제도로 주거비 보조제도를 실시하고 있다.[140] 미국에서는 주거비보조제도의 성장과정에는 정치적인 책임이 강조되고 있으

---

139) 장경석, "미국의 주거복지정책 관련 법률체계 개요 : 주택바우처제도를 중심으로", 비교법현안분석, 2013, 63쪽.

140) U.S. Department of Housing and Urban Development. 2016. PROGRAMS OF HUD. p79.

며, 주거비보조에 투입되는 연방예산이 증가하는 추세에 있다. 미국의 주거비보조제도는 실제로는 주거복지정책이 아닌 소득보전정책으로 활용되는 측면도 있다.

2. 미국 주택선택바우처제도의 운영상황

미국의 주택선택바우처제도는 연방정부의 주거비보조 정책이다. 그러므로 연방정부에서 예산과 관리의 책임이 있다. 그러나 실제 운영과 집행은 각 지방의 공공주택청(PHA)에서 담당한다.[141] 공공주택청(PHA)에서는 연방정부에서 제시하는 지침에 부합하도록 주택선택바우처 대상자를 선정하고 관리한다. 그리고 공공주택청(PHA)은 주택선택바우처 대상자가 거주하고자 하는 주택이 일정 수준에 부합하는지 검사하고, 적정한 주거기준을 갖추었는지를 준수하도록 관리할 책임이 있다.

미국의 주택선택바우처는 민간부문의 임대주택을 활용한다. 민간 주택시장에서 임대인이 해당주택을 바우처주택으로 등록하고, 민간 임대인과 공공주택청(PHA)이 계약을 체결한다. 공공주택청(PHA)은 연방정부에서 정한 일정수준의 공정임대료(Fair Market Rent)를 고려해서, 주택선택바우처를 임대인에게 지불한다. 임대인은 주택선택바우처의 지원대상이 되는 주거 환경이 일정한 주택품질기준(Housing Quality Standards)에 부합해야 한다. 이 기준에는 조명과 전기, 상하수도 시설, 내부 환경, 주변환경과의 접근성와 같은 사항을 고려한다.[142] 미국의 경우에는 주택상담프로그램(Housing

141) Stacy Seicshnaydre, Missed Opportunity: Furthering Fair Housing In The Housing Choice Voucher Program, *Law And Contemporary Problems* Vol.79, 2016, p147.

Counseling Program)이 운영되고 있다. 미국 주택도시개발부(Department of Housing and Urban Development)에서 주택상담기관(Housing Counseling Agency)을 설립 또는 인가해서 운영하고 있다. 주택상담기관에 소속된 주택상담사(Housing Counselor)는 주택바우처 대상자에게 집 찾아주기, 저소득층 가구가 이용할 수 있는 주거지원 프로그램 설명, 이사 상담과 주택대출 관련 상담, 주택구입, 임차, 상환불능 대응, 압류 회피, 신용 문제와 관련한 주택의 상담을 수행하고 있다. 미국의 주거비보조제의 시사점은 다음과 같다. 주택상담사제도를 통해서 주거비보조대상자가 실질적인 도움을 받을 수 있다.

V. 일본의 「주택지원급부(住宅支援給付)」의 입법례와 사례

일본에서는 주택지원급부(住宅支援給付)라는 용어로 주거비보조제도가 이루어지고 있다. 일본은 다른 선진국에 비교하면, 전체주택 대비해서는 공공임대주택의 재고비율이 낮다. 일본에서는 생활보호법상 운영되는 주택수당제도를 제외하고는 별도의 주거비보조제도는 없다. 일본은 지난 2009년에 임대료보조로서 주택수당긴급특별조치(住宅手當緊急特別措置)가 실시된 바 있다. 당시 일본이 주택지원급부제도를 도입한 이유는, 이직자로 구직능력이나 구직의욕이 있는 사람 중에서 주택을 상실한 자 또는 상실할 우려가 있는 자를 대상으로 주택확보와 구직기회를 지원하고자 한 이유이다. 그러

142) John M. Lerner, Private Rights Under The Housing Act: Preserving Rental Assistance For Section 8 Tenants, Boston College Journal of Law & Social Justice Vol. 34, 2014, p49.

므로 주택지원급부를 받기 위해서는 정부의 취직지원을 받는 것이 조건이며, 지방정부로부터 임대주택의 임대료를 한시적이지만 지급받을 수 있다. 또한 주거비보조를 받는 기간이 3개월로 단기간이다. 일본은 생활보호대상자가 되면 주거공간이 보장되지만, 생활보호대상의 대부분이 고령자나 장애인과 같은 취약가구이다. 주택지원급부의 지급이 한시적인 제도라는 점에서는 주거비 보조제도로 보기에는 부족하다.[143] 다만 일본은 생활보호법을 중심으로 사회보장법제 체제가 안정적으로 정비되어 있다.

제3절 우리나라 주거급여제도의 과제

Ⅰ. 주거급여제도와 공공임대주택정책과의 상호 연관성 유지

주거복지정책은 정책의 목적, 정책이 도입되는 시기의 주택시장 상황에 따라서 달라진다. 우리나라에서는 주거불평등에 대한 주거복지정책으로는 공공임대주택의 공급과 주거비보조제도가 대표적이다.[144] 공공임대주택정책은 주거복지정책에서 주거안정을 위한 최선의 정책으로 평가받고 있다.[145] 우리나라의 주거기본법상 국가와 지방자치단체는 저소득층과 같이 주거지원이 필요한 계층을 위한 공공임대주택을 공급하여야 한다. 공공임대주택의 확대는 크게 두 가지 역할을 할 수 있다. 하나는 취약한 주거상태에 있는 이들에게

143) 박신영, 일본의 주택수당(주거급여), 도시와 빈곤 제106호, 2014, 84쪽.
144) 임재만, 주거정의에 대한 철학적 고찰, 부동산분석학회 학술발표논문집, 2016, 121쪽.
145) 여경수, 「공공주택 특별법」에서 행복주택에 관한 평가와 과제, 입법과 정책 제8권 제1호, 2016. 377쪽.

보다 나은 주거를 제공하는 것이고, 다른 하나는 주택시장의 안정을 위하여 민간임대시장을 견제하는 것이다.[146] 주거급여를 포함한 주거비보조 방식은 공공임대주택 공급 방식보다는 임대료 부담완화, 주거비용 최소화, 가구 간 형평성 확보, 주거지 선택의 자유 제고와 기존 주택 재고의 효율적 이용이라는 측면에서는 장점이 있다.[147]

하지만, 민간임대주택의 숫자가 부족한 지역일 경우에는 주거비보조제도는 해당 지역의 임대료를 상승시킬 위험성이 높다. 주거비보조제도는 공공임대주택정책과는 달리 민간임대시장을 견제할 수 있는 기능이 없기 때문이다. 또한 우리나라는 수도권을 중심으로는 주택에 대한 수요가 공급보다 많은 형편이다. 그러므로 주거비 보조제도만을 주거복지제도의 핵심 정책으로 삼기에는 한계가 있다. 주거정책에서는 공공임대주택의 공급을 확대하고, 공공임대주택를 적정하게 관리하는 것이 중요하다. 저소득층 주거복지를 향상시키기 위해서는 전체 가구수의 적정수준까지 장기의 공공임대주택 재고를 우선적으로 확보하는 것이 필요하다.

외국의 사례를 살펴보면, 주거비 보조제도를 시행하면서 공공임대주택정책을 축소한 경험이 있다. 우리나라에서도 주거급여법이 주거권보장을 위한 공공임대주택이 사실상 축소되는 추세 속에서 제정되었다. 주거급여중심의 주거복지로 우리나라의 주거복지정책이 굳어질 위험성이 있다.[148] 주거비보조제도의 도입을 근거로 공공임대주택정책을 축소해서는 안 된다.[149] 정부는 주거급여제도의

---

146) 원선미, 주거권 실현을 위한 공공임대주택 법제 정비방안, 한국방송통신대학교 대학원 석사논문, 5쪽.

147) 서종균, 영국의 주거급여, 도시와 빈곤 제106호, 2014, 171쪽.

148) 이호근, 사회적 취약계층에 대한 주거정책의 현황과 법·제도 개선방안 -「주거급여법」도입 분석을 중심으로 -, 비판과 대안을 위한 사회복지학회 학술대회 발표논문집, 2014, 812쪽.

시행과정에서 공공임대주택 공급과 같은 다양한 주거복지정책간의 정합성을 높여야한다. 이를 통해서는 주거복지 정책대상의 중복과 사각지대가 발생하는 문제를 해결할 수 있다.150) 현행 주거급여제도는 공공임대 입주계층보다는 소득이 낮은 대상을 목표로 하고 있다. 그러므로 양 제도는 서로 보완될 수 있다. 주거급여 수급자가 공공임대주택의 입주를 희망할 경우에는, 다가구 매입주택이나 기존주택 전세 임대와 같은 다양한 형태의 공공임대주택으로 입주가 가능하도록 실질적으로 지원한다. 우리나라 주택정책에서 주거급여 제도와 공공임대주택정책의 상호간의 보완적인 시행이 필요하다.

Ⅱ. 주거급여제도와 다른 복지체계와 연관성 유지

주거복지정책만으로는 저소득층의 빈곤문제를 해결하기에는 한계가 있다. 주거정책은 노동정책, 교육정책과 같은 다양한 사회보장정책과의 연계성을 갖추어야한다. 예를 들면, 주거급여제도와 함께 일자리를 제공하고 자산을 형성할 수 있는 정책들을 함께 실시할 필요가 있다. 이를 위해서는 주거급여 수급자에 대해서는 고용센터와 연계하여 일자리를 알선하거나, 직업훈련을 실시할 필요가 있다.151) 주거급여 수급자 중에서 취약가구에 대해서는 사회복지사의 정기방문, 상담, 자활, 건강과 교육 지원 제도와 같은 복지사업 지원의 연계를 시행한다. 또한 주거급여의 지원대상자가 사회적 기업에 참여할 수 있는 제도적인 방안이 필요하다.152) 또한 주거급여 대상자에

---

149) 박은철 · 봉인식 · 남원석 · 오근상, 주거비보조제도의 사례와 쟁점, 도시정보 통권 제381호, 2013, 20쪽.

150) 김혜승, 임대료보조제도로서 주거급여의 도입, 도시와 빈곤 제106호, 2014, 18쪽.

151) 박은철 · 봉인식 · 남원석 · 오근상, 앞의 논문, 21쪽.

대한 주거환경개선사업에서도 주거복지 관련 사회적 기업이 주도적으로 참여하는 법률적인 지원방안도 모색할 필요성이 있다.

Ⅲ. 주거급여제도 시행에 따른 안정적 재원확보방안

주거급여법에 따르면, 주거급여액의 지원은 국가와 지방자치단체가 부담한다. 주거급여제도 시행으로 향후 예산이 증가할 것으로 예상된다. 이에 대한 재원마련이 선결과제이다.[153] 주거급여제도의 성공적인 시행을 위해서는 안정적인 재정 지원이 갖추어져야한다. 충분한 재정 지원이 뒷받침 되지 못한다면, 주거급여지원 대상이 축소되거나 주거급여지급액이 낮아질 가능성이 있다.[154] 주거급여 대상자를 확대하는 방안과 주거급여 수급액의 확대도 지속적으로 논의될 필요가 있다. 주거급여제도를 선별적인 복지가 아닌 보편적인 복지로 나아가는 방향에 관한 국민적인 논의가 필요하다.

Ⅳ. 주거급여 전달체계의 정비

정부는 효율성과 전달력을 높여 주거급여 대상자를 적극적으로 발굴하고 빈곤 사각지대를 좁히는데 정책적 노력을 집중해야 한다.[155] 주거급여에는 공적인 자금이 투입되므로, 적절한 정책 대상자에게 적정한 규모의 지원이 이루어졌는지도 확인이 필요하다.

---

152) 여경수, 주거복지관련 사회적기업 육성을 위한 법제도개선방안, 법학논총 제32권, 2014, 111쪽.

153) 장경석, 「주거급여법」의 주요 내용과 시행에 따른 과제, 이슈와 논점 제797호, 2014, 3쪽.

154) 진미윤, 주거급여의 성공적 시행을 위한 제언, 한국주거학회지 제17호, 2014, 24쪽.

155) 진미윤, 개편 주거급여 제도의 특징과 개선과제, 주택연구 제25권 1호, 2016, 115쪽.

제4절 중간 맺음말

외국의 주거비보조는 해당 국가별로 정치, 경제와 같은 환경적인 이유로 다양하게 운영되고 있다. 선진국들은 주거비보조제도가 도입된 배경이 각각 다르지만, 현재는 저소득층에 대한 적정한 주거보장을 위한 정책적 수단으로 이용되고 있다(Peter A Kemp, 2007). 영국의 주거비보조제도의 중심은 주거급여(Housing Benefit)이다. 영국에서는 사회보장차원에서 주거급여제도의 개선과제에 대한 관심이 사회적으로 높다. 프랑스의 주거비 보조제도는 주택수당(Allocation de Logement, AL)과 차등적 주거비 지원수당(Aide Personnalisée au Logement, APL)이다. 주택수당(AL)은 사회보장법상의 제도인 반면, 차등적 주거비 지원수당(APL)은 건축법상 제도이다. 주택수당(AL)은 임차인에게 보조금이 지불되는 제도이며, 차등적 주거비 지원수당(APL)은 임대인에게 보조금이 지불되는 제도이다. 프랑스에서는 주거비보조제도를 통해서 도시경관을 개선하는 효과도 동시에 가져오고 있다. 독일에서는 주거보조금(das Wohngeld)이 주거비보조제도이다. 독일의 주거보조금은 소득에 비해서 임대료가 부담스러운 임차인에 대한 임대료 보조제도로 활용된다. 독일의 경우에는 주거보조금의 대상계층과 지급액을 확대하는 경향을 지니고 있다. 미국의 경우에는 주택선택바우처(Housing Choice Voucher)정책이 주거비보조의 주요수단이다. 미국에서는 연방정부에서 정한 일정수준의 공정임대료(Fair Market Rent)와 저소득가구의 소득 일정액의 차이를 임대인에게 지불한다. 일본에서는 주택지원급부(住宅支援給付)라는 명칭으로 주거비보조제도가 이루어지고 있다. 일본의 주택지원급부제도는 일시적인 실직자에 대한 주거보장제도이다. 일본의 경우에는 다른 선진국에 비해서는 주거비보조제도가 정착되지 못한 측면이 있다.

우리나라의 주거비보조제도의 주요한 수단은 주거급여제도이다. 우리나라에서 주거급여제도의 목적은 생활이 어려운 사람에게 주거급여를 실시하여, 국민의 주거안정과 주거수준 향상에 있다. 주거급여법상 주거급여는 주거안정에 필요한 임차료, 수선유지비, 그 밖의 수급품 지급이다. 주거급여제도는 소득·주거형태·주거비 부담수준을 종합적으로 고려하여 저소득층의 주거비를 지원하는 제도이다. 우리나라의 주거급여제도의 과제를 제시하면 다음과 같다. 첫째, 주거급여제도와 공공임대주택정책과의 상호 연관성을 유지한다. 둘째, 주거급여제도와 다른 복지체계와 연관성을 유지한다. 셋째, 주거급여제도 시행에 따른 안정적인 재원확보를 마련한다. 넷째, 주거급여의 선정과 지급에서 효율성과 형평성을 갖춘 전달체계를 정비한다.

우리나라 헌법과 주거기본법상, 누구든지 물리적·사회적 위험으로부터 벗어나 쾌적하고 안정적인 주거환경에서 인간다운 주거생활을 할 권리가 있다. 주거급여법상 주거급여제도가 주거권을 실현하는 주거복지정책으로 자리매김 되기를 바란다.

제5장 장애인 고령자 등 주거약자 지원에 관한 법률

제1절 장애인과 고령자 주거복지 실태와 법적 토대

Ⅰ. 장애인 주거복지 실태와 법적 토대

1. 장애인의 주거복지 실태

과학문명의 발전에도 불구하고 장애인이 증가하고 있으나, 장애인 가구의 월 평균소득은 전국 월평균 가구소득의 절반 정도에 미치고 있는 실정이다. 빈곤의 위기에 있는 장애인이 적절한 주택에 대한 구매력을 갖출 수가 없다. 구매력을 갖춘다 하더라도 장애인의 접근성이 보장되는 주택을 구하기도 어려운 상황이다.

2. 장애인 주거복지의 법적 토대

장애인은 신체적·정신적 장애로 인하여 장기간에 걸쳐 일상생활 또는 사회생활에 상당한 제약을 받는 자를 말한다. 장애인에 대한 정의는 장애인복지법상 신체적 장애와 정신적 장애로 구분된다. 신체적 장애라 함은 주요 외부신체기능의 장애, 내부기관의 장애 등을 말하며, 정신적 장애라 함은 정신지체 또는 정신적 질환으로 발생하는 장애를 말한다(장애인복지법 제2조).

국가가 장애인을 적극적으로 지원하도록 법제화해야 한다는 점에 대해서는 우리나라에서도 대체로 사회적 합의가 형성되어 있다. 그 결과물로 많은 법률이 제정되어 있는 바, 장애인복지증진을 위한 기본법인 「장애인복지법」 외에도 장애인 취업을 위한 「장애인 고용촉진 및 직업재활법」, 장애인 편의시설을 위한 「장애인·노인·임산부 등의 편의증진보장에 관한 법률」, 장애인의 이동에 있어서 편리를 위한 「교통약자의 이동편의증진법」등이 있고, 장애인에 대한 차별을 금지하는 「장애인차별금지법」이 있다. 따라서 우리나라의 경우 장애인의 인권보장에 대한 법적·제도적인 기본골격은 어느 정도 갖추어졌다고 보여진다.

하지만 장애인의 완전평등과 사회참여와 통합이라는 측면에서 본다면 실질적으로 장애인의 인권보장이나 장애인 개개 삶의 질의 측면에서는 미흡한 점이 많다. 헌법적으로 볼 때, 장애인과 비장애인이 전국 어디서나 어울려 살 수 있어야 한다. 따라서 장애인의 실질적인 인권보장이라는 문제를 장애인의 주거문제, 즉 주거권이라는 연결고리로 하여 분석하는 작업은 중요하다. 즉 장애인과 관련된 헌법규정을 살펴보면 장애인이 국가에 대한 특별한 생활보호를 요구할 수 있는 권리(헌법 제34조 제5항)는 장애인에게 주택이라는 보금자리를 통하여 인간의 존엄과 가치 및 행복추구권(헌법 제10조), 실질적인 평등을 추구하기 위한 기반으로서의 권리(헌법 제11조), 거주·이전의 자유의 보장(헌법 제14조), 교육을 받을 수 있는 장소의 보장(헌법 제31조), 쾌적한 환경에서 살 권리(헌법 제35조)를 실현하는 중요한 장애인의 권리가 된다. 그리고 헌법 제34조 제5항에 근거하여 장애인은 비장애인보다 국가에 대한 권리를 우선해서 가진다고 볼 수 있다.[156]

---

156) 김수갑/여경수, 장애인 주거복지개선을 위한 법제도적 개선방안, 공법학연구 제6권 제3호, 한국비교공법학회, 2005, 169쪽. 당해 연구에서 장애인 주거권보장을 위한 개선방안으로 주택관련법령에서는 「장애인에 적합한 주택을 위한 주택개조의 지원」, 「장애인에 적합한 공용주택의 건설촉진」을, 사회보장관련법령에서는 「장애인의 주택수당비 현실화」, 「주택개조비 지원」, 「장애로 인한 주택의 매매나 임대차 차별금지」 등을 제안한 연구가 있었다.

이처럼 장애인의 인권은 종합적 인권이다. 따라서 장애인의 인권에 관한 개념을 사회보장수급권으로 한정하여 파악하는 것은 우리 헌법상 장애인에게 인정되는 각종의 인권 전반을 포괄적으로 이해할 수 없게 만드는 문제가 있다. 마찬가지로 장애인이 적정한 주거에서 안정적으로 생활할 수 있는 주거권도 사회권의 측면에 국한된 것이 아니라 종합적인 권리의 성질을 가진다고 보아야 할 것이다. 특히 주거가 인간 삶의 기본이란 점에서 장애인에 대한 주거권보장은 헌법상 특별한 의미를 가진다.

결국 장애인에게 적정한 주택에 대한 접근 가능성을 보장하는 것이 국가가 마땅히 해야 할 과제임을 인식한다는 점에서 주거약자지원법은 의미를 가진다.

Ⅱ. 고령자 주거복지 실태와 법적 토대

고령자주거란 일반주택의 기능이외에 사회전체를 구성하는 인구 중 상대적으로 연령이 높은 자들에게 필요한 사회활동 보조서비스, 가사보조 서비스, 간호간병 서비스 등이 통합된 특수주택 또는 고령자들이 모여 사는 고령자의 생활특성을 배려하여 건축되고 고령자의 자립적인 생활을 지원하기 위하여 건축물 이외의 인적서비스가 지원될 수 있는 주택 등으로 정의되고 있다.157)

또한 고령자 주거복지란 개인의 독립성을 유지하면서 안전하고 안락한 일상생활의 유지를 위한 공간을 확보하고 주택의 건설과 공급, 그리고 이에 관련되는 서비스를 통하여 지원해 주는 제반 사회

---

157) 임구원, 실버복지를 위한 노인주택정책 발전방안에 관한 연구, 지역사회개발연구 제28집 제1호, 한국지역사회발전학회, 2003, 148쪽.

적인 노력을 의미한다. 따라서 고령자주거지원은 노화에 따른 신체적, 심리적, 사회적, 경제적 특성을 감안한 구조의 주택건설과 기존주택의 개조하고 이를 지원함을 뜻하며, 제반 사회적 지원을 통하여 지역사회와 교류하면서 안전하고 안락한 일상생활의 유지를 위한 공간을 확보하여 노인이 건강하게 자립을 유지 할 수 있도록 하는 사회적인 제반노력이라고 정의할 수 있다.[158]

노인 주거란 다양한 보호와 지원을 제공하고 노인들이 가능한 많은 독립성과 프라이버시를 유지할 수 있도록 하는 시설을 갖춘 다양한 건물들을 모두 포함하는 용어로 사용한다. 주택산업연구원에서는 '일반주택의 한 형태로서 노인가구가 생활하기에 용이 하도록 거주의 편리성이 확보된 주택'이라고 하였다. 이외에도 토지주택공사 주택연구소에서는 '노인들이 공동으로 거주하는 시설이 아니고 노인의 노화현상을 고려하여 특별히 계획, 설계된 주거공간으로 가족과 함께 또는 노인만의 독립된 생활이 가능한 주택'이라고 정의하고 있다. 일본건축센터의 경우 노인주택이란 '노인만으로 구성된 세대가 집합적으로 거주하는 주택으로 고령자 거주에 대응할 수 있도록 무장애화설계(barrier free)가 되어 있어야 하며, 주택이외의 생활지원 서비스가 제공되는 주택'으로 정의를 내리고 있다.[159] 따라서 노인주거지원은 노화에 따른 신체적, 심리적, 사회적, 경제적 특성을 감안한 구조의 주택건설과 기존주택을 개조하고 이를 지원함을 뜻하며, 제반 사회적 지원을 통하여 지역사회와 교류하면서 안전하고 안락한 일상생활의 유지를 위한 공간을 확보하

158) 이정식, 노인 주거보장에 관한 고찰, 세계헌법연구 제15권 제3호, 국제헌법학회 한국학회, 2008, 295쪽.

159) 박귀현, 노인안심주택의 계획방향에 관한 연구, 건국대학교 대학원 석사학위논문, 2016, 18~19쪽.

여 노인이 건강하게 자립을 유지 할 수 있도록 하는 사회적인 제반노력이라고 정의할 수 있다.[160)]

우리나라의 경우 2018년에는 14.3%로 고령사회에 진입하였고, 2026년에는 21.1%[161)]로 초고령사회에 도달할 것으로 전망되며 한국의 고령화는 빠른 속도로 진전되고 있다. 노인세대들은 젊을 때 열심히 일해 사회경제의 발전에 이바지함과 동시에 자녀의 돌봄에 치중하다 보니 본인의 노후준비는 제대로 되어있지 않아 많은 경제적 어려움을 겪고 있다. 많은 경제적 어려움 중에 주거부분이 큰 비중을 차지하고 있으나 주거복지는 아직 미흡한 부분이 많이 나타나고 있다.[162)]

국내에서 실시되고 있는 노인주거복지 관련 법률은 「주거급여법」, 「장애인 · 고령자 등 주거약자 지원에 관한 법률」, 「주택법」, 「노인복지법」, 「공공주택 특별법」 등 다양하게 나타난다. 이러한 법률은 중앙부처별 이원화되어 존재하며, 공급주체에 따라서도 산발적으로 나누어져 있다. 노인주거복지 유형은 크게 재가서비스, 공공임대주택, 서비스연계 노인전용주거, 노인주거복지시설로 구분할 수 있다. 재가서비스는 노인이 자택(자가 및 전월세, 임대 등)에 거주하면서 주거를 유지, 관리하는데 필요한 현금 및 현물서비스이다. 우리나라 노인의 대부분은 지역사회 내 거주하고 있다. 그러나 현행 재가서비스는 현금급여인 주거급여 지원과 현물급여인 주거환경개선서비스에 그치고 있다.

---

160) 이헌석/여경수, 「장애인 · 고령자 등 주거약자 지원에 관한 법률」의 내용과 평, 한국토지공법학회 토지공법연구 제57집, 2012, 106쪽.

161) 통계청, 『장래인구추계: 2015~2065년』, 2018.

162) 이서현, 빈곤한 독거노인의 헌법상 주거권 실현방안, 한국방송통신대학교 석사학위논문, 2018, 24쪽.

제2절 장애인주거복지에 관한 비교법제 분석

장애인 주거복지법제에 관한 외국의 사례를 살펴보면 아래와 같다.163)

Ⅰ. 미국 - 주택관련법령에서 장애인 주거복지개선을 입법화한 경우 -

장애인의 주거복지개선을 위하여 주택관련법령에서 규정하고 있는 경우는 대표적으로 미국이다. 장애인의 주거보장을 위한 명문의 규정이 있는 법률은 공정주택법(Fair Housing Act)이다. 그 밖에 연방정부의 재정적 지원을 받는 프로그램이나 활동들은 장애에 의한 차별을 할 수 없도록 규정하는 재활법(Rehabilitation Act)도 주택관련기관에서 중요한 지침으로 인식되고 있다.

공정주택법(Fair Housing Act of 1988)은 주택과 관련하여 인종, 종교, 성, 장애 등으로 인한 차별을 금지하고 있다. 이 법에 포함되는 주택은 개인주택, 연방정부나 주정부, 또는 공공기관에 의해 지원을 받는 주택 등 대부분의 주택이 포함된다. 장애인 차별금지와 관련하여 이 법의 주요내용을 살펴보면,164)

① 장애인이나 장애인과 관련된 사람들은 주택을 사고팔거나 또는 거주지역, 주택 대출금 등과 관련하여 차별 받을 수 없으며,

② 집주인은 장애인이 주거에 있어 동등한 기회를 가질 수 있도록

163) 김수갑 · 여경수, 장애인 주거복지개선을 위한 법제도적 개선방안, 공법학연구, 제6권 제3호, 2006, 165-190쪽.

164) 42 U.S.C.A. § 8013(Supportive housing for persons with disabilities).

그들의 기본원칙에 예외규정을 두어야 하며(예를 들어, 집안에서 동물을 키울 수 없는 원칙이 있어도 시각장애인을 위한 인도견 등은 예외 등),

③ 집주인은 장애인의 편리한 접근을 위해 장애인 본인의 부담으로 개인공간이나 공공공간을 개조하기를 원할 때 이를 할 수 있도록 허용해야 하며,

④ 다가구 주택의 경우는 장애를 가진 사람이 쉽게 접근할 수 있도록 건축해야한다고 규정하고 있다. (예를 들어 엘리베이터 설치, 휠체어 접근이 가능한 넓은 복도 및 입구, 욕실에 안전바 설치 등).

장애인들이 주택법의 위반을 경험할 경우 주택 및 도시개발부(U.S. Dept. of Housing and Urban Development, HUD)는 이러한 문제가 해결될 수 있도록 원조한다. 장애인들 또는 관련된 사람들은 이러한 문제가 발생할 경우 HUD나 미국 사법부에 차별문제를 신고하여 소송할 수 있으며, 개인적으로도 소송을 제기할 수 있다.165) 주거 및 동등기회국(Offices of Fair Housing and Equal Opportunity, FHEO)과 지역계획 및 개발국(Community Planning and Development, CPD)은 장애인들을 위한 공정주택법(Fair Housing Act)이 잘 지켜질 수 있도록 일하고 있다. 특히 2001년 부시 대통령이 서명한 "New Freedom Initiative"의 한 부분인 'Community Based Alternatives for Individuals with Disabilities'에 의해 이를 적극적으로 시행하기 위해 미국정부의 여러 부처들이 장애인들을 위한 서비스가 지역사회 중심으로 이루어 질 수 있도록 관련 정책, 프로그램, 법규나 규정을 개정하는 과

---

165) Bazelon Center, *What 'Fair Housing' Means for People with Disabilities*, Washington DC : Mental Health Law, 2002, p6.

제를 달성하려고 하는 상황에서 장애인들에 대한 주거문제는 앞으로 보다 효율적으로 이루어질 전망이다.166)

II. 일본 - 장애인 주거복지개선을 위한 지방자치단체의 역할을 강조한 경우 -

장애인 주거복지개선을 위한 지방자치단체의 역할을 강조한 경우는 일본의 신체장애자복지법 제17조에서 살펴볼 수 있다. 이 조문에서 지방자치단체는 일정한 장애인에 대하여 주택 생활 지원비를 지급해야 하며, 재활치료비나 직업훈련시설의 보조금등을 교부할 것을 명문화하고 있다. 이러한 지방자치단체의 장애인에 대한 주택권 보장은 지역사회와 장애인 가구의 통합에 기여한다고 본다.

III. 북유럽 국가 - 주택관련전문기업 내지 공기업이 장애인 주거복지개선의 역할을 하는 경우 -

장애인에 적합한 주거환경을 개선하는 역할을 주택관련기업이나 공기업에서 주로 담당하는 경우는 북유럽국가에서 찾아 볼 수 있다.

덴마크는 De Vanfores Boligselskab(DVB)라는 주택협력회사에서 장애인에 적합한 주택을 건설하고 지원하고 있다. 이 기업에서 건설하는 장애인에 적합한 주택은 예를 들어, 휠체어가 자유롭게 이동할 수 있는 문, 승강기, 조명시설, 부엌의 식기 세척정이 완비되어 있다. 뿐만 아니라 장애인의 정보접근권을 위하여 장애인이

166) 김정열 외 8인, 장애인 차별실태 자료 분석을 통한 인권의식 개선방안에 관한 연구, 국가인권위원회, 2002, 39쪽.

이용할 수 있는 환경의 정보기술장치가 완비되어 있다.[167] 스웨덴은 국가재정으로 건설된 주택기업의 모임인 HSB에서 1923년 이래로 장애인에 적합한 주택을 건설하고 장애인에게 보급하고 있다.[168] 핀란드는 사회주택(Social Housing)을 지방자치단체에서 건설하고 있다.[169] 네덜란드는 법률이 시행되기 이전부터 자발적으로 많은 주택협회에서 장애인에 대한 주택을 제공하고 있었다. 네덜란드의 건설법(National Building Code)에서 장애인인 적합한 주거공간의 기준을 제시하고 있으며 그 기준은 세부적인 사항까지 규정하고 있다.[170]

Ⅳ. 영국 - 장애인차별금지법에서 장애인 주거를 보장한 경우 -

영국의 「장애인차별금지법」(The Disability Discrimination Act of 1995)에서는 장애인의 부동산 구입 및 임대와 관련한 차별을 교육, 재화에의 접근과 더불어 3대 차별로 규정하여, 엄격히 금지하고 있다.[171] 영국에서 부동산의 매매 및 임대의 주체는 대부분 지방정부이기 때문에 지방정부가 장애를 이유로 장애인에게 매매 및 임대를 거부하는 경우 이를 차별로 보고 있다. 그러나 이 법에서는 조정에 대한 규정이 없이 매매 및 임대 행위에 대해서만 차별을 금지하고 있다.

---

167) Andrew Malone, *BREAKING DOWN THE BARRIERS -Social housing for people with disabilities in Europs*, CECODHA, 2003, p5.
168) Andrew Malone, *Ibid.*, p7.
169) Andrew Malone, *Ibid.*, p6.
170) Andrew Malone, *Ibid.*, p11.
171) Nicholas Bamforth, Conceptions of Anti-Discrimination Law, *Oxford Journal of Legal Studies*(Vol 24. No 4), 2004, p693.

V. 소결

외국의 장애인에 대한 법과 정책이 우리나라에 주는 시사점이 무엇인가를 도출할 때 유의해야 할 사항은 외국과 우리나라의 정치·경제·문화가 다르지만, 장애인의 주거환경보장은 어떠한 사회체제에서라도 최우선적인 국가의 과제가 되고 있음을 명심해야한다는 점이다.

외국이 주는 시사점을 세 가지로 정리할 수 있겠다. 하나는「장애인에 대한 사회주택(공용주택)의 적극적인 배분」, 두 번째로는「주택의 매매나 임대차시에 장애인에 대한 차별금지」, 마지막으로는「장애인주거복지개선에 지방자치단체의 역할 강조」등을 들 수 있다.

제3절 고령자주거복지에 관한 비교법제 분석

I. 영국

영국은 세계 제1차 대전 이후에는 노인주거지원정책에 대한 관심보다, 전쟁의 여파로 주택부족이 심각해지면서 급등하기 시작한 민간 임대주택의 임대료 통제와 중앙정부의 보조금을 통한 지방 정부의 시영주택(council housing) 공급으로 지방자치정부의 권한을 강화시킨다는 두 가지 목표달성에 집중하였다.

1945년 이후 부터는 공공주택의 보급과 사회복지 서비스 발전이라는 측면을 강화하였다. 1979년 이후에는 새로운 행정개혁과 노인주거정책의 전환으로 작은 정부를 표방하는 대처의 보수당 정부는 공공지출을 억제하고, '공공임대주택의 해체'(dismantling of the public rented sector)와 '사설임대의 규제완화'(deregulation of private renting)를 표방하며 자가 소유의 확대를 강조하였다. 이를 위해 무엇보다 이제껏 지속적으로 늘려왔던 공공임대주택 건설을 억제하고, 1988년 주택법(Housing Act)을 통과시켜 기존의 공공주택의 새로운 형태의 소유권을 부여하였다. 1990년대 중반 이후부터는 종합 서비스로의 노인주거지원정책으로 전화하였다. 사회정치적 변화와 노인욕구와 맞물려 1996년 지역사회보호법 (Community Care Act) 이 발표되었다. 이는 자신의 집에서 생활하면서 필요한 전문적 혹은 준 전문적 수준의 보건의료 서비스 외에 이동서비스, 전화 확인서비스 등의 다양한 대인서비스와 나아가 필요하다면 주간보호나 일시보호를 위한 시설이용을 포괄하고 있어, 지역사회의 노인들이 노후를 보내기 위한 여러 문제들을 포괄적으로 접근하고 있는 종합 서비스의 접근으로 받아들여지고 있다.

영국의 노인주택정책은 보호주택에 대한 지원정책과 도심의 노인거주 주택의 개조를 위한 지원정책으로 크게 분류할 수 있다. 1961년과 1972년에 비영리민간기관인 주택협회(Housing Association)가 고령자용 주택을 건설하는 경우 보조금을 지불하도록 하고, 적정임대료와 임차인에 대한 임대료를 보조하도록 하는 주택법 개정은 민간부문의 보호주택(Sheltered Housing) 공급을 증가시키는 계기가 되었다.

한편, 공급이 수요를 충족시키지 못하는 도심에서는 고령자의 자립을 유지하도록 하는 보조적인 정책으로 노인주거주택에 대한 주택개조 지원정책이 실시되고 있다. 구체적으로 고령자가 소유하고 있는 주택이 너무 춥거나 외풍이 있는 상태여서 수리가 되어 있지 않은 경우에는 보온유지를 위하여 재료비만 부담하면 절연공사를 해당 지방정부가 실시해 주며, 난방이나 가옥 구조상의 개선에 대해서는 수리·개선에 따른 보조금을 신청할 수 있다. 또한 지방정부의 주택담당관이 방문하여 상담, 조언과 함께 앞에서 언급한 서비스를 받을 수 있도록 조정하여 준다. 또한 계단 이용이 어려워지고 주택 내의 이동에 문제가 발생한 경우는 해당 지방정부의 환경영향평가에 따라 보조도구의 설치와 보다 적절한 주택으로 이전시키는 방식이 취해지며, 이전이 불가능할 때는 휠체어의 이용이 가능하도록 도어를 확장하고, 욕실의 샤워를 다시 설치하거나 1층에 화장실을 정비하는 것이 있다.[172)]

Ⅱ. 일본

일본은 2001년 고령자 거주의 안정 확보에 관한 법률[173)]을 제정하였다. 본 법률의 주된 내용은 ① 고령자의 원활한 입주를 위한 임대주택의 등록, 고령자용 우량 임대주택의 공급의 촉진, ② 지방공공단체 등에 의한 고령자용의 우량한 임대주택의 공급의 촉진, ③ 종신 건물임대차, ④ 고령자 주택에의 개량에 대한 지원 조치, ⑤ 고령자 거주 지원 센터 등의 내용을 담고 있다 . 본 법률은「고령자의 원활한 입주를 촉진하기 위한 임대주택의 등록 제도를 설치함과 동시에 양호한 거주환경을 구비한 고령자용의 임대주택의 공급을 촉진하기 위한 조치를 강구하고, 고령자에 적합한 양호한 거주환경이 확보되고 고령자가 안정적으로 거주한 것을 할 수 있는

172) 이광석, 노인주택정책의 정책단계와 그 방향에 관한 연구 - 영국을 벤치마킹하여-, 한국노인복지학회 〈2007년 춘계학술대회〉, 2007, 140쪽.

173) 高齢者の居住の安定確保に関する法律 (平成十三年四月六日法律第二十六号) 最終改正 : 平成一八年六月八日法律第六一号.

임대주택에 관하여 종신 건물임대차 제도를 설치한 등의 조치를 강구한 것, 고령자의 거주의 안정의 확보를 도모 하고, 그것으로써 고령자 복지의 증진에 기여하는 것」을 그 목적(제1조)으로 하고 있으며, 또한, 국가와 지방공공단체는 고령자의 거주의 안정의 확보를 도모하기 위해서 필요한 시책을 강구하도록 노력해야한다는 의무규정(제2조)을 두고 있다. 이 법률은 국토교통장관은 고령자의 거주의 안정의 확보에 관한 기본적인 방침을 정해야하며[174], 국토교통장관은 기본방침을 제정할시 에는 총무장관 및 후생노동장관과 협의하도록 규정하고 있으며(제3조), 고령자입주임대주택의 등록, 고령자용 우량 임대주택의 공급의 촉진, 고령자용 우량 임대주택의 공급에 대한 지원 조치 등에 관하여는 지방공공단체의 역할과 보조를 규정하고 있다. 종신 건물임대차 규정에서는 일정한 경우 고령자에게 사망 시까지 임차권을 보장하고 있다. 고령자거주지원센터와 관련하여서는 국토교통장관은 고령자의 거주의 안정의 확보를 지원한 것을 목적으로 하고 법인을 지정하도록 하였다[175].

일본은 고령자가 안심하고 생활할 수 있는 전반적인 거주환경의 정비, 주택의 배리어 프리(barrier-free)를 구체적인 추진 목표로 제시하고 있다. 배리어 프리화 주택은 건물 내부의 턱을 없애고, 휠체

174) 그 방침에는 고령자를 위한 주택의 수요 및 공급의 현황 및 장래의 전망을 감안하고 ① 고령자에 대한 임대주택의 공급의 촉진에 관한 기본적인 사항, ② 고령자가 입주한 임대주택의 관리의 적정화에 관한 기본적인 사항, ③ 고령자에 적합한 양호한 거주환경을 갖는 주택의 정비의 촉진에 관한 기본적인 사항, ④ 보건 의료 서비스 또는 복지 서비스를 제공한 자와의 연휴에 관한 기본적인 사항 등을 담아야한다고 규정하고 있다.

175) 법인을 통하여 본 법률에 근거한 집세에 관계된 채무의 보증을 지는 것, 주택의 개량에 필요한 자금은 사망 시 일괄 상환의 방법에 의한 대부에 관계된 채무의 보증을 지나는 것, 고령자의 거주의 안정의 확보에 관한 정보 및 자료의 수집, 정리 및 제공을 행한 것, 고령자의 거주의 안정의 확보에 관한 조사 및 연구를 행한 것 등의 사무를 담당할 수 있다고 규정하고 있다(제80조).

어 통행이 가능하도록 복도를 넓히고 손잡이 등을 설치해 고령자와 장애인이 편하게 지낼 수 있는 구조를 갖추는 것을 의미한다. 고령자용 주택공급을 촉진하기 위한 다양한 제도의 도입을 보면, 소득제한이 없고 민간토지소유자가 공급하는 고령자용 우량임대주택제도의 도입과 고령자 세대의 입주를 거절하지 않도록 임대주택의 등록열람제도 마련, 임대주택 정보의 제공체계를 갖추도록 했다. 그리고 고령자가 자식과 동거, 근거리에 주거하는 것을 돕기 위해 동거주택에 대한 특별융자나 부모와 자식의 릴레이 상환 등 금융혜택을 주고 있다. 특히, 일본은 주택뿐만 아니라 일반건물에 대해서도 고령자가 쉽게 이용할 수 있도록 제도적 장치를 마련했다. 즉, 고령자에게 이용편리한 기준을 제시해 특정건물의 신축 및 증개축 시에 행정기관은 자금융자나 세제감면 등의 혜택을 줄 수 있도록 했다.

Ⅲ. 독일

독일은 주거시설을 노인들에게 적합하게 맞춘다는 것은 노인들이 필요로 하는 시설들(특수침대, 특수 욕조, 지지대 등)을 갖추는 것과 노인들의 생활에 편리하게 주거시설을 개조하는 것(문턱제거, 출입구 확장, 창문 낮추기 등)을 포함하는 조치이다. 이를 규범적으로 뒷받침하는 것은 일차적으로 「개개인의 주거영역 개선 조치」를 명시적으로 규정하고 있는 요양보험법(Pflegeversicherungsgesetz) 제40조 4항(SGB XI)이다. 이 규정에 의하면 노인의 요양목적을 실현하기 위한 주택과 시설의 개보수에 보조금(Zuschuß)을 지급하기로 되어 있다. 그밖에 필요한 시설과 장비의 도입에 대해서도 독일사회법전 제11권(요양보험법) 제40조 1항에 그 법적 근거가 마련되어 있다. 이 조항에서는 환자나 노인들의 독자적인 생활에 필요한 요양시설과 요양장비 마련에 대한 재정적·실무적 보조가 명시되어 있다[176].

Ⅳ. 싱가포르

싱가포르 정부는 노인인구 증가에 대한 중요성을 인식하고, 1988년부터 노인 자문위원단(Advisory Council on the Aged)을 구성하였으며, 이를 1998년에는 가족 및 노인 회의라는 국가위원회 (National Advisory Council on Family and the Aged)로 승격시켰다. 그 후 범부처 차원에서 노인문제에 대한 정책을 수립하고 기획하기 위해 1998년 10월 노인인구 위원회(the Inter-Ministerial Committee on Health Care for the Elderly)를 구성하였다. 1999년 노인인구 위원회에서 제청한 의제들을 담아 「7개년 노인지원 종합계획 (1994-2000)」을 마련하였다. 이러한 정부종합계획에 근거하여 보다 총체적으로 노인인구를 위한 서비스 공급 및 조달 방법을 마련하고 이를 2000-2005년 5개년 계획안으로 구체화하기 위해 서비스 전달 위원회로 기구를 명명하였다. 이 기구는 국가 중앙부처의 커뮤니티 개발, 청소년 및 스포츠부가 주도하고, 보건복지부 및 사회서비스 및 인구 협회 국가위원회가 주축이 되어 5개년 계획안을 마련하였다. 이에 따라 고령자의 독립적인 생활 유지라는 국가정책 기조를 확인하고, 국가 중앙부처의 국토개발부(Ministry of National Development)는 독립된 생활이 가능한 노인에 대한 주거지원을 담당하게 되었다. 즉,

---

176) 최봉석, 독일의 노인복지서비스법제에 관한 비교법적 고찰, 토지공법연구 제29집, 한국토지공법학회, 2005, 422쪽.

자녀 혹은 가족연고가 있는 건강한 노인은 자녀 혹은 가족과 가까이에 살도록 하며, 노인이 지니고 있는 사회·경제적 자원을 가능한 활용하여 독립생활을 최적화시키려고 하고 있다. 한편, 주거대안으로 노인복지시설을 마련하고 있다. 즉, 가족연고가 전혀 없는 저소득층 무의탁 노인의 경우, 노인주거복지시설(Sheltered home)에 거주할 수 있도록 하였으며, 상당한 의료서비스를 요구하여 독립적인 생활이 어려운 노인을 위해 노인의료복지시설 (Nursing home)을 통해 지원하고 있다.

싱가포르는 독립생활이 가능한 노인을 살고 있는 주택에서의 거주성을 최대한 높이도록 하는 동시에 독립생활이 어려운 노인을 수용하기 위한 시설을 함께 제공하고 있다. 노인인구의 거주비율이 상대적으로 높은 기존 주택 및 주거환경을 대상으로 개조, 개량, 재건축, 재개발 등의 여러 방법으로 개선함으로써 거주성을 향상시키는 프로그램들이 정부차원에서 다양하게 제공되고 있는데, 대표적으로 지구 재개발 사업, 단지 재개발 사업, 주거환경 개선사업, 노후단지 간 개량사업, 엘리베이터 설치 사업 등이 현재 시행되고 있다[177].

177) 이현정, 싱가포르의 노인주거복지정책 및 노인주택 특성 분석, 대한건축학회논문집 제22권 11호(통권217호), 2006, 136쪽.

제4절 주거약자지원에 관한 법률의 주요내용

Ⅰ. 주거약자에 대한 국가의 의무

1. 주거약자의 개념

주거약자지원법의 목적은 장애인·고령자 등 주거약자의 안전하고 편리한 주거생활을 지원하기 위해 필요한 사항을 정함으로써 주거약자의 주거안정과 주거수준 향상에 이바지하는 것이다(동법 제1조).

주거약자지원법은 이 법의 대상인 주거약자를 ① 65세 이상인 자, ②「장애인복지법」 제2조 제2항에 해당하는 장애인, ③ 그 밖에 대통령령으로 정하는 자(동법 제2조)로 분류하고 있다.

2. 국가의 의무

국가 및 지방자치단체는 주거약자의 주거안정과 주거수준 향상을 위하여 다음과 같은 노력을 할 것을 규정하고 있다. ① 주거약자의 주거생활이 쾌적하고 안전하게 이루어지도록 할 것, ② 주거약자용 주택이 원활하게 공급되고 효율적으로 관리될 수 있도록 할 것, ③ 주거약자의 쾌적하고 안전한 주거생활에 필요한 정보가 원활하게 제공되고, 제9조(주거약자용 주택의 편의시설 설치기준의 설정)의 편의시설이 주거약자용 주택에 적정하게 설치될 수 있도록 하는 것이다(제3조).

3. 평가

주거약자지원법에서 주거약자를 개념을 실정법으로 정의했다는 것은 소유 중심의 주택에서 인간의 기본적 권리로서의 주거라는 측면으로 주택법제의 인식을 전환했다는 의미가 있다고 평가할 수 있다. 이로서 사회적 취약계층의 사회권 보장을 위한 주거의 공공성 확보를 법률적으로 설명할 수 있게 된 것이며, 나아가 국민의 주거복지와 관련해서 헌법상 주거권을 구체화했다는 의미가 있다. 즉 헌법 제35조 제3항은 "국가는 주택개발정책 등을 통하여 모든 국민이 쾌적한 주거생활을 할 수 있도록 노력하여야 한다"고 하여 주거권의 근거를 두고 있음에도 불구하고, 대부분의 견해들은 이 규정을 단순히 '쾌적한 주거생활에 대한 권리로서 환경권의 일종'으로 보거나,178) 주거권으로서 보는 이해하는 입장에서도 다수의 견해는 헌법규정은 국가목적규정으로 후세대에게 해당되는 지속적인 과업과 이를 위한 책임을 언급하는 지시기능을, 입법자에 대해서는 당해 목적을 항시 고려할 것을 의무지우는 호소기능, 개개인의 자유권의 제한에 있어서 이를 정당화할 수 있는 정당화 기능 정도로 보고 있다. 이로 인해 실제 정책입안자들이 실제 정책 결정을 내릴 경우에는 그 구체성의 결여로 사실상 도움이 되지 않았음이 현실이었다. 따라서 「주거약자지원법」은 주거복지와 관련해서 국가의 과제를 구체적으로 명시하고, 주거약자의 주거생활이 쾌적하고 안전하게 이루어지도록 할 것, 주거약자용 주택이 원활하게 공급되고 효율적으로 관리될 수 있도록 할 것, 주거약자의 쾌적하고 안전한 주거생활에 필요한 정보가 원활하게 제공되고, 편의시설이 주거약자용 주택에 적정하게 설치될 수 있도록 하는 것 등을 법률에 구체화한 것은 주거권의 실효성을 강화하였다고 할 수 있다.

178) 홍성방, 21세기의 기본권이해, 서강법학연구 제6권, 2004, 39쪽.

Ⅱ. 주거지원계획 수립 및 주거실태조사

1. 주거지원계획 수립

행정계획국가 기능 중에서는 사회형성적, 경제분배적 기능이 확대됨에 따라 장기적·종합적 활동기준이 필요하게 되었다. 그리고 다원적 사회구조와 자원의 유한성으로 인해 이해조정 및 행정수요에 대한 효율적 대응이 요청됨으로써 행정계획의 필요성이 강화되고 있다. 이에 주거약자지원법은 국토교통부장관 및 시·도지사는 주택법 제7조에 따라 각각 주거약자에 대한 주거지원계획을 수립하도록 하고 있다(동법 제5조 및 제6조). 주거약자지원계획을 10년 단위의 중장기 및 연도별 주택종합계획에 포함하도록 함으로써 장기적이고 체계적인 고령자 주거지원 정책의 추진기반 및 지원체계를 마련하려는 취지로 보인다. 고령자 및 장애인의 복지 및 자립지원은 단기간 동안에 달성할 수 있는 성격이 아니기 때문에 계획적인 집행이 무엇보다 중요하기 때문이다. 따라서 대상자의 복지 및 자립지원의 기본방향과 목표를 정해야하며, 일정기간 동안 달성하고자 하는 수준을 명확히 하여 단계적으로 실천해야 한다. 이러한 주택계획에 대한 정보가 공개되면 성과를 평가하는 것도 중요하지만, 아직 계획되고 있지 않은 정책이 무엇인지를 국민들에게 알려주는 역할도 하게 될 것이다.

2. 주거실태조사

국토교통부장관과 시·도지사는 주거약자에 대한 주거실태조사를 실시할 수 있도록 규정하고 있다(동법 제7조). 정책을 수립하고 집행하는 과정에서 주요한 평가기준이 되는 것은 정책대상에 대한 실태조사 결과이다. 국가 및 지방자치단체는 실태조사 결과를 토대로 정책 수립과정에서 정책의 방향 및 목표를 설정해야 하고, 집행 과정에서 정책의 문제점을 수정·보완하기 위해서도 실태조사는 필요하다는 점은 명백하다. 다만 실태조사시 주거약자의 관점에서 필요한 사항을 포함하여 종합적으로 반영할 수 있도록 계획하는 것도 충분히 고려되어야 한다. 특히 주거약자의 실태조사에서 양적인 조사가 아닌 질적인 조사 방식도 이루어져야할 것이다

이런 측면에서 장애인주거 실태조사나 고령자주거 실태조사가 통계법에 따른 인구주택총조사에 포함하여 진행하지 않고, 국토교통부 장관이 진행하는 것으로 규정하고 있으며, 실태조사에 대한 세부사항을 대통령령으로 위임하고 있어 실태조사가 실효성을 가질 수 있을지는 의문이다.

Ⅲ. 최저주거기준과 편의시설 설치기준

1. 주거약자를 위한 최저주거기준

주거약자지원법은 최저주거기준을 설정함에 있어 필요하다고 인정하는 경우에는 주거약자용 주택에 대하여 강화된 기준을 설정할 수 있도록 규정하고 있다(동법 제8조).

일반적으로 최저주거기준은 국민이 쾌적하고 살기 좋은 생활을 영위하기 위해 인간이라면 기본적으로 누려야 할 최소한의 주거수준을 말한다. 최저주거기준은 주택법 제5조의2, 동법시행령 제7조 그리고 이에 근거한 국토교통부장관의 고시(최저주거기준)라는 체계로 이루어져 있다. 주택법에서 최저주거기준은 면적, 시설, 구조

·성능·환경 등 세 가지 부문별로 인간다운 생활을 영위하는데 필요한 최소한 기준을 제시하고 있다. 그러나 요건규정이 '양호한', '적절한'과 같이 추상적 규정으로 일관하고 있다는 것이 문제가 있다.[179] 또한 현행 최저주거기준을 단순히 정책지표로만 활용할 뿐이며, 개별가구에 직접적인 주거지원시책을 적용하지 않고 있다. 이처럼 최저주거기준을 정책지표로만 활용하고 있는 관계로 기준미달 가구에 대한 구체적 지원제도가 미비하다는 문제점을 가지고 있다. 이러한 점 때문에 주거약자지원법에서 고령자와 장애인 등 특수한 사항을 고려할 수 있도록 한 것은 상당히 의미 있는 규정이라 할 수 있다. 따라서 국토교통부장관이 장애인 및 고령자 최저주거기준을 별도로 설정하고 이를 통해 장애인 및 고령자 주거환경에 대한 기초 지표로 활용해야할 것이며, 장애인 및 고령자용 신규주택 공급 및 기존 주택의 개조 등 주거약자 주거정책의 지표로 활용되어야한다. 특히 장애인 최저주거기준 및 최소안전기준의 설정에 있어 장애유형 등에 따른 신체적 특성 등이 충분히 반영될 수 있는 세부적 방안이 강구되어야 할 것이다.

2. 주거약자용 주택의 편의시설 설치기준의 설정

주거약자지원법은 주거약자용 주택의 편의시설 설치기준의 설정하여 국토교통부장관은 주거약자의 안전하고 편리한 주거생활을 위하여 편의시설 설치기준을 설정·공고하도록 규정하고 있다(동법 제9조).

179) 이헌석, 주택법과 사회보장법의 연결, 토지공법연구, 토지공법연구 제27집, 한국토지공법학회, 2005, 209쪽.

그러나 이미 고령자용주택의 무장애 설계 및 편의시설항목 신설, 높낮이조절 세면기 등 장애인 편의증진 시설기준개선 등을 내용으로 하는 「고령자용 보금자리주택 설계기준」 및 「장애인 편의증진 시설기준」개정안이 2010년도부터 시행되고 있는 현실을 감안한다면, 실효성을 강화할 수 있는 구체적 방안이 제시되지 못한다면 의미 없는 규정으로 전락할 우려가 있다. 이와 함께 고령자·장애인에 적합한 주거환경 기술 개발을 위한 관련법령을 개선도 필요할 것이다. 예를 든다면, 현행 건축과, 주거학과, 교통공학과 등의 교육과정에 장애인편의시설에 대한 교과목을 개설하여 의무화하고, 건축사시험에 편의시설을 의무화함으로써 편의시설에 대한 전문인력을 양성[180]하는 것이 하나의 방안이 된다고 본다.

Ⅳ. 공공임대주택의 공급

1. 임대주택의 제공

주거약자지원법은 국가·지방자치단체·한국토지주택공사 및 지방공사가 건설하는 임대주택의 일정비율 이상을 주거약자용 임대주택으로 의무 건설하도록 하고 있다(동법 제10조). 그러나 법률 시행 이후 건설하는 임대주택에만 국한할 경우, 수요를 부응할 수 없다는 점에서 향후에 건설하는 임대주택뿐만 아니라 현재 건설된 임대주택을 개조하는 것도 필요하다. 즉 현재 임대 중인 임대주택을 주거약자의 생활환경에 적합하도록 개조해서 신규 임차인을 고령자

180) 배융호, 장애인 접근성 보장을 위한 정책, 김대중정부 장애인복지 정책평가 및 노무현정부 대선 장애인복지 정책공약 점검자료집, 장애우권익문제연구소, 2003, 154쪽.

· 장애인의 입주 비율을 높이는 것이 필요하다.

이와 함께 동거하는 장애인이나 고령인의 명의로 임대주택을 임차하거나 분양한 후 주거약자를 유기하는 것에 관한 관리 감독이 방안이 필요하며, 이를 위반한 자에 대해서 강화된 처벌 규정도 필요하다.

2. 임대사업자에 대한 지원 및 의무

주거약자지원법은 국가 또는 지방자치단체는 주거약자용 임대주택 공급의 촉진을 위하여 임대사업자에게 조세감면 및 국민주택기금 지원 등을 할 수 있도록 하고 있다(동법 제12조). 이는 임대사업자에 대한 지원의 법적 근거를 마련하여 주거약자용 임대주택의 공급을 제고하기 위한 것이다.

또한 주거약자지원법은 임대사업자가 주거약자용 임대주택을 임대하는 경우 임대조건 및 임대현황을 시장·군수·구청장에게 신고하도록 하고 있다(동법 제14조). 이것은 주거약자용 임대주택에 대한 사후 관리에 적절한 요소로 평가된다. 다만 국민주택기금의 지원에 대한 감시방안이 미비한 것은 문제이다.

V. 주택 개조 비용 지원

주거약자지원법은 주거약자 등이 주택을 주거약자용 주택으로 개조할 경우 국민주택기금을 융자 지원 할 수 있도록 하고 있다(제15조).

일반인들과는 다르게 장애인들은 그들에 맞는 주거환경이 필요하기 때문에 주택개조가 필요하며, 주택개조는 장애를 가진 사람들이 그들의 집을 통하여 독립적인 생활을 가능하게 한다.[181] 따라서 장애인 특성을 고려한 안전한 주거공간을 위해서는 문턱 제거, 미끄럼 방지 타일 설치, 안전손잡이 설치 등 주택개조가 이루어질 필요가 있다. 그러나 장애를 가진 사람이 집을 이용하기란 많은 경제적인 부담을 가질 수밖에 없으며,[182] 특히 주택개조에는 상당한 비용이 드는데 문제가 있다. 이로 인해 장애인 가구의 상당부분이 낮은 소득수준으로 인해 주택개조에 현실적으로 어려움을 겪을 것으로 예상된다.

장애인 주택개조의 활성화를 위하여 장애인이 살고 있는 자가주택의 경우 장애인이 살기에 적합한 주택 개조에 공기업이 지원을 해 주어야 하며, 장애인 가구가 자비로 주택개조를 할 경우 세제혜택이나 보조금을 지원하는 방안을 강구해야한다. 그리고 주택건설을 위한 비영리법인이나 시민단체에 대한 세제혜택 등의 방안도 고려되어야한다. 그밖에 정책입안자와 건강보험공단은 주택개조의 유용성을 인지하여야 하며, 의료시설기관은 의료치료의 프로그램으로 주택개조에 대한 관심을 가져야 한다.[183]

현재 장애인 주택개조지원과 관련하여서는 「장애인복지법」제27조 제2항에 근거해서 보건복지부에서 농어촌 장애인 주택개조 지원사업이 있다. 향후 장애인 주택개조지원 사업을 추진함에 있어서

---

181) 권오정 외 2인, 지체장애인의 특성에 따른 주택개조에 관한 연구, 대한건축학회논문집 제17권 11호, 대한건축학회, 2001 : 이 연구결과에 의하면 조사대상의 지체장애인들은 평균 18시간을 주택에서 머물며, 경제적 수준이 낮고, 장애정도가 심한 경우에도 주택개조가 이루어지고 있지 않으며, 자가주택의 수준이 낮으며, 주택개조 후라도 건설시공업체의 정보부족 등으로 만족도가 낮다는 연구결과가 있다.

182) David Hagner, Home Ownership for Individuals with Disabilities, *Journal of Disability Policy Studies(Vol 15. No4)*, 2005, p199.

183) Jon Pynoos, The Cost and Financing of Home Modifications in the United States, *Journal of Disability Policy Studies(Vol 14. No2)*, 2003, p72.

는 주관부처와 추진체계에 대한 정부 내 협의와 개조지원 대상 등에 대한 검토가 필요할 것으로 보인다.[184)]

마지막으로 「주거약자지원법」에서 주거약자들이 경제적 약자임에도 융자 지원에 대한 규정만 한 것은 실효성에 문제가 있다. 국가 및 지방자치단체는 장애인이 입주하게 된 주택을 개조 및 원상회복할 경우 그 비용의 전부 또는 일부를 지원할 수 있는 근거가 마련되어야한다.

Ⅵ. 주거지원센터의 설치

주거약자지원법은 시장·군수·구청장이 주거약자 주거지원센터를 설치할 수 있도록 규정하고 있으며(제17조), 주거약자에 대한 주거정보의 제공 및 상담 등을 통해 맞춤형 서비스를 제공함으로써 주거지원 정책의 실효성을 확보해 나가고자 하는 취지는 긍정적으로 보인다. 즉 고령자 및 장애인이 안심하고 계속 거주할 수 있는 거주환경을 만들기 위해서는 지역과의 연계가 불가피하다. 나이가 듦에 따라 부부동거가구나 독거가구로 가구의 형태가 바뀌게 되고, 동시에 신체가 노화되기 때문에 이들 고령가구가 근린지역에서 계속적으로 정주하기 위해서는 원활한 거주를 지원하는 체계가 먼저 구축되어야 한다.

따라서 지방자치단체의 주거약자 주거계획 수립 의무화 및 주거지원센터의 설립 등의 실천방안이 도입된 면은 긍정적이다. 그러나 주거지원센터의 법적 근거는 마련되어 있으나, 주거지원센터의 역할 등에 대한 구체적 사항이 미비한 상태이다. 그리고 지방자치단체 별로

184) 장애인 주거지원법안 심사보고서, 국회 국토해양위원회, 2011, 18쪽.

주거약자의 분포도나 요구사항이 다름에도 이를 일률적으로 규정하는 것은 문제가 있다. 또한 지방자치단체가 센터의 운영을 대통령령이 정하는 요건을 갖춘 자에게 위탁할 수 있도록 위임하고 있으나(동법 제17조 제2항), 센터의 운영을 위탁 받을 수 있는 자의 최소한의 요건을 법률로 규정하는 것이 위임입법의 원칙에 부합할 것이다.

그 밖에 각각의 지방자치단체가 기존 관련부서의 업무량, 해당 지방자치단체의 행정여건 등을 고려하여 지자체 실정에 맞게 자율적으로 운용토록 하는 방안도 고려해야한다. 이를 위해서는 조례의 제정이 가능하도록 법적 근거도 필요하다.

제5절 주거약자지원에 관한 법률의 과제

주거약자지원법은 취약계층의 주거복지를 실현할 수 있는 계기가 된다는 점에서 매우 의미 있는 법률임이 분명하지만, 동시에 실효성 등에 있어서 상당한 문제를 가지고 있다. 특히 입법과정에서 심도 있는 연구가 부족하여 다른 관련 법률과의 연계성에 한계를 보이고 있다.

Ⅰ. 「노숙인등의 복지 및 자립지원에 관한 법률」과의 연계방안

2011년 4월 29일 국회에서 「노숙인등의 복지 및 자립지원에 관한 법률」이 제정되어 2012년 6월 8일 시행된다. 따라서 2012년 6월부터는 노숙인은 그들이 적절한 주거와 보호를 제공받을 권리를 법제도적으로 보장받게 된다.[185]

노숙인 지원법에서는 노숙인이란 상당한 기간 동안 일정한 주거 없이 생활하는 자, 노숙인시설을 이용하거나 상당한 기간 동안 노숙인시설에서 생활하는 자, 상당한 기간 동안 주거로서의 적절성이 현저히 낮은 곳에서 생활하는 자로 규정하고 있으며, 노숙인에게는 주거지원, 급식지원, 의료지원, 고용지원 등 복지서비스 제공된다. 그런데 노숙인 가운데는 고령자와 장애인 등이 다수를 차지하게 된다는 점에서 주거지원법상의 지원대상자와 중복되게 될 것이다. 마찬가지로 주거지원법에서도 지원대상자의 범위에 고령자와 장애인 외에 그 밖에 대통령령으로 정하는 자로 규정하여서 노숙인 등 주거취약계층이 주거지원법의 대상이 될 수 있는 가능성을 열어두고 있다는 점을 고려한다면 두 법률의 지원범위 중복문제에 대한 해결이 선행되어야 할 것이다. 물론 두 법률의 입법취지를 고려해 본다면 노숙인 중 고령자와 장애인이 우선적으로 보장받아야한다고 해석할 수 있을 것이지만, 입법과정에서 양자를 충분히 검토하지 못했다는 비판이 가능하다.

또한 주거지원법은 국토교통부 소관 업무로, 노숙인지원법은 보건복지부 소관 업무로 규정되어있다. 이 때문에 동일한 대상에 대해 관할과 책임소재에 문제가 발생할 수 있다. 생각건대, 두 법률이 제정되어 시행을 앞두고 있는 시점에서 현실적으로 개정되는 것은 불가능하다는 점을 고려한다면 당분간은 양 법률에서 규정한 주거실태조사, 정책수립 등에서 상호 연관성이 있는 부분은 각각 부서가 긴밀히 협조를 해서 정책의 일관성을 유지하는 것이 필요하다.

---

185) 이헌석 · 여경수, 노숙인 등의 복지 및 자립지원에 관한 법률」의 평가와 향후 과제, 토지공법연구 제55권, 한국토지공법학회, 2011, 319쪽.

Ⅱ. 「긴급복지지원법」과의 연계 및 긴급지원제도의 도입

장애인생활시설에 거주하는 장애인이나 노인요양시설에 거주하는 고령자가 시설 내에서 폭력, 인권유린, 시설폐쇄 등의 사유로 불가피하게 퇴소하여야하는 경우 국가 및 지방자치단체가 주거약자에 대한 긴급한 주거지원이 필요하다. 주거약자에 대한 일정기간 거주할 수 있는 주택을 지원하도록 의무화하는 방안이 강구되어야 하는 것이다. 다시 말해 긴급한 주거지원이 필요한 주거약자에 대하여 일정기간 거주할 수 있는 주택을 지원함으로써 어려운 상황에 처한 주거약자가 이를 신속하게 벗어나 건강하고 인간다운 생활을 영위할 수 있게 하는 조치가 필요하다.

2006년 3월부터 「긴급복지지원법」에 근거하여 주소득자가 사망, 화재 발생 등에 따른 생계 곤란 시에는 한 달간 생계비, 의료비 등을 선지급 받을 수 있는 긴급복지지원제도가 시행되고 있다. 특히 긴급복지지원법 제9조에서는 긴급지원의 종류 및 내용 중에서 주거지원과 관련해서 임시거소 제공 또는 이에 해당하는 비용 지원이 규정되어있다.

그러나 지원대상의 제한, 엄격한 기준 등으로 제도 도입의 취지대로 운영되지 못하고 있는 실정이다. 긴급복지지원제도가 현재 전반적으로 미흡한 저소득층에 대한 보완적 제도일 수 있으나, 보다 시급한 정책 과제는 국민기초생활보장제도와 사회보험제도의 내실화 및 보편적인 지원의 단계적 확대 등 사회보장제도 전반의 확충이 필요하다.

따라서 고령자·장애인의 경우에도 「긴급복지지원법」과 연계해서 주거약자 긴급주거 지원을 법률에 규정하는 방안이 검토되어야한다. 예를 든다면, 생활시설에 거주하는 주거약자 시설 내에서 폭력,

인권유린, 시설폐쇄 등의 사유로 불가피하게 퇴소하여야 하는 경우, 주거약자가 거주하는 주택의 매매, 경매 등의 사유로 주거약자가 퇴거하여야 할 경우, 주거약자 편의시설 주택개조 등의 이유로 일시적으로 주택에서 생활할 수 없는 상황에 처한 경우 등을 들 수 있다.

제6장 노숙인 등의 복지 및 자립지원에 관한 법률

제1절 노숙인의 개념과 현황

2016년 통계자료에 따르면, 전국 홈리스의 수는 17,532명으로 거리 홈리스(노숙인종합지원센터 · 일시보호시설 포함) 2,015명, 시설(자활 · 재활 · 요양시설)이용자 9,325명, 쪽방주민 6,192명으로 파악되었다. 지역별로는 서울, 경기, 대구 순으로 홈리스 규모가 많았으며, 남성 13,339명(76.1%), 여성 4,117명(23.5%)으로 나타났다. 생활시설 홈리스의 경우, 50대(33.4%)의 비중이 가장 높았으며, 쪽방 주민은 60대(30.8%), 50대(29.0%) 순이었다.[186] 그러나 거리 노숙인의 경우 소재를 파악하는 것 자체가 힘들 뿐만 아니라, 노숙과 비주택에서의 거주를 반복하는 경우 등을 감안하면 노숙인의 수는 정부의 조사치보다 높을 수 있다.

정부가 노숙인의 규모를 집계하는 과정을 살펴보면, 노숙인의 개념을 거리숙박자와 쉼터입소자에 국한시키는 협의의 개념을 사용하고 있으면서, 거리 노숙인의 수에 대해서는 적게 집계하고 있어, 신뢰도는 약하다고 할 수 있다. 반면에 정부와 달리, 민간단체에서는 노숙인의 개념을 넓게 하여, 거리노숙인과 쉼터노숙인 외에도 불안정한 주거로 인해 노숙의 위기에 처한 잠재적 노숙인까지 포함하면 그 숫자는 증가한다. 앞으로 노숙인 지원을 위한 기초작업의 일환으로 노숙인 상태에 대한 지표작성이 하나의 과제가 될 것이다. 그리고 노숙인 중에 여성 노숙인 또는 가족전체가 노숙하는 경

186) 한국보건사회연구원, 2016년도 노숙인 등의 실태조사, 일시집계조사(2016.10.20. 기준) 원자료.

우 등에 관한 세부적인 수치가 불확실하다는 것이다. 이는 노숙인 중 우선적으로 지원받아야 할 계층에 대한 배려가 없는 것으로 보인다. 여성노숙인과 가족노숙인은 남성 단신노숙인과는 다른 특수한 측면을 많이 가지고 있는데 그간의 노숙자 대책에서 상대적으로 배제되어 왔으며, 전체 노숙자에 포함되어 문제화되지 못하고 있다. 노숙인의 수치를 단순히 조사하기보다는 다양한 분류 근거로 세부적인 현황조사가 필요하다.

제2절 노숙인 주거복지에 관한 비교법제 분석

Ⅰ. 단일 법률로 노숙인의 주거복지를 개선한 사례 - 미국 -

미국은 1949년 주택법 서문에서 주택법의 제정이유가 모든 미국 사람들이 적당한 주택에서 생활할 수 있음을 목표로 하고 노숙자가 발생할 수 있는 상황을 사전에 차단함을 그 목적으로 한다고 규정하였다(Peggy S. Bergger & Kenneth R. Trembley, 1999).

미국의 경우 노숙자 문제를 1980년대 초반까지는 주정부에 맡겼다가 1987년 이른바 '맥킨니법(Mckinney Act)' 제정을 계기로 연방정부 차원에서 다루기로 한 것과는 대비되는 것이다. 매킨니법에서는 노숙자를 ① 밤을 보낼 적절한 고정적이고 정규적인 주거가 없는 사람, ② 밤을 보내는 주 주거지로 일시적인 주거의 제공을 목적으로 하는 공공 혹은 사설의 임시보호시설, 수용을 목적으로 개인들에게 임시적 주거를 제공하는 시설을 활용하는 사람, ③ 사람이 자는 것을 목적으로 고안되지 않은 공공이나 사설의 시설 등을 밤을 보내는 장소로 이용하는 사람으로 규정되어 있다.[187]

미국의 거의 모든 노숙자 주거지원은 주택도시개발부의 다음의 4가지 지속적 보호 프로그램의 골격으로 구성되어 있다. 이를 살펴보면, 먼저 '응급쉼터 보조금 프로그램(Emergency Shelter Grant Program; ESGP)'은 단신 노숙자나 가족 홈리스에 대한 노숙자 지원의 첫 단계로서, 이 프로그램을 통해서 정부는 가장 기본적인 쉼터운영과 지원서비스를 보조한다. 둘째, '사회적 서비스 지원 주택 프로그램(Supportive Housing Development Program; SHDP)'은 단신 홈리스 및 가족 홈리스가 중간 주택으로 이동하거나 신체장애가 있는 홈리스가 영구주택으로 이동하는 것을 지원하는 것이다. 이는 다시 중간주택지원(The Transitional Housing component of SHDP)프로그램과 영구주택지원(The Permanent Housing component of SHDP)프로그램으로 구분되어 지는데, 전자는 24개월 동안 단신 홈리스나 가족 홈리스를 대상으로 중간주택비용을 지급하며, 영구주택 취득을 지원한다. 후자는 신체적인 장애를 가진 단신 노숙자의 독립생활을 목표로, 비교적 장기간 지역사회와의 관계망 형성을 지원한다. 셋째, '쉼터와 보호(Shelter Plus Care; SPC)' 프로그램은 특별히 지원하기 어려운 노숙자 즉, 육체적·정신적인 손상을 가진 거리 혹은 쉼터거주자를 대상으로 전문적인 재활 및 치료 서비스를 제공한다. 넷째, '단신 숙박소(Single Room Occupancy ; SRO)' 프로그램은 개별 침실이 마련되어 있고, 주방, 욕실, 거실은 공용으로 사용하는 기숙사 형식의 건물형태를 취하고 있다. 이 프로그램에 의해 정부는 SRO주택의 신축과 개·보수를 지원한다. 집주인에 의한 지불부분을 제외하고 설비를 포함한 대여비를 10년간 지원한다.

187) Stewart B. Mckinney Act, 42 U.S.C. § 11301.

Ⅱ. 사회단체와의 연계를 강화한 경우 - 영국 -

영국의 노숙자 대책은 주거보장 정책을 근간으로 하는 것이지만, 대빈곤 정책을 구성하는 각종 소득보장과 사회적 서비스 전체가 직 간접적으로 연계되어 있다. 1960년대까지 수용 보호방식에서 1970년대에 사회적 관심의 고조와 다수의 민간 자선단체가 등장함으로써 지방정부와 중앙정부는 민간단체가 공공주택 등을 노숙자에게 주거를 제공하는 방향으로 전환되었다.

특히 노동당 행정부 제2기가 시작되면서 정부는 '사회적 배제' 문제를 사회정책의 우선 과제로 설정하고, 1997년 12월에 'Socal Exclusion Unit'를 수상직속 기관으로 설립하였는데, 이 조직은 사회적 배제를 공략하기 위한 가장 최우선 과제 중의 하나를 노숙 문제로 설정, 구체적인 노숙자 문제만을 직접적으로 다루게 될 노숙인 대책반(the Rough Sleepers Unit)이 설립되었다. 이 조직은 각종 정부 재원을 조정하고 민간 자선단체를 통해 제공되는 서비스들을 통합하는 역할을 담당하였다. 이 기구의 역할을 보면, ① 개인생활의 보장과 식사(영양) 등의 문제해결, 주거공간의 형태의 다양화로 인하여 전문적 보호 및 일반 공동체로의 복귀를 위한 서비스를 결합, ② 독립생활로 복귀할 수 있도록 개별화를 원칙으로 치료과정에서 가능한 제약을 줄여 안전망에서 이탈을 방지하고 노숙의 순환구도를 억제함, ③ 민간단체들은 재정착 팀(resettlement team) 및 지역사회 지원팀(community support team)을 가동하여 노숙자로 하여금 자신의 주택을 찾을 수 있도록 원조하며 아울러 사례관리를 통한 정서적 지지망 형성, ④ 민간단체들은 다양한 기제들(schemes)을 통해 취업알선과 직업훈련 등의 다양한 프로그램을 운영 하는 것이 있다.

영국의 법제상 노숙자의 보호는, 주택법(Housing Act)에서 저소득층과 무주택자까지 포함하는 계층이 일정수준 이상의 주택에 거주할 수 있도록 노력하며, 세입자의 지속적인 거주보장이 관철되도록 입법화하였다.[188] 특히 영국은 2002년에 무주택자법(The Homelessness Act)을 제정하였는데 이 법은 영국의 노동당정부(Labour Government)에 의해서 추진되었으며 공적영역(Public sector)인 주택공급을 무주택자를 위하여 지방정부(The local authority)가 주택의 공급(allocation) 하는 것을 의무화하였다.

Ⅲ. 지방자치단체 및 시민단체와 연계한 경우 - 일본 -

일본은 2002년 제정한 '홈리스 자립지원법'에 근거하여 전국적인 실태조사를 통한 실태파악을 근거로 중앙정부 및 관련 지방자치단체의 홈리스 문제에 대한 역할과 책무를 분명히 하고 있다.[189]

1. 일본 홈리스 자립지원법의 기본방침

일본의 노숙자 지원 대책은 '주거'와 '고용'대책을 골간으로 하여 추진하고 있다. 일본의 홈리스 자립지원법 제8조에 규정된 기본방침을 살펴보면 다음과 같다. ① 취업 기회의 확보, 안정된 거주 장소의 확보, 보건 및 의료의 확보 및 생활에 관한 상담 및 지도에 관한 사항을 마련, ② 노숙자에 대하여 일정기간 숙박 장소를 제공

188) David Cowan, Housing Law and Policy, Cambridge University Press, 2011, p151.

189) ホームレスの自立の支援等に関する特別措置法(平成十四年八月七日法律第百五号) 第1條.

하고, 건강 진단, 신원의 확인 및 생활에 관한 상담 및 지도를 행함과 동시에 취업의 상담 및 알선 등 노숙자 자립을 지원한 사업을 규정, 그 밖의 노숙자의 개별적인 사정에 대응한 그 자립을 종합적으로 지원한 사업의 실시에 관한 사항을 규정, ③ 노숙자가 될 것을 강요당한 우려가 있는 자가 다수 존재한 지역을 중심으로 행하며 이들에 대한 생활상의 지원에 관한 사항을 마련, ④ 노숙자에 대하여 생활보호법에 의한 보호의 실시에 관한 사항 및 노숙자의 인권의 옹호에 관한 사항 그리고 지역에 있어서 생활환경의 개선 및 안전의 확보에 관한 사항을 규정, ⑤ 노숙자 자립의 지원 등을 행한 민간 단체와의 교류에 관한 사항을 확보, ⑥ 위의 사항에 언급한 것 외, 노숙자 자립의 지원 등에 관한 기본적인 사항, ⑦ 후생 노동성 장관 및 국토 교통성 장관은 기본방침을 책정할 때는, 총무 장관 그 밖에 관계 행정기관장과 협의해야한다고 규정되어있다.190)

2. 민간 단체의 능력의 활용

일본에서는 노숙인사업을 민간단체에 위탁하거나 민간의 자립지원사업을 촉진·지원할 것을 밝히고 있으며, 이를 위해 민간단체의 활동이 활성화될 수 있는 환경조성과 관련 지원을 수행하고 있다. 이 밖에도 민간단체와 관공서의 관계 뿐만 아니라 민간사이의 파트너쉽 등 지역 연계형 지역복지를 추진하고 있다.191)

190) ホームレスの自立の支援等に関する特別措置法(平成十四年八月七日法律第百五号) 第8條.
191) ホームレスの自立の支援等に関する特別措置法(平成十四年八月七日法律第百五号) 第12條.

제3절 노숙인지원법의 주요내용

제정된 법안은 총 6장 28개 조문으로 구성되어 있으며, 「부랑인 및 노숙인」 용어를 「노숙인 등」으로 통일되며, 노숙인 등의 권리와 의무를 규정하고 국가 및 지방자치단체의 책임이 강화되었다. 또한 노숙인 등에 대한 실태조사의 근거를 두고 이에 따라 종합계획, 시행계획을 수립·시행하도록 함으로써 노숙인 등의 복지 및 자립을 지원하도록 하였다. 그밖에 노숙인 등에 대한 복지서비스로서 주거지원, 급식지원, 의료지원, 고용지원뿐만 아니라 응급조치를 법제화하였으며, 노숙인 시설 설치근거를 두고, 노숙인 등의 인권보호를 강화했다는 점에서 긍정적이라 할 것이다.[192] 주요 내용과 평가는 다음과 같다.

Ⅰ. 국가의 책임과 의무를 명문화

법률상 국가와 지방자치단체는 노숙 등을 예방하고, 노숙인 등의 권익을 보장하며, 보호와 재활 및 자활을 지원하기 위한 정책을 마련하여 노숙인 등의 사회복귀 및 복지를 향상시키고, 노숙인 등을 위한 지원 사업을 원활히 추진하기 위하여 관련 민간단체와 협력하여야 한다(제3조)고 규정하고 있다. 또한 노숙인 등은 국가와 지방자치단체로부터 적절한 주거와 보호 등을 제공받을 수 있다는 권리를 명문화했다(제4조). 모든 사회구성원은 정상적인 주거생활을 할 권리가 있고, 이러한 권리를 향유하지 못하는 상황이 발생하였을 때, 이를 바로 잡을 책임과 의무가 정부에게 있다는 점을 명시함으

192) 임시국회 제299회 보건복지위원회회의록 제2차(2011년4월15일), 13쪽.

로서 홈리스에 대한 정부의 지원과 대책을 마련하는 법적 근거를 마련된 점193)은 진일보한 면이 있다.

II. 노숙인의 범위 설정 및 노숙인과 부랑인 개념 통합

법률에서는 「노숙인 등」이란 다음 각 목의 어느 하나에 해당하는 사람 중 보건복지부령으로 정하는 사람을 말한다. 첫째, 상당한 기간 동안 일정한 주거 없이 생활하는 사람, 둘째, 노숙인시설을 이용하거나 상당한 기간 동안 노숙인시설에서 생활하는 사람, 셋째, 상당한 기간 동안 주거로서의 적절성이 현저히 낮은 곳에서 생활하는 사람으로 규정하고 있다(제2조).

2004년 사회복지사업법과 지방분권특별법 개정으로 부랑인보호사업은 중앙정부로, 노숙인보호사업은 지방정부로 책임소재가 분리되어 있다. 이렇듯 같은 집단에 대해 이원화된 지원체계를 취하고 있는 노숙인 지원사업은 행정 일방의 의사결정에 따른 시설 입소 중심대책으로 편향되어 노숙인 생활자에 대한 체계적이고 현실적인 대책이 없다는 평가를 받아왔다. 또한, 무주거, 무연고 등 공통점에도 불구하고 이원화되어 있는 노숙인과 부랑인의 정의와 행정체계로 인하여 국가와 지방자치단체간의 협력이나 연계가 잘 이루어지지 않는 실정이었다. 부랑인과 노숙인 복지체계의 분절화는 궁극적으로 양 체계가 효과적·완결적 기능을 하지 못하게 하고 있으며, 현행 지원체계 방식이 계속 유지될 경우 향후 노숙인 서비스의 정체성에 부합하지 못하는 회전문 현상, 장기적 복합수용 등의 문제

193) 정원오, 홈리스복지법에 담겨야할 내용, 주거취약계층의 주거안정을 위한 홈리스복지법 제정관련 정책토론회, 홈리스복지법제정추진위원회, 2010, 43쪽.

가 개선되기는 어렵다는 지적이 제기되어 왔다.[194)]

이 때문에 법률적용 대상의 용어를 '홈리스'라는 표현은 낙인효과가 적고, 쪽방 등에서 생활하는 주거취약계층을 폭넓게 포괄하는 장점이 있다는 점에서[195)] 기존의 '노숙인·부랑인' 대신에 '홈리스(homeless)'라는 용어를 사용하자는 주장이 있었으나, 법률제명에 외국어를 사용하는 것이 적절하지 않다는 법무부, 문화체육부, 법제처 등의 의견을 받아들여 '노숙인 등'으로 용어 정의하였다. 다만 노숙인 문제의 핵심적 원인이 homeless, 즉 "무주택"이며, 따라서 근본적 해결방안도 주거지원이라는 본질이 희석되어서는 아니될 것이다.

또한 '노숙인 등'의 범주에는 일정한 주거가 없이 생활하거나 노숙인 시설에서 생활하는 자를 비롯하여 「주거로서의 적절성이 현저히 낮은 곳에서 생활하는 자」를 포함시켜 주거취약계층에 대한 유연한 복지서비스가 가능하도록 한 것은 매우 긍정적으로 평가된다. 다만 쪽방, 만화방, PC방, 고시원, 여인숙, 비닐하우스 등 비주택 주거취약계층을 본 법안에서 수용할지는 보건복지부령에서 규정하도록 위임한 것은 문제라 할 것이다.

---

194) 남기철, 홈리스복지법의 필요성, 주거취약계층의 주거안정을 위한 홈리스복지법 제정관련 정책토론회, 홈리스복지법제정추진위원회, 2010, 23쪽.

195) 임시국회 제299회 보건복지위원회회의록 제2차(2011년4월15일) 곽정숙의원 발언 내용, 16쪽.

Ⅲ. 노숙인 복지와 자립지원을 위한 종합계획과 시행계획 수립의 근거 마련

1. 노숙인 등의 복지와 자립지원 종합계획과 실태조사 규정

보건복지부장관은 노숙인 등의 보호 및 자립 등을 지원하기 위하여 5년마다 노숙인 등의 복지 및 자립지원 종합계획을 수립한다(제7조). 또한 보건복지부, 관계 중앙행정기관의 장 및 시 · 도지사는 매년 종합계획에 따라 노숙인 등 정책에 관한 시행계획을 수립 · 시행하여야 하며(제8조), 보건복지부장관은 노숙인 등의 현황과 이들에 대한 공공 및 민간의 지원상황에 대하여 5년마다 실태조사를 실시하여야 한다(제9조)고 규정하고 있다.

2. 노숙인 등의 복지와 자립지원 계획수립의 실질화

노숙인의 복지 및 자립지원은 단기간 동안에 달성할 수 있는 성격이 아니기 때문에 계획적인 집행이 무엇보다 중요하다. 따라서 노숙인의 복지 및 자립지원의 기본방향과 목표를 정해야한다. 그리고 일정기간 동안 달성하고자 하는 수준을 명확히 하여 단계적으로 실현해가야 한다.

정책의 집행에는 반드시 예산이 필요하기 때문에 소요예산을 추정하고 조달할 수 있는 방안도 모색해야 한다. 계획에 대한 정보가 공개되면 성과를 평가하는 것도 중요하지만, 아직 계획되고 있지 않은 정책이 무엇인지를 국민들에게 알려주는 역할도 한다.[196)]

---

196) Peter Malpass and Alan Murie, *Housing Policy and Practice*, Macmillan Press, 1999, p224.

3. 노숙인 실태조사 실시의 실질화

정책을 수립하고 집행하는 과정에서 주요한 평가기준이 되는 것은 정책대상에 대한 실태조사 결과이다. 국가 및 지방자치단체는 실태조사 결과를 토대로 정책 수립과정에서 정책의 방향 및 목표를 설정해야 하고, 집행 과정에서 정책의 문제점을 수정 · 보완하기 위해서도 실태조사는 반드시 필요하다.

실태조사시 노수인의 관점에서 필요한 사항을 포함하여 종합적으로 반영할 수 있도록 계획하는 것도 충분히 고려되어야 한다. 특히 노숙인의 실태조사에서 양적인 조사가 아닌 질적인 조사 방식도 이루어져야할 것이다.197)

Ⅳ. 주거지원, 급식지원, 의료지원, 고용지원 등 복지서비스 제공

1. 주거지원, 급식지원, 의료지원, 고용지원 등 복지서비스 제공의 법률규정

노숙인 지원에 따르면, 국가와 지방자치단체는 노숙인 등에게 주거지원(시설보호, 임대주택 공급, 임시주거비 지원 등), 급식지원(노숙인급식시설의 설치 · 운영), 의료지원(노숙인진료시설의 설치 · 운영, 국공립병원 · 보건소 · 민간의료기관을 노숙인진료시설로 지정 등), 고용지원(공공일자리 제공, 고용정보 제공, 취업알선, 직업능력개발 등), 응급조치(중대한 질병, 동사와 같은 응급상황 발생시 경찰 또는

197) 노숙인에 대한 참여관찰로 질적인 조사한 연구로는 대표적으로 현시웅, 홈리스 연구를 위한 현장조사 사례 - 참여관찰과 심층면담 활용을 중심으로, 한국행정학회 · 한국정책학회 2007년도 하계공동학술대회 발표논문집(6), 2007, 199쪽 이하 참조.

노숙인 관련업무 종사자가 응급조치 실시)의 복지서비스를 제공할 수 있는 규정이 있다(제10조 내지 제14조까지).

2. 「노숙인 등의 복지 및 자립지원에 관한 법률」상 주거지원

주거 지원 외의 다양한 지원이 필요하지만, 궁극적인 자립은 정상적인 주거생활을 할 수 있는 주거 공간이 확보됨으로써 비로소 가능하다는 점은 명확하며, 이를 위한 주거공간 지원 방안과 절차 등에 대한 규정이 명문화될 필요성이 제기되었다. 또한 주거지원과 다양한 차원의 서비스가 결합되어야 노숙인 해소에 효과를 발휘 할 수 있을 것이며, 법 내용에 이러한 요소를 어떻게 반영할 것인가에 관한 고민이 있었다.[198)]

국가와 지방자치단체는 노숙인 등의 적절한 주거생활을 위하여 주거지원을 할 수 있으며, 주거지원의 기준·방법·절차 등에 필요한 사항은 대통령령에 위임하고 있다(10조).

하지만 구체적인 주거지원사업을 법안에 명확히 하는 것이 타당하다. 예를 들어서 긴급주거, 중간주택 및 매입임대주택 등 모두 포괄하며 여기에 관련 법률을 통해 주거급여 등의 현금급여, 바우처 등 제공가능을 명시하는 방향이 검토되어야할 것이다.[199)]

주거지원 복지지원 허용 및 내용 명료화를 위해서는 「국가와 지방자치단체」는 「공공임대주택 정보 제공 및 입주지원」을 해야 한다는 규정도입이 검토될 만하다.[200)]

---

198) 정원오, 홈리스복지법(안)의 필요성과 주요 내용, 홈리스복지법 제정을 위한 공청회, 2011, 40쪽.

199) 김선미, 홈리스법 입법의 필요성 및 입법과제, 2010 국정감사 정책연구(01), 2010, 70쪽.

3. 「노숙인 등의 복지 및 자립지원에 관한 법률」상 의료지원

국가와 지방자치단체는 국공립병원, 보건소 또는 민간의료기관을 노숙인진료시설로 지정할 수 있으며, 노숙인진료시설의 설치·운영 및 지정기준 등 노숙인 등에 대한 의료지원에 필요한 사항은 보건복지부령으로 정하고 있다(12조).

공공역사 등을 중심으로 한 노숙인이 모이는 장소에 노숙인진료시설을 설치하는 것을 강구해야한다. 그리고 노숙인의 특성에 맞는 노숙인진료시설이 보건복지부령에 규정되어야 할 것이다.

4. 「노숙인 등의 복지 및 자립지원에 관한 법률」상 고용지원

국가와 지방자치단체는 노숙인 등의 고용을 지원하고 촉진하기 위하여 고용정보의 제공, 직업지원, 취업알선, 직업능력개발 등 필요한 조치를 할 수 있으며, 노숙인 등에 대한 고용지원에 필요한 사항은 대통령령으로 정하고 있다(제13조).

국가와 지방자치단체는 노숙인 등의 고용을 촉진하기 위하여 공공일자리 제공 등 자활지원사업을 실시할 수는 규정이 있지만, 일자리 제공 사업(사회적 기업 등)에 대한 지원에 관한 내용이 포함되어야 할 것이다.

5. 「노숙인 등의 복지 및 자립지원에 관한 법률」상 응급조치 의무

경찰 또는 노숙인 등 관련 업무 종사자는 중대한 질병, 동사(凍死)

200) 이공현, 홈리스지원법 토론문, 홈리스지원법, 홈리스지원법 공청회, 국회의원 곽정숙, 국회의원회관 소회의실*2011. 1. 17), 45쪽.

등 노숙인 등에 관한 응급상황을 신고 받거나 발견한 때에는 지체 없이 필요한 조치를 하여야 하며, 응급상황, 필요한 조치의 내용 및 노숙인 등 관련 업무 종사자의 범위 등에 필요한 사항은 대통령령으로 정하고 있다(14조).

경찰 등이 응급상황에 필요한 조치를 하지 않은 경우에도 별도의 벌칙규정이 없다. 물론 형법상 직무유기죄로 포섭하거나 국가배상책임 등을 법적 책임에 대한 근거규정으로 활용할 여지는 있다. 하지만 명확한 책임원칙을 보장하기 위해서는 본 법에서 별도로 벌칙을 규정하는 것이 타당할 것이다.

제4절 노숙인지원법의 과제

Ⅰ. 노숙인 등의 복지 및 자립지원에 관한 법률상 위임입법 문제

노숙인지원법에서는 노숙인의 복지와 관련된 중요한 사항들의 대부분이 대통령령과 보건복지부령에 위임되어 있다. 먼저 대통령령으로 위임된 사항을 살펴보면 다음과 같다. 중복제한 금지,[201] 주거지원의 기준 · 방법 · 절차 등에 필요한 사항[202], 고용지원에 필요한 사항[203], 응급상황과 필요한 조치의 내용에 대한 사항[204], 비용의 보전[205] 그리고 종합계획에 따른 지방정부의 시행계획의 수립 · 시행 및 추진실적의 평가[206] 등에 필요한 사항 등이다.

201) 제5조 (중복지원의 제한)
202) 제10조 (주거지원)
203) 제13조 (고용지원)
204) 제14조 (응급조치의 의무)
205) 제22조 (비용의 보조)

다음으로 보건복지부령에 위임된 사항을 살펴보면 다음과 같다. 정책대상 여부를 판별하는 노숙인 등에 대한 정의에서 일부 추상적 표현에 대한 구체화 작업은 보건복지부령으로 위임되어 있다. 예를 들면, 주거로서의 적절성이 현저히 낮은 곳에서 생활하는 자에 대해서는 보건복지부령으로 정하여야 한다[207]. 그 외에도 실태조사,[208] 급식시설 설치 · 운영 · 지원기준에 관한 사항[209], 진료시설 설치 · 운영 · 지원기준에 관한 사항[210], 노숙인 복지시설의 구체적인 사업내용 및 기준에 관하여 필요한 사항[211], 시설 입 · 퇴소에 관한 사항[212], 시설의 프로그램에 관한 사항[213] 등 매우 구체적인 복지서비스에 관한 대부분의 사항들이 보건복지부령에서 정하도록 하였다.

법안 시행에 필요한 시행령과 시행규칙 등이 실제로 중요한 사안들일 것이다. 이러한 세밀한 정책방안을 마련해야하는 과제가 남겨져 있다. 시행령 및 시행령 규칙 제정에 현장의 의견을 적극적으로 전달하는 노력을 관련 민간단체에서 하여야한다. 또한 정부는 현장의 목소리를 경청하고 합리적인 방안을 마련하는 노력을 하여야 할 것이다.[214]

그러나 그 이전에 따라서 위임입법의 내용이 앞으로 과제이겠지만, 법치주의와 관련하여 포괄적 위임의 문제가 제기될 수 있고, 향

206) 제8조 (시행계획의 수립 · 시행 등)
207) 제2조 (정의)
208) 제9조 (실태조사)
209) 제11조 (급식지원)
210) 제12조 (의료지원)
211) 제15조 (노숙인시설의 설치 · 운영 등)
212) 제17조 (노숙인복지시설의 입소 · 퇴소 등)
213) 제18조 (노숙인복지시설의 서비스)
214) 정원오, '노숙인 등의 복지 및 자립지원에 관한 법률' 제정 의미와 과제, '노숙인 등의 복지 및 자립지원에 관한 법률' 제정 의의와 과제에 대한 정책토론회, 한국보건사회연구원, 2011, 15쪽.

후에 위임입법이 불충분한 경우에 대한 문제가 발생할 수 있다. 국회가 제정한 법률에서 위임입법을 명문화했음에도 행정입법을 제정하지 않거나 불충한 하게 제정한 경우에도 문제가 된다. 입법부가 법률로써 행정부에게 특정한 사항을 위임했음에도 불구하고 행정부가 이러한 법적 의무를 이행하지 않는다면 이는 위법한 것인 동시에 위헌적인 것이 된다. 노숙인지원법에서 규정한 대통령령과 보건복지부령 등이 규정되지 않거나 미흡하게 규정된 경우 대법원의 사법적 심사뿐만 아니라 헌법재판소에 의한 사법심사가 가능하다.

Ⅱ. 민간단체와의 협력체계 정립

민간기관 및 단체와 공공의 협력에 관한 사항은 법의 제3조 2항에서 「국가와 지방자치단체는 노숙인 등을 위한 지원사업을 원활히 추진하기 위하여 관련 민간단체와 협력하여야 한다」로 명문으로 규정하고 있다.

국가 및 지방자치단체의 책임을 명확히 하면서, 민간단체와 협력한다는 것은 국내법상 드문 표현이 등장하였다. 노숙인복지사업을 국가가 전적으로 해결할 수 없음을 인정한 것으로 볼 수 있으며, 기존의 노숙인 등의 시민사회구성원인 시민집단 간의 관계에 기반한 협력과 참여의 협력을 통해서 노숙인 복지문제를 해결 해결해 간다는 점을 명문화한 것은 새로운 복지행정의 모델로 의미가 있다.

그러나 법안에는 이에 대한 구체적 방안을 마련하지 못한 채, 노숙인 등의 복지 및 자립지원 종합계획의 수립시 민간협력에 관한 사항을 포함하도록 하는데 그치고 있다.[215] 또한 최초 발의된 법안에서는 국가 및 지방자치단체는 입소시설 퇴소자의 취업이 유기적으로 이루어지도록 하기 위하여 입소시설과 「사회적기업 육성법」 제2조 제1호에 따른 사회적기업[216]과의 연계체계를 구축하는 것을 도모해야 한다는[217] 규정이 있었으나, 제정안에는 도입되지 못했다. 이는 민간의 협력과 활력이 노숙인사업에서 중요하다는 것을 인정하면서도, 여전히 관주도의 단면을 보여주는 것이며, 결국 민간협력이 배제된다면 노숙인 사업의 성공여부와 동법의 실효성에 의문이 생기게 되는 것이다. 따라서 이 부분에서는 뉴 거버넌스 개념의 정립과 노숙인 복지사업의 뉴 거버넌스 방향성제시가 필요하다. 단순한 시민참여보다 적극적인 개념으로서 국가기관인 행정, 자본영역인 기업, 시민사회구성원인 시민집단 간의 관계에 기반을 둔 협력과 참여의 협력을 통해서 주택의 공공문제를 해결해 간다는 점에서는 거버넌스의 개념이 매우 유용한 틀이 될 수 있다.[218]

노숙인 복지사업에서는 다음과 같은 원칙이 확립되어 법률에 규정되어야 할 것이다. 공공과 민간부문이 협력하는 가운데 노숙인복지의 역할을 분담하는 「상호보완성의 원칙」, 보조금과 프로그램 운

---

215) 동법 제7조 제5호

216) 사회적기업육성법 제2조(정의) 이 법에서 사용하는 용어의 뜻은 다음과 같다. 1. "사회적기업"이란 취약계층에게 사회서비스 또는 일자리를 제공하거나 지역사회에 공헌함으로써 지역주민의 삶의 질을 높이는 등의 사회적 목적을 추구하면서 재화 및 서비스의 생산·판매 등 영업활동을 하는 기업으로서 제7조에 따라 인증받은 자를 말한다.
2. "취약계층"이란 자신에게 필요한 사회서비스를 시장가격으로 구매하는 데에 어려움이 있거나 노동시장의 통상적인 조건에서 취업이 특히 곤란한 계층을 말하며, 그 구체적인 기준은 대통령령으로 정한다.

217) 2010.12.6 유재중의원 대표발의 (안) 제27조(사회적기업과의 연계) 국가 및 지방자치단체는 입소시설 퇴소자의 취업이 유기적으로 이루어지도록 하기 위하여 입소시설과 「사회적기업 육성법」 제2조제1호에 따른 사회적기업과의 연계체계를 구축하여야 한다.

218) 김현준·박웅광, 주택행정법의 공공성, 한국토지공법학회, 토지공법연구 제44집, 2009, 147쪽.

영지원금 등 정부 자금이 유입됨에 따라 정부의 과도한 간섭의 여지가 있다는 점에서 시민단체의 「자율성의 원칙」을 존중하고 보장되는 원칙이 선언되어야 할 것이다. 부랑인이나 노숙인에게 주거·일자리 지원 등 프로그램이 원활히 연계되지 못해 이들이 시설 퇴소 후 지역사회로 복귀하는 것이 아니라 다시 동일한 서비스의 대상자로 돌아오게 되는 회전문 현상을 일으키고 있다. 따라서 시민단체에 위탁운영되는 사회적 기업에 관한 규정은 반드시 필요적 조항이라 할 것이다.

Ⅲ. 노숙인 권리의 사법구제 실효성 확보

노숙인의 복지수급권을 보장하기 위해서는 주거지원 혹은 복지수급권에 대한 행정과 민간위탁기관의 조치에 대한 이의신청 및 관련 시책을 열람할 수 있는 정보공개청구권을 담은 내용을 명시하는 것이 타당해 보인다.

하지만 처음 발의된 법안에 담겼던 「이의신청」[219], 「정보공개청구」[220]등이 제정안에서는 삭제되었다. 물론 이러한 규정이 없더라도 행정심판법에 따라서 권리 구제를 받거나, 사회보장기본법에 의해서 권리 구제를 받거나 사회보장기본법[221]에서 권리구제 절차가

219) 2011.3.16 곽정숙의원 대표발의(안) 제19조(이의신청) ① 이 법에 따른 복지조치에 이의가 있는 자는 특별자치도지사 또는 시장·군수·구청장에게 이의를 신청할 수 있다.
② 제1항에 따른 이의신청을 받은 특별자치도지사 또는 시장·군수·구청장은 30일 내에 심의하여 그 결과를 이의신청인에게 알려야 한다.
③ 이의신청의 절차 등에 필요한 사항은 보건복지부령으로 정한다.

220) 2011.3.11 강명순의원 대표발의 제36조(정보공개청구) 노숙인·부랑인은 「공공기관의 정보공개에 관한 법률」에 따라 국가 또는 지방자치단체에 복지와 관련한 사항의 정보공개를 청구할 수 있다.

221) 사회복지서비스와 관련하여 이의신청의 경우 다른 법률에 규정이 없는 경우 "민원

언급되어 있음으로 이를 준용할 수 있지만, 「한부모가족지원법」 등에서 규정된 것과 동일하게 이의신청[222] 등 권리구제 가능성과 방법을 명시하는 것이 타당할 것이다.

이와 아울러 양도·담보 및 압류 금지 규정을 신설하여서 노숙인 등에게 지급된 복지급여와 이를 받을 권리는 다른 사람에게 양도하거나 담보로 제공할 수 없으며, 다른 사람은 이를 압류할 수 없다는 규정을 신설하여서 노숙인 등의 재산을 보호할 필요가 있다.

Ⅳ. 그 밖의 향후과제

첫째, 노숙인 문제의 근본적 원인과 궁극적 해결은 안정적 주거와 관련이 있다. 따라서 주거대책이 없는 노숙인법은 그 자체가 실효성에 문제가 있다고 할 수 있다. 따라서 노숙인에 대한 주거지원 복지지원 허용 및 내용 명료화를 위해서는 「국가와 지방자치단체」는 「공공임대주택 정보 제공 및 입주지원」을 해야 한다는 규정도입도 검토해 볼만하다.

둘째, 노숙인 시설입소자보다는 거리노숙인의 생명과 신체 및 건강권의 보호가 중요하다. 따라서 경찰 또는 노숙인 등 관련 업무 종사자가 중대한 질병, 동사(凍死) 등 노숙인 등에 관한 응급상황을 신고 받거나 발견한 때에 지체 없이 필요한 조치를 하지 않은 경우

사무처리에 관한 법률" 제18조에 의해 결정일로부터 90일 이내 처분청에 이의신청을 해야한다.

222) 한부모가족지원법 제28조(심사 청구) ① 보호대상자 또는 그 친족이나 그 밖의 이해관계인은 이 법에 따른 복지 급여 등에 대하여 이의가 있으면 그 결정을 통지받은 날부터 90일 이내에 서면으로 해당 복지실시기관에 심사를 청구할 수 있다.
② 복지실시기관은 제1항의 심사 청구를 받으면 30일 이내에 이를 심사·결정하여 청구인에게 통보하여야 한다.

에 대해 벌칙 조항을 명문화하는 것도 검토해야 한다.

셋째, 노숙인에 대한 기본적인 관점의 문제이다. 즉 노숙인이 단지 대중으로부터 혐오의 대상이 아니라 거리노숙을 선택한 사람이며, 그러한 권리가 모든 사람에 보장된다는 관점의 전환이 필요하다. 따라서 노숙인은 단속이나 강제퇴거의 대상이 아니라 노숙 자체가 인권으로 보장받을 수 있어야 한다. 이런 측면에서 노숙인이 자유롭게 노숙할 수 있는 권리를 자유권, 평등권, 거주·이전의 자유 등 관점에서 논의하여야 할 것이며, 공공시설물(예를 들어서 철도 역사 등)을 이용할 수 있는 노숙인의 권리를 살펴보아야 할 것이다.

넷째, 가족노숙인, 여성노숙인, 고령의 노숙인 등은 단신의 성인 남성과는 다른 특수한 측면을 많이 가지고 있는데 비해서 노숙자 대책에서 상대적으로 배제되어 왔다. 전체 노숙자에 포함된 채 문제화되지 못하고 있다. 그리고 가족노숙인의 경우 미성년 아동을 아동복지기관에 입소하는 경우, 가족 간의 격리가 되는 문제점도 있다. 따라서 여성 노숙인과 가족노숙인 그리고 가족노숙인 가운데 아동노숙인에 관한 사항을 따로 규정하여 특수한 상황의 노숙인 들에 관한 배려조치가 필요하다.

마지막으로는 특정 종교의 지원을 받은 노숙인 시설에서 강요된 종교행위 등에 의해서 노숙인이 무신앙의 자유를 침해 받는 사례 등이 있다. 특정 종교를 강제로 권유하는 것을 금지하는 법안도 논의가 필요한 부분이다.

제3편 주택임대차법의 현황과 과제

제1장 주택임대차의 정의

제1절 주택임대차계약의 요소

〈법조문〉

민법 제618조

제618조 ― 임대차는 당사자 일방이 상대방에게 목적물을 사용, 수익하게 할 것을 약정하고 상대방이 이에 대하여 차임을 지급할 것을 약정함으로써 그 효력이 생긴다.

임대차계약은 목적물을 자유로이 사용, 수익할 수 있게 하는 유상계약이다. 즉 차임을 받는 댓가로 임대인은 임차인에게 목적물을 인도하고 일정기간동안의 사용수익을 허여할 의무를 부담한다(민법 제618조). 매매와 마찬가지로, 임대차는 모든 종류의 물건을 대상으로 할 수 있다. 민법 제618조는 임대차의 대상을 '목적물'이라고 총칭하고 제619조는 이를 다시 동산(제4호)과 부동산으로 구분한다. 부동산은 또 토지(제1호, 제2호)와 건물 기타 공작물(제3호)로 구분한다. 이 중 주거용 건물을 대상으로 하는 임대차가 주택임대차이다(주택임대차보호법 제2조). 따라서 어떤 계약이 주택임대차계약이기 위해서는 다음 세 가지 요소를 갖추어야 한다. 즉 주거용 건물의 사용수익(Ⅰ)을 임대인이 일정기간동안(Ⅱ) 차임을 받고(Ⅲ) 보장해야 한다.

Ⅰ. 주거용 건물의 사용수익

1. 주거용 건물

건물이란 토지에 정착하는 공작물 중 지붕과 기둥 또는 벽이 있는 것과 이에 부수되는 시설물을 말한다(건축법 제2조 제2호). 이 중 주거용 건물은 사람의 일상생활인 기와침식(起臥寢食)에 사용되는 건물이다. 주거용 건물인지 여부를 판단함에 있어서는 공부상의 표시뿐 아니라 그 실제 용도에 따라서 판단하여야 한다.[223)]

주거용 건물인지를 판단하는 기준시기는 임대차계약을 체결한 시점이다.

2. 사용수익

임대차는 임차인에게 목적물의 사용수익을 보장하는 것이므로 첫째, 목적물이 임차인이 자유로이 사용할 수 있도록 인도되어야 하고 둘째, 임차인이 그로부터 이익을 취할 수 있어야 하고 셋째, 목적물이 나중에 반환할 수 있는 물건이어야 한다.

223) 대법원 1996. 3. 12. 선고, 95다51953 판결; 대법원 1996. 5. 31. 선고, 96다5971 판결

(1) 인도받아 자유로이 사용

임차인이 목적물을 사용수익할 수 있도록 임대차계약에는 임차인이 목적물을 인도받아 자유로이 사용한다는 내용이 포함되어야 한다. 그 점에서 임차인은 임치인, 사업자의 고객, 피용자 등과 구별된다.

첫째, 임치인은 보관장소에 대한 자유로운 사용권을 취득하는 것이 아니라 자신의 물건을 그 장소의 주인에게 맡기는 것이다(민법 제693조, 제700조 참조). 따라서 주차계약은 주차장소의 임대차일 수도 있고 임치계약일 수도 있다. 당해 고객만이 그 장소에 주차할 수 있고 자신의 주차장에 대해 책임을 부담한다면 그는 임차인이다. 하지만 고객이 주차장 주인인 주차업자에게 자동차를 맡기면 주차업자가 자동차를 이동주차도 할 수 있는 경우에는 임치계약이다. 금고계약도 마찬가지로 임대차일 수도 있고 임치일 수도 있다.

둘째, 호텔이나 여관 투숙객은 그가 점유하는 호실의 "임차인"이 아니다. 투숙객이 숙박업자와 체결한 숙박계약의 목적은 숙박이다. 숙박업자는 투숙객의 숙박을 위한 서비스를 제공하기 위해 호실에 드나들 수 있다(상법 제152조 참조). 따라서 투숙객이 숙박시설에서 누리는 자유는 임차인이 누리는 자유에 비하면 한정적이다.

셋째, (택시기사 등의) 피용자는 (택시 등의) 물건을 자유로이 사용하는 듯 하지만 사실은 소유자에게 종속되어 있다.

(2) 목적물로부터 이익 수취

임차인에게 목적물을 인도하여 자유로이 사용할 수 있게 하는 이유는 임차인이 자신을 위해 그 목적물로부터 이익을 수취하게 하려는 것이다. 이 점에서 목적물을 인도하는 목적이 다른 계약들과 임대차가 구별된다. 수임인, 피용자, 수치인, 사업자가 어떤 물건을 수령하여 보유하는 것은 자신들의 의무를 이행하기 위해서이다. 이들은 자기 자신의 이익을 위해서 그 물건을 사용수익하지는 않(고 차임을 지급하지도 않)기 때문에 임차인이 아니다.

(3) 목적물의 반환

임대차의 목적물은 사용수익하더라도 그 실체가 소비되지 않는 것이어야 한다. 왜냐하면 임대차는 계약종류시에 목적물을 반환하는 것을 상정하고 있기 때문이다. 따라서 한번 사용하면 소비되는 물건은 임대차의 목적물이 될 수 있다. 가령 향수나 포도주를 (뿌리거나 마시지 않고 전시하기 위한 것이 아닌 한) 임대할 수는 없다. 동일한 종류의 물건으로 반환하기로 한 때에는 소비대차이고 그렇지 않으면 매매이다. 따라서 수목을 식재하기 위해 토지를 빌리는 것이 아니라 그 지상의 나무를 벌목할 수 있도록 하는 계약은 토지임대차(민법 제619조 제1호 참조)가 아니고 입목매매이다.

그러나 임대차는 임차인이 목적물로부터 산출되는 과실을 소비하는 것을 허용한다. 왜냐하면 원물인 목적물은 소비되지 않고 그대로 있기 때문이다.

II. 기간

임대차는 그 성질상 계속적 계약으로서 기간이라는 요소를 전제로 한다.[224] 하지만 기간이라는 요소를 파악하는 일은 까다로운 작업이다. 왜냐하면 합의된 기간이 짧을 수도 있기 때문이다. 주거를 며칠 빌려줄 수도 있는 노릇이다. 기간이라는 요소가 임대차에 내재한다고 해서 약정된 기간이 장기일 필요는 없다. 짧더라도 그 기간이 있음으로써 임차인에게 일정한 안정성이 보장되는 것이다. 왜냐하면 그 기간동안에는 임차인의 사용수익을 빼앗을 수 없기 때문이다. 그리고 기간을 명시하지 않았어도 해지통고를 통해 임차인의 사용수익을 종료시킬 수 있다. 이 점에서 통상의 임대차는 일시사용하기 위한 임대차임이 명백한 경우와 구분된다.

Ⅲ. 대가

매매와 마찬가지로 임대차계약은 본질적으로 유상계약이다. 즉 차임을 지급하지 않는 임대차는 없다. 목적물의 사용수익에 대해 반드시 대가를 지급해야 한다.

이렇게 대가를 지급해야 한다는 점이 임대차를 사용대차(민법 제609조)나 출자(민법 제703조)와 구분하여 준다. 사용대차는 무상으로 차주에게 목적물을 인도하고 자유롭게 사용하게 하는 것이다. 목적물에 대한 사용수익권을 조합에 출자한 조합원은 그 대가로 지분을 받을 뿐이다.

그러나 (매매와는 달리) 그 대가가 반드시 금전일 필요는 없다. 대가는 보통 금전을 정기적으로 지급하는 방식으로 이행되지만 다른 형태를 취할 수도 있다. 즉 물건을 양도한다든가 용역을 제공하는 것도 가능하다. 하지만 용역의 제공이 종속성을 띠는 때에는 그 계약은 고용계약이기도 하다. 이 때 임대차규정과 고용계약규정을

---

224) 민법 제619조는 '그 임대차는 다음 각 호의 기간을 넘지 못한다'고 규정한다.

중첩적으로 적용하여야 하는가? 이는 사택과 관련하여 어려운 문제이다. 즉 사택에 대한 임대차와 고용계약을 분리하여 판단하여야 하는지 아니면 임대차계약은 고용계약과 주종관계에 있는 것인지가 문제된다.

제2절 주택임차권의 채권적 성질

임대차의 특징은 임대인이 목적물의 사용수익을 보장할 의무를 부담하고 그 대가로 차임을 받는다는 데 있다. 주택임차인의 상황은 전세권자의 상황과 매우 비슷하다. 전세권자도 타인의 "부동산을 점유하여 그 부동산의 용도에 좇아 사용·수익할 권리"(민법 제303조)가 있기 때문이다. 따라서 전세권설정계약은 임대차계약과 매우 비슷하다. 이 둘의 차이는, 전세권자는 물권자인 반면 임차인은 채권자라는 것이다.

권리의 성질상 차이로 인해, 임대차 해지권을 발생시키는 의무위반과 전세권의 소멸청구권을 발생시키는 의무위반은 그 평가 방식이 다르다. 가령 임차인이 임대인의 동의 없이 그 권리를 양도하거나 임차물을 전대한 때에는 임대인은 계약을 해지할 수 있다(민법 제629조). 반면 전세권은 물권이므로 전세권자는 전세권을 자유롭게 처분할 수 있다(민법 제306조). 전세권을 처분하는 방법으로는 전세권을 양도하는 방법, 전세권상에 저당권이나 전세권을 설정하는 방법, 전세물을 임대하는 방법이 있다. 따라서 전세권자가 전세권을 양도하거나 전세물을 임대하였다고 해서 전세권설정자가 전세권의 소멸을 청구할 수는 없다.

또한 임대차에서는 임대인이 계약기간 중 목적물을 사용·수익함에 필요한 상태로 유지할 의무를 부담하는 반면(민법 제623조), 전세권의 경우에는 전세권자가 통상의 관리에 속하는 수선을 하여야 한다(민법 제309조). 따라서 임대차에서는 임대인의 유지의무 불이행을 이유로 임차인이 계약을 해지할 수 있는 반면, 전세권의 경우에는 전세권자가 수선의무를 불이행함을 이유로 전세권설정자가 전세권의 소멸을 청구할 수 있다(민법 제311조 제1항).

〈사례1〉

甲은 乙에게 X건물을 임대하였는데, 임차보증금은 8,000만원, 월 차임은 400만원, 임대차기간은 24개월로 정하였다. 그런데 전세권을 설정하여 주면 이를 담보로 대출을 받아 임차보증금으로 지급하겠다는 乙의 제안에 따라, 甲은 2012년 5월 2일에 乙 명의의 전세권설정등기를 경료해 주었다(전세금은 2억원으로 기재). 그 후 乙은 丙신용금고로부터 1억 4,000만원을 대출받으면서 그 담보로 위 전세권에 대하여 채권최고액 2억원인 근저당권설정등기를 경료하였다. 전세기간 만료 후 丙신용금고는 乙의 전세금반환채권에 대하여 채권압류 및 전부명령을 받았다. 甲은 乙로부터 지급받았던 임차보증금 8,000만원에서 乙이 연체한 차임 등을 공제한 후 나머지 금액을 丙신용금고를 피공탁자로 지정하여 공탁하였다. 그 후 甲은 丙신용금고에게 전세권저당권말소등기를 청구하였다. 법원은 甲의 청구를 인용하여야 하는가?

제3절 주택임대차계약의 분류

〈법조문〉

주택임대차보호법 제3조

제3조 — ② 주택도시기금을 재원으로 하여 저소득층 무주택자에게 주거생활 안정을 목적으로 전세임대주택을 지원하는 법인이 주택을 임차한

후 지방자치단체의 장 또는 그 법인이 선정한 입주자가 그 주택을 인도받고 주민등록을 마쳤을 때에는 제1항을 준용한다. 이 경우 대항력이 인정되는 법인은 대통령령으로 정한다.

③ 중소기업기본법 제2조에 따른 중소기업에 해당하는 법인이 소속 직원의 주거용으로 주택을 임차한 후 그 법인이 선정한 직원이 해당 주택을 인도받고 주민등록을 마쳤을 때에는 제1항을 준용한다. 임대차가 끝나기 전에 그 직원이 변경된 경우에는 그 법인이 선정한 새로운 직원이 주택을 인도받고 주민등록을 마친 다음 날부터 제삼자에 대하여 효력이 생긴다.

주택임대차계약은 당사자가 계약을 체결하는 목적에 따라서 소비자계약과 상사계약으로 구분할 수 있다. 소비자계약은 일방은 업무상 임대차계약을 체결하지만 타방(소비자)은 그렇지 않은 경우를 말하며, 상사계약은 양 당사자 모두 업무상 임대차계약을 체결하는 경우를 말한다. 주택임차인은 필수소비재인 주거(주택에 대한 사용 수익권)를 임대인으로부터 구매하는 소비자라고 볼 수 있다. 따라서 주택임대차보호법의 적용을 받는 임대차계약은 대부분 소비자계약이다. 다만 주택임대차보호법 제3조 제2항과 제3항에서 말하는 법인이 임차인인 주택임대차계약은 상사계약이다.

소비자계약관계에서의 당사자들은 경제적으로 대등하지 않기 때문에 약자인 소비자를 보호할 필요가 있다.

제2장 주택임대차법 개관

제1절 민법

Ⅰ. 민법의 적용범위

제정 이래 거의 변화가 없었던 민법의 임대차 규정(제618조~제654조)[225]에는 건물이 있을 뿐 주택은 없고, 임대차가 있을 뿐 주택임대차는 없다. 민법은 물건을 그 금전적 가치로만 고려하고 기능적 가치(용도나 애착)를 생각하지 않는다. 그로 인해 1981년에 주택임대차보호법이 제정되면서 민법은 그 적용범위가 축소되었다.

하지만 주택임대차보호법은 주거용 건물의 임대차에 관하여 민법의 특례를 규정하는 것이므로(법 제1조), 주택임대차보호법에 규정되어 있지 않은 사항은 여전히 민법규정이 적용된다. 또한 민법은 모든 전형계약에 공통적으로 적용되는 계약총칙(제527조~제553조)과 채권총칙(제373조~제526조)을 포함하고 있으므로 이 규정들은 주택임대차관계에도 당연히 적용된다.

Ⅱ. 민법의 성격 : 임의규정과 강행규정의 병존

〈법조문〉

민법 제652조, 제653조

제652조 — 제627조, 제628조, 제631조, 제635조, 제638조, 제640조,

225) 유일한 변화는 최장기간에 관한 민법 제651조가 2016년 1월 6일에 삭제된 것이다.

제641조, 제643조 내지 제647조의 규정에 위반하는 약정으로 임차인이나 전차인에게 불리한 것은 그 효력이 없다.

제653조 — 제628조, 제638조, 제640조, 제646조 내지 제648조, 제650조 및 전조의 규정은 일시사용하기 위한 임대차 또는 전대차인 것이 명백한 경우에는 적용하지 아니한다.

민법의 임대차 조문은 모두 45개이다. 이 중 12개 조문은 강행규정으로서, 그에 위반하는 약정으로 임차인이나 전차인에게 불리한 것은 효력이 없다(민법 제652조). 강행규정들은 다음과 같다.

(1) 일부멸실 등과 감액청구, 해지권

임차물의 일부가 임차인의 과실 없이 멸실되었다든가 하여 사용·수익할 수 없는 때에는 임차인은 그 부분의 비율에 따른 감액을 청구할 수 있다(제627조 제1항). 임대료는 임차물의 사용수익에 대한 대가이기 때문이다. 나아가 임차인이 잔존부분으로 임차의 목적을 달성할 수 없는 때에는 임차인은 계약을 해지할 수 있다(같은조 제2항).

(2) 차임감액청구권

임대물에 대한 공과부담의 증감 기타 경제사정의 변동으로 인하여 약정한 차임이 상당하지 않게 된 때에는 당사자는 장래에 대한 차임의 증감청구권이 있다(제628조).

(3) 전차인의 권리의 확정

임차인이 임대인의 동의를 얻어 임차물을 전대한 경우에는 임대인과 임차인의 합의로 계약을 종료한 때에도 전차인의 권리는 소멸하지 않는다(제631조).

(4) 임대차의 해지

민법은 임대차계약에 관하여 여러 해지사유를 규정하고 있다. 임대차의 민법상 종료원인으로는 임대차의 해지통고(제635조부터 제638조까지)와 임대인의 즉시해지(제629조 제2항, 제640조부터 제642조까지)가 있다. 이 중 제635조와 제638조, 제640조, 제641조는 강행규정이다.

(5) 임차인의 갱신청구권 및 매수청구권

토지임차인의 갱신청구권 및 매수청구권(제643조), 전차인의 임대청구권과 매수청구권(제644조), 지상권목적토지의 임차인의 임대청구권과 매수청구권(제645조), 임차인의 부속물매수청구권(제646조), 전차인의 부속물매수청구권(제647조)규정은 강행규정이다. 그러나 임대인이 임차인의 갱신요구를 거부할 수 있기 때문에 갱신청구권은 권리로서의 성질이 거의 없다. 반면 매수청구권은 형성권이다. 임대인이 지상물이나 부속물의 매수를 원하든 원치 않든 간에 임차인이 임대인에게 매수청구권을 행사함에 따라 지상물이나 부속물에 대한 매매계약의 체결과 같은 효과가 발생한다.[226)]

226) 조열래, "임대차에 있어서의 매수청구권", 재판자료 제32집(1986), 389면.

Ⅲ. 민법의 규율내용과 방법

1. 규율내용

1958년에 제정된 한국 민법의 임대차와 관련된 규정은 의용민법(1912년-1959년) 규정에 20개 정도의 조문을 신설 또는 첨가한 것이다. 그런데 의용민법이 모델로 삼았던 서구의 자유주의적, 개인주의적 근대 민법에 있어서 임대인과 임차인은 대등한 입장에서 임대차계약을 체결하며 임대인은 그로부터 발생하는 차임채권을 실현하기 위해 여러 권리를 행사할 수 있다.[227] 약정된 차임액을 지급받을 임대인의 권리를 보장하기 위한 민법규정들은, 바로 우리 민법이 상정하고 있는 임대차관계도 그러한 근대적 임대차관계임을 보여준다.

한국 민법은 근대적 임대차관계를 그 모델로 삼고 있지만 다른 한편으론 임대차관계에서 임차인을 보호할 필요가 있음을 인정한다. 그러나 실효성 있는 보호를 제공하지는 못한다. 특히 의용민법에 비해 현행 민법상 임차인의 지위를 조금이나마 강화하는 규정들을 살펴보면 모두 다 실효성이 미흡하다.

가. 임차권의 존속보장

(1) 임차권의 대항요건 : 등기

민법은 임차인이 임대인에게 등기절차에 협력할 것을 청구할 수 있게 하였지만(제621조), 그러한 등기청구에 협력할 것인가 하는

227) 영국 보통법상의 임대차관계에 관하여는 F. H. Lawson and Bernard Rudden, *The Law of Property*, 2d ed, Oxford, 1993, pp. 154-155 참조.

것은 오직 임대인에게 달려 있다. 따라서 위 협력청구권은 현실적으로 임차인을 보호하는 기능을 하지 못한다.228)

(2) 묵시적 갱신

임대차기간이 만료한 후 임차인이 임차물의 사용 수익을 계속하는 경우에 임대인이 상당한 기간내에 이의를 하지 아니한 때에는 전임대차와 동일한 조건으로 다시 임차한 것으로 보지만(제639조 제1항 전단), 그 존속기간에 관하여는 기간의 약정이 없는 임대차로 본다.

그러므로 임대인은 언제든지 해지통고를 할 수 있으며, 임차인이 해지통고를 받은 날로부터 법정기간이 경과함으로써 갱신된 임대차는 종료하게 된다. 즉 계약기간의 만료 후 임대인이 계약을 해지하면 임차인이 계속 거주를 원해도 어찌할 도리가 없다.229)

나. 임대보증금반환 보장

(1) 임차보증금의 우선변제 : 전세권등기

우리나라의 임대차에 있어서의 차임지급방식은 다음과 같이 구분할 수 있다. 첫째, 일정기간에 따른 차임을 현실적으로 지급하는 방식; 둘째, 목적물가격의 6-7할에 달하는 임차보증금을 일시에 교부하고 보증금의 이자로써 차임지급에 갈음하되 임대차종료시에 그 보

228) 고상룡, "주거용가옥(아파트 포함)의 임차인 및 전세권자의 보호에 관한 입법론적 연구", 사회과학 제17집(1979), 성균관대학교 사회과학연구소, 8면; 최 식, 「신물권·담보물권법」, 박영사, 1960, 251면.
229) 고상룡, 위의 논문(주 228), 9면.

증금을 반환받기로 하는 방식(채권적 전세); 셋째, 그 중간적 방식.

민법은 종래의 관행에 의하여 행하여지던 전세를 물권인 전세권(민법 제303조 이하)으로 규율하고 월세를 채권인 임차권(민법 제618조 이하)으로 규율하고자 하였다. 그리하여 임대차규정 속에는 임대차보증금에 관해 아무런 규정을 두지 않았다.

임대부동산이 임대인의 채권자 등에 의해 경매에 부쳐지는 경우, 임대부동산 상에 있던 1번 저당권보다 앞서 대항요건을 갖춘 임차권은 경락에 의해서도 소멸하지 않는다. 경락인에게 대항할 수 없는 임차인은 경락에 의해 임차권을 잃게 되므로 임대인에게 임차보증금의 반환을 청구할 수 있다. 따라서 임차인으로서는 목적부동산의 경락대금으로부터 임차보증금액을 배당받는 방법을 생각할 수 있다. 그런데 집행법원에 배당요구를 할 수 있으려면 임차인이 민사집행법 제88조 제1항의 요건을 갖추어야 한다. 즉 임차인이 집행력 있는 정본을 가진 채권자이거나, 경매개시결정이 등기된 뒤에 가압류를 한 채권자, 또는 민법 · 상법, 그 밖의 법률에 의하여 우선변제청구권이 있는 채권자이어야 한다. 민법상 마련된 우선변제청구권 취득방법은 전세권등기이다(민법 제303조).

그러나 현실에 있어서 임차인이 전세권등기를 하기는 쉽지 않았다. 임차인은 전세권등기 없이도 과연 보증금을 제대로 돌려받을 수 있을지 불안하지만 주택을 임차하자면 보증금을 지급하는 수밖에 없었다.

(2) 임차인의 동시이행의 항변권

현실 임대차의 상당 부분을 차지하는 채권적 전세방식의 경우, 보증금은 임대인이 건물을 신축하거나 매수하는 자금으로 쓰이기도 한다. 그러다 보니 임대인이 자신의 자력에 비해 지나치게 많은 채무를 짐으로써 보증금을 반환하지 못하는 일이 많이 일어난다. 이에 대법원은 임대차가 종료하면 임대인의 보증금반환의무와 임차인의 목적물반환의무가 동시이행관계에 있다고 하여[230] 임차인을 보호하였다.

하지만 임대차종료후 임대인이 목적부동산을 제3자에게 매도해 버리면 임차인은 제3취득자의 명도청구에 대하여 동시이행의 항변을 할 수 없다.

2. 규율방법

민법이 임차인보호의 필요성을 인정하면서도 실효성 있는 방안을 제공하지 못하였으니 결국 임대차관계는 당사자의 교섭력에 의해 좌우되었다. 임차인의 교섭력은 때에 따라, 그리고 부동산의 종류에 따라 변화하였다. 특히 주택 임대인들은 상황의 힘에 의해 독점적인 지위를 누릴 수 있었고 자기가 원하는 계약조건을 요구할 수 있었다. 민법은 임대차관계를 계약자유에 맡김으로써 임대인의 지배력을 법적으로 보증한 셈이 되었다.[231]

230) 대법원 1977. 9. 28 선고, 77다1241 · 1242 판결.
231) 고상룡, 위의 논문(주 228), 36면.

제2절 주택임대차보호법

Ⅰ. 주택임대차보호법의 적용범위

〈법조문〉

주택임대차보호법 제2조, 제11조, 제12조

제2조 — 이 법은 주거용 건물의 전부 또는 일부의 임대차에 관하여 이를 적용한다. 그 임차주택의 일부가 주거외의 목적으로 사용되는 경우에도 또한 같다.

제11조 — 이 법은 일시 사용하기 위한 임대차임이 명백한 경우에는 적용하지 아니한다.

제12조 — 주택의 등기를 하지 아니한 전세계약에 관하여는 이 법을 준용한다. 이 경우 "전세금"은 "임대차의 보증금"으로 본다.

1. 목적물의 용도

오늘날 법은 물건의 용도를 중시한다.[232] 민법 시행 후 20년이 지나서, 임대차의 목적물이 무엇인가에 따라 특별법이 제정되기 시작하였다. 주택임대차, 농지임대차관계에서 특별법이 마련되었고, 그로부터 다시 20년이 지난 후에는 상가건물임대차관계까지 특별법이 마련되었다. 현재 주택임대차에 관한 특별법은 주택임대차보호법이다.

임차건물이 주거용과 비주거용으로 겸용되는 경우(오피스텔)에는 주택임대차보호법이 적용된다.[233] 하지만 여관을 임차하여 경영하

232) F. Terré, Variations de sociologie juridque sur les biens : *Arch. phil. dr.* 1979, t. 24, *Les biens et les choses*, p. 17 et s., spéc. p. 21

233) 박해식· 박정삼, 주택임대차분쟁소송 [이론과 실무], 법률정보센타, 2006, 19면.

는 사람이 여관의 한 방을 내실로 사용하는 경우 또는 다방을 임차하여 경영하는 자가 다방에 딸린 방을 주거용으로 사용하는 경우[234]에 그 임대차는 주택임대차가 아닌 상가건물임대차이다. 따라서 주택임대차보호법이 아닌 상가건물임대차보호법이 적용된다.

2. 임차인

법인에게는 사무소가 있을 뿐 주거가 있을 수 없다(민법 제33조). 따라서 법인이 임차인인 경우에는 주택임대차보호법이 적용되지 않는다.[235] 다만 다음 두 법인에게는 주택임대차보호법의 일부 조항이 적용된다. 첫째, 주택도시기금을 재원으로 하여 저소득층 무주택자에게 주거생활 안정을 목적으로 전세임대주택을 지원하는 법인이 주택을 임차한 후 지방자치단체의 장 또는 그 법인이 선정한 입주자가 그 주택을 인도받고 주민등록을 마쳤을 때에는 그 다음날부터 제3자에 대하여 효력이 생긴다(주택임대차보호법 제3조 제2항). 둘째, 중소기업기본법 제2조에 따른 중소기업에 해당하는 법인이 소속 직원의 주거용으로 주택을 임차한 후 그 법인이 선정한 직원이 해당 주택을 인도받고 주민등록을 마쳤을 때에는 그 다음 날부터 제3자에 대하여 효력이 생긴다(같은 조 제3항).

주택임대차보호법은 임차보증금액이나 임차인의 주택소유 여부에 따른 구분을 하지 않는다.

2000년대 들어서 학계에서는, 고액의 임대보증금을 제공하고 값

234) 대법원 1996. 3. 12. 선고, 95다51953 판결

235) 대법원 1997. 7. 11. 선고, 96다7236 판결; 대법원 2003. 7. 25. 선고, 2003다2918 판결

비싼 주택을 임차한 사람과 자신 소유의 주택을 가지고 있으면서 주택을 임차한 사람은 주택임대차보호법의 적용대상에서 제외하여야 한다는 주장이 제기된 적이 있다. 보호할 필요가 없는 이들까지 일률적으로 보호하는 것은 잘못이라는 것이다.[236] 고액의 임대보증금을 제공하고 값비싼 주택을 임차한 사람들을 제외하자면 상가건물임대차보호법 제2조를 본따서 주택임대차보호법 제2조를 개정하면 될 것이다. 그러나 필자는 이에 반대한다.[237] 값비싼 주택이든 값싼 주택이든 임차인의 주거이기 때문이다. 자신 소유의 주택을 가지고 있으면서 주택을 임차한 사람들을 제외하는 방안 역시 필자는 반대한다. 그 임차인의 주거는 자신이 소유하고 있는 주택이 아니라 임차한 주택이기 때문이다.

3. 일시사용을 위한 임대차

일시사용을 위한 임대차도 임차인에게 대가를 받고 목적물의 사용수익을 허용하는 임대차이지만, 일시적 성격으로 인하여 통상의 임대차와 다르다. 즉 언제라도 파기될 수 있는 임대차이다. 이 때 임대인은 단지 사용을 '허락'할 뿐이며 언제라도 허락를 철회할 수 있다. 임차인의 점유가 사실상 오래 계속되는지는 중요하지 않다. 중요한 것은 그 기간이 아니라[238] 계약체결시에 합의된 불안정성이다. 이 불안정성 때문에 명백히 일사사용을 위한 임대차나 전대차에는 민법 제628조, 제638조, 제640조, 제646조 내지 제648조,

236) 김 연, "부동산임차인의 강제집행절차상의 지위", 민사소송 3권(2000), 344면, 365면.
237) 이은희, "주택임차인 보호의 근거와 방법", 아세아여성법학 제12호(2009), 90면.
238) 최재석, "주택임대차분쟁조정제도와 협상", 협상연구 제20권 제2호(2017), 한국협상학회, 123면에서는 '일시사용'의 개념이 상대적인 것이라고 한다.

제650조 및 제652조의 규정이 적용되지 않고(민법 제653조), 목적물이 주택인 경우에는 주택임대차보호법이, 상가건물인 경우에는 상가건물보호법이 적용되지 않는다(주택임대차보호법 제11조, 상가건물임대차보호법 제16조).

일시사용하기 위한 임대차임이 명백한 경우에는 최단기간이나 묵시적 갱신에 관한 주택임대차보호법이 적용되지 않는다. 그 결과 일시적 불용 공간을 타인에게 사용하도록 할 수 있는 이점이 있는 반면, 강행규정의 적용을 회피하기 위한 수단으로 사용될 위험이 있다.

이점은 살리고 위험은 줄이기 위해서는, 명백히 일시사용을 위한 임대차인지 여부에 대한 판단을 당사자의 의사뿐만 아니라 계약체결 경위에 비추어 하여야 한다. 당사자의 의사만으로는 충분하지 않고 정당한 이유가 있어야 한다. 즉 명백히 일시사용을 위한 임대차라고 하기 위해서는, 그 기간이 있든 없든, 예외적인 상황을 이유로 하여 점유를 허용하고 그 점유는 당사자의 의사 이외의 원인으로 종료되도록 하는 합의이어야 한다. 가령 목적물의 철거나 재개발을 기다리거나 소송결과를 기다리는 중에 하는 임대차를 생각할 수 있다. 또한 임대인의 법적 지위가 임차인에게 안정적인 권리를 부여할 수 없는 경우를 생각할 수 있다. 가령 원룸 임차인이 방학동안 고향에 내려가 있으면서 그 방을 친구에게 무단전대하는 경우가 그러하다.

일시사용을 위한 임대차를 하는 이유가 실재하고 그것이 탈법행위라고는 전혀 볼 수 없는 때에는 통상의 임대차와 구별하여 취급하여야 한다. 하지만 그렇지 않은 경우에는 달리 취급하여서는 안된다.

4. 미등기 전세

주택 소유자에게 계약 당초에 뭉칫돈을 한꺼번에 주고 그 이자로써 충당하는 방법으로 주택을 빌린 사람이 꼭 전세권자인 것은 아니다. 빌리는 사람 이름으로 전세권설정등기를 경료해야만 전세권이 된다. 현실에서 대부분의 전세는 전세권설정등기가 되어 있지 않은 '미등기 전세'이다. 미등기전세에는 주택임대차보호법을 준용한다(주택임대차보호법 제12조).

Ⅱ. 주택임대차보호법의 성격

〈법조문〉

주택임대차보호법 제1조, 제10조

제1조 — 이 법은 주거용 건물의 임대차에 관하여 「민법」에 대한 특례를 규정함으로써 국민 주거생활의 안정을 보장함을 목적으로 한다.

제10조 — 이 법에 위반된 약정(約定)으로서 임차인에게 불리한 것은 그 효력이 없다.

1. 민법에 대한 특별법

주택임대차보호법은 민법에 대한 특별법이다. 따라서 특별법우선의 원칙이 적용된다. 가령 주택임대차의 묵시의 갱신에 관하여는 민법 제639조가 아닌 주택임대차보호법 제6조가 적용된다.

2. 편면적 강행규정

주택임대차보호법에 위반된 약정으로서 임차인에게 불리한 것은 그 효력이 없다(주택임대차보호법 제10조).

3. 실체법규정과 절차법규정의 병존

주택임대차보호법의 조문은 모두 39개이다. 이 중 16개 조문(제14조부터 제29조까지)은 주택임대차분쟁조정에 관한 것으로서, 절차법적 규정이다.

Ⅲ. 주택임대차보호법의 규율내용

1. 임차인의 주거안정성 보장

주택임대차보호법의 본질적인 임무는 임차인에게 주거안정성을 보장하는 것이다. 이 안정성은 이중적인 방법으로 보장된다. 즉 적정차임(1)을 지불하고 일정기간(2) 거주할 수 있도록 하는 것이다. 하지만 주택임대차보호법은 '임대목적물과 차임의 균형'이라는 적정차임의 문제를 외면하였고, 기간의 보장을 미흡하게 제공하였다.

(1) 적정차임의 문제

주택의 임차인은 한 번 임대차계약을 체결하면 적어도 임대차기간 동안은 임대료의 인상 부담 없이 마음놓고 그 곳에 거주할 수 있다.[239] 그런데 한번 정하여진 임대보증금 또는 임대료가 그 후의

사정의 변경으로 인하여 증감되는 경우가 두 가지 있다.240)

첫째, 임대주택의 일부가 임차인의 과실 없이 멸실되었다든가 하여 사용·수익할 수 없는 때에는 임차인은 그 부분의 비율에 따른 감액을 청구할 수 있다(민법 제627조 제1항). 임대료는 임차주택의 사용수익에 대한 대가이기 때문이다.

둘째, 임대주택에 대한 공과부담의 증감 기타 경제사정의 변동으로 인하여 약정한 임대보증금 또는 임대료가 상당하지 않게 된 때에는 당사자는 장래에 대한 임대료의 증감청구권이 있다(민법 제628조, 주택임대차보호법 제7조). 임대차계약은 계속적 계약이기 때문에 사정변경의 원칙이 적용되는 것이다. 그러나 증액하는 경우에는 연 5%를 초과하지 못한다(주택임대차보호법시행령 제8조). 이는 1983년에 주택임대차보호법을 1차 개정하면서 도입된 제한이다.

주택임대차보호법은 사정변경으로 인한 차임증액의 경우 외에는 차임 또는 보증금액에 대한 통제를 하지 않는다. 대법원 1993. 12. 7. 선고, 93다30532판결에서 판시하듯이, 주택임대차보호법 제7조 및 주택임대차보호법시행령 제8조는, 임대차계약의 존속 중 당사자 일방이 약정된 차임 등의 증감을 청구한 때에 한하여 적용되고 임대차계약이 종료된 후 재계약을 하거나 그 종료전이라도 당사자의 합의로 차임 등을 증액하는 경우에는 적용되지 않는다. 그 결과 임대인은 재계약을 앞둔 임차인에게 차임인상을 자유로이 요구하였다.

1960년대 이래 한국은 인구증가와 핵가족화로 인하여 주택부족 현상이 심화되었다. 1960년부터 1985년까지 가구수 증가율은 114%

239) 곽윤직 편집대표, 「민법주해 [XV]」, 채권 (8), 박영사, 1997, 250면(민일영 집필부분).
240) 조승현·이은희, 「재산법 I」, 한국방송통신대학교출판부, 2002, 207면.

인 반면 주택증가율은 81%밖에 되지 않았다.[241] 1990년에는 총 가구수는 1,100만가구인 데 비해, 약 740만채의 주택이 있었다.[242] 이처럼 주택 자체가 절대 부족한데도, 1997년 경제위기 전에 주택금융전문기관에 의한 주택건설금융 규모는 매우 미미했다. 대신 비공식적인 주택금융인 전세제도와 선분양제도를 이용하여 주택의 신축이 이루어졌다. 그런데 그 제도들의 파생물인 전세금과 분양권 프리미엄이 주택소유주의 주택투기수단으로 이용되면서[243] 주택소유가 편중되고 주택가격이 상승하였다. 주택가격의 상승은 전세금의 상승으로 이어졌다. 그 결과 임차인들은 무거운 주거비를 부담하여야 했다.[244]

(2) 기간의 문제

주택임대차보호법상 임대차의 기간은 2년보다 짧을 수 없다. 그리고 임대차가 종료하는 데에는 임대인의 갱신거절의 통지가 필요하고 통지가 없는 때에는 임대차가 묵시적으로 갱신된다. 이러한 장치는 임차권의 안정성을 개선하기는 하였지만, 외국의 입법례에 비추어보면 매우 미미한 수준의 보호였다. 최단기간만 준수하면 임대인의 갱신거절이 자유롭기 때문이다.

2001년 말에 제정된 상가건물임대차보호법은 전체 임대차기간이 10년을 초과하지 않는 범위에서 임차인이 계약갱신을 요구하면 임

---

241) 서울의 경우 가구수 증가율은 537%인 반면 주택증가율은 442%였다.

242) 따라서 최소한 360만 가구는 주택의 일부에 살 수밖에 없었다.

243) 1970년대 강남개발을 통해 주택가격 상승을 주도한 서울을 중심으로 주택투기가 진행되었다.

244) 1987년 건설부 조사에 따르면 전세살이, 월세살이를 하는 사람의 임대료 부담은 평균 소득의 27%에 이르렀다.

대인은 정당한 사유 없이 이를 거절하지 못하도록 하였다(제10조). 상가건물임대차법과 달리, 주택임대차보호법은 계약기간이 끝난 이후의 계약갱신은 임대인과 임차인의 사적 자치에 맡겨 두고 있다. 하지만 주택임차인의 주거안정을 위해서는 무엇보다도 임대차계약기간이 끝난 이후 적정한 조건으로 계약갱신이 적정하게 이루어져야 한다.[245] 상가건물임대차보호법에서 규정하는 바와 같은 계약갱신요구권을 주택임차인에게도 인정하여야 한다.[246]

2. 임차보증금의 보호

전세제도가 활발히 이용되던 시기에 탄생한 주택임대차보호법은[247] 임차인의 '소득증발'현상을 막기 위해 임차보증금반환문제를 매우 중시하였다.

(1) 임대차 종료시

임대차가 종료하면 임대인의 보증금반환의무와 임차인의 목적물반환의무가 동시이행관계에 있다.[248] 그런데 임대차종료후 임대인이 목적부동산을 제3자에게 매도해 버리면 임차인은 제3취득자의 명도청구에 대하여 동시이행의 항변을 할 수 없다. 1983년에 1차

245) 고상룡, "주택임대차보호법의 민법화에 관한 의문점", 법률신문 제1408호(1981. 8), 5면.

246) 고영남, "주택임대차보호법의 한계와 공공성의 포기", 민주법학 23호(2003), 161면; 이은희, "상가건물임차인의 계약갱신요구권", 민사법학 26호(2004), 140면.

247) 당시 임차인의 소득이 많을수록 또한 도시지역일수록 전세를 선호하였고, 임차인의 소득이 적을수록 또한 농촌지역일수록 월세가 많았다.

248) 대법원 1977. 9. 28 선고, 77다1241 · 1242 판결.

개정시에 신설된 주택임대차보호법 제4조 제2항은 “임대차가 종료된 경우에도 임차인이 보증금을 반환받을 때까지는 임대차관계가 존속되는 것으로 본다”고 하여 이 문제를 해결하였다.

(2) 임대주택이 경매에 부쳐지는 경우

임대인이 자신의 자력에 비해 지나치게 많은 채무를 짐으로써 결국 임대인의 채권자들에 의해 임대주택이 경매에 붙여지는 경우가 있다. 이 때 임차인으로서는 목적부동산의 경락대금으로부터 임차보증금액을 배당받는 방법을 생각할 수 있다. 그런데 집행법원에 배당요구를 할 수 있으려면 임차인이 민사집행법 제88조 제1항의 요건을 갖추어야 한다. 즉 임차인이 집행력 있는 정본을 가진 채권자이거나, 경매개시결정이 등기된 뒤에 가압류를 한 채권자, 또는 민법·상법, 그 밖의 법률에 의하여 우선변제청구권이 있는 채권자이어야 한다. 민법상 마련된 우선변제청구권 취득방법은 전세권등기이다(민법 제303조). 그러나 주택임대인들이 전세권등기를 해 주려 하지 않는다. 임차인으로서는 전세권등기 없이도 과연 보증금을 제대로 돌려받을 수 있을지 불안하지만 주거를 구하자(주택을 임차하자)면 보증금을 지급하는 수밖에 없다.[249] 따라서 임차인으로서는 임차보증금의 우선변제청구권을 획득할 다른 방법이 필요하다.

249) 보증금을 지급받은 임대인은 민법에 열거되어 있는 법정담보물권이나 공동임차인의 연대채무, 즉시해지권 등을 활용할 필요가 거의 없다. 임대차종료시 임차인에게 연체차임이나 손해배상채무가 있으면 보증금에서 그만큼을 공제한 잔액만을 반환하면 되기 때문이다(대법원 1987. 6. 23. 선고, 87다카98판결 참조).

(가) 소액보증금의 보호

1982년에 정부는 소액보증금 우선변제권을 인정하는 주택임대차보호법 1차 개정안을 제출하였는데, 그 이유로 "주택문제는 국민생활의 가장 기본문제이므로 주택임대차보호법을 사회법적 차원에서 수정·보완하여 무주택영세민을 적극보호하려는 것"이라고 밝혔다.[250]

1차 개정을 앞둔 시점에 경향신문[251]은 약한 셋방살이 서민을 보호하고자 하는 법제가 강한 임차권자 또는 약하지 않은 임차권자를 보호하는 일이 없도록 배려하여야 한다고 하였다. 이러한 주장은 주택임차인 중에는 약자가 아닌 사람도 있다는 것을 전제하며, 약자인 임대인도 있음을 항변한다.[252] 이러한 반발 혹은 우려에도 불구하고 소액임차보증금 보호제도가 도입되었다.[253]

즉 주택임대차보호법 제8조는 임차보증금이 소액인 임차인에게 우선변제권을 부여한다. 즉 임차보증금액이 소액인 주택임차인이, 건물에 대한 경매신청의 등기 전에 건물의 인도와 주민등록을 마쳤다면, 보증금 중 일정액을 다른 담보물권자보다 우선하여 변제받을 권리가 있다(주택임대차보호법시행령 제4조, 제3조 제1항).

---

250) 제119회 국회 본회의 제21차 회의록 4면(법제사법위원장을 대리한 신철균의원의 심사보고).

251) 1982. 6. 19 자

252) 김기수 교수는 1982. 6. 28 자 법률신문에서 "주택임대차보호법에 대하여는 근본적인 문제로서 임차인의 보호라는 면에 치우친 나머지 임대인의 권리보호는 너무나 소홀히 한 감이 없지 않다. 현재 임대가옥의 집값을 보면 서울은 5천만원 미만, 지방은 2천만원 미만의 주택이 대부분이라는 것을 고려해 볼 때 결코 돈 많고 강한 지위에 있는 사람들이 임대인의 지위에 있는 경우는 드물다는 것을 알 수 있다. 게다가 임대인의 입장에서 볼 때 4-5개의 방중에서 자기가 사용하는 방은 불과 한 두 개에 지나지 않고 나머지 3-4개는 월세를 주어 거기에 나오는 차임으로 생계를 유지하는 경우도 허다한 실정이다. 과연 이러한 실정을 정확히 실태적으로 파악하여 개정시안이 만들어졌는지는 의문의 여지가 있다."고 하였다.

253) 이은희, "임대차법의 현황과 과제", 민사법학 제36호(2007), 한국민사법학회, 452면.

현재 충북지역의 경우 임차보증금이 5,000만원 이하인 주택임차인은 확정일자를 받지 않았더라도 또는 확정일자가 늦더라도 1,700만원은 최우선 변제받을 수 있다. 임차인의 보증금중 일정액이 주택의 가액의 2분의 1을 초과하는 경우에는 주택의 가액의 2분의 1에 해당하는 금액에 한하여 우선변제권이 있다.

하지만 주택임대차보호법은 여전히 임차인을 보호하기에 미흡했다.[254] 특히 선순위 담보권이 설정된 집에 임차인이 입주한 후 설정된 후순위 담보권의 실행으로 인한 피해로부터의 구제방법이 미비했다.

(나) 순위에 의한 보호

1) 대항요건 + 확정일자

신축주택의 경우 상당수의 소유자들이 은행으로부터 장기융자를 받고 그 담보로 1번 저당권을 설정한다. 대출금액이 크지 않고 그 상환기간이 장기여서 그 주택에 입주하려는 임차인은 1번 저당권에 대해 크게 개의치 않는다. 거주기간중 저당권실행의 염려가 거의 없기 때문이다. 그러나 그 후 설정된 2번 저당권이 피담보채권액도 고액이고 변제기도 단기여서 그에 기한 경매에 들어가면 결국

254) 한국소비자보호원은 1988년 8월에 행한 임대차실태조사를 바탕으로 ① 적기의 전세금반환확보방법이 미비하고 ② 차임 또는 보증금 등의 무리한 인상요구에 대한 규제가 미비하며 ③ 선순위 담보권이 설정된 집에 입주한 후 설정된 후순위 담보권의 실행으로 인한 피해로부터의 구제방법이 미비하고 ④ 주민등록 전입신고를 하지 않거나 늦게 하여 피해가 발생하며 ⑤ 전세권등기가 어려우며 ⑥ 영세소형상가의 피해구제방법이 미비하며 ⑦ 전세계약의 최소보장기간이 1년으로 되어 있어 보증금인상의 주원인이 되고 있으며 ⑧ 소액보증금의 보호한도액이 적정하지 않으며 ⑨ 부동산중개인의 사기행위 등에 대한 규제가 미비하며 ⑩ 주택임대차보호법의 홍보 및 세입자의 권리의식이 미약하다는 점을 지적하였다. 한국소비자보호원 국민생활법령정비위원회, 주택임대차실태조사결과보고서(1988. 9), 17-22면.

임차인은 경락인에게 임차권을 대항할 수도 없고[255] 보증금반환도 받지 못하는 상황에 처하게 되었다. 이런 불합리를 시정하기 위하여 1989년 주택임대차보호법의 제2차 개정에 의해서 대항요건을 갖춘 임차인이 후순위권리자보다 보증금을 우선변제받을 권리에 관한 규정이 마련되었다. 즉 대항요건을 갖춘 주택임차인은 임대차계약서에 확정일자[256]를 받아서 우선변제권을 가질 수가 있다(주택임대차보호법 제3조의2 제2항).

우선순위의 부여기준으로서의 대항요건과 확정일자는, 공시기능면에서 문제점은 있지만, 소액보증금 보호에서와는 달리 '시간적으로 앞선 권리가 우선한다'는 원칙(first in time rule)을 어겨가며 임차인을 보호하지는 않는다. 그리하여 헌법재판소는 주택임대차보호법 제3조의2 제2항에 대하여 합헌결정을 내린 바 있다.[257] "경제적 약자인 상당수 국민들이 임대차, 전세, 월세 등의 명목으로 임차주택에 살고 있고 주거생활의 안정은 국민의 인간다운 생활에 가장 기본이 되는 요소임을 생각해 볼 때, 이 법률조항에 의하여 보호하려는 국민들의 주거생활의 안정이라는 이익은 임차주택의 소유자, 후순위권리자 등 이해관계인의 이익보다 훨씬 더 크"기 때문이다.

선착순 원칙에만 비추어보면 이 규정이 오히려 저당권자를 우대하고 있다. 그 이유는 다음과 같다. 임차권과 저당권이 동일한 부동산등기부에 나란히 등기된 경우에는 앞서 등기된 권리가 우선한다. 두 권리에 대한 등기신청이 같은 날 이루어진 경우에도 순위번호에

255) 대법원 1987. 2. 24. 선고, 86다카1936 판결.
256) 본래 이 확정일자는 등기소에서 받아야 하였으나 1997년 9월 1일부터는 동사무소에서도 확정일자를 받을 수 있게 되었다.
257) 헌법재판소 1998. 2. 27, 97헌바20 결정.

의해 전후를 가리게 된다(부동산등기법 제4조 제2항). 그런데 주택임차인이 임차권등기를 하지 않고 주택임대차보호법 제3조 제1항의 대항요건, 즉 임차주택점유와 주민등록이라는 요건을 갖춘 경우에는 요건을 갖춘 이튿날에 대항력을 취득하게 된다(주택임대차보호법 제3조 제1항). 따라서 저당권이 등기된 날과 주택임차인이 대항요건을 갖춘 날이 같은 경우에는 저당권이 우선한다. 그 예는 대법원 1997. 12. 12. 선고, 97다22393 판결에서 볼 수 있다. 저당권자가 임차인을 상대로 배당이의를 제기하여 승소하였는데, 주택임차인이 대항요건 및 확정일자를 갖춘 날에 저당권설정등기가 행해졌을 때 저당권자가 우선순위를 가지기 때문이었다.[258] 주택임차인이 주택임대차보호법상의 대항요건을 갖춘 즉시 대항력을 취득하지 않고 그 다음날 대항력을 취득하도록 하는 이유에 대하여 대법원 1997. 12. 12. 선고, 97다22393판결은 다음과 같이 말한다.

> "인도나 주민등록이 등기와 달리 간이한 공시방법이어서 인도 및 주민등록과 제3자 명의의 등기가 같은 날 이루어진 경우에 그 선후관계를 밝혀 선순위 권리자를 정하는 것이 사실상 곤란한 데다가, 제3자가 인도와 주민등록을 마친 임차인이 없음을 확인하고 등기까지 경료하였음에도 그 후 같은 날 임차인이 인도와 주민등록을 마침으로 인하여 입을 수 있는 불측의 피해를 방지하기 위하여 임차인보다 등기를 경료한 권리자를 우선시키고자 하는 취지…"

이에 대해서 다음과 같은 의문을 제기할 수 있다. 첫째, 인도 및 주민등록과 제3자 명의의 등기가 같은 날 이루어진 경우에 그 선후관계를 밝혀 선순위권리자를 정하는 것이 곤란하다면 그 둘을 동

258) 이 사건에서 주택을 임대하고 저당권을 설정한 소유자는 건설회사였다. 즉 그 주택은 임대주택법의 적용을 받는 임대주택이었다.

순위권리자로 보는 것이 옳지 않은가? 둘째, 임차인이 저당권자가 없음을 확인하고 입주와 주민등록까지 마쳤음에도 그 후 같은 날 저당권자가 등기를 경료함으로 인하여 입을 수 있는 불측의 피해를 방지하여야 할 필요성은 없는가?

필자의 생각에는 임차인이 인도 및 주민등록을 갖춘 즉시 대항력을 취득하도록 하는 것이 옳다.[259] 인도 및 주민등록과 제3자 명의의 등기가 같은 날 이루어진 경우에는 그 선후관계를 밝혀 선순위권리자를 정하되 입증되지 않는 경우에는 그 둘을 동순위권리자로 보는 것이 옳다. 그리고 임차권등기의 단독신청을 허용한다면, 순위 분별의 어려움을 해결할 수 있을 것이라고 생각한다.

2) 임차권등기

민법 제621조의 규정에 의한 임차권등기를 한 주택임차인도 우선변제권이 있다(주택임대차보호법 제3조의4 제1항). 주택임차인이 민법 제621조의 규정에 의한 임차권등기 전에 이미 대항력 또는 우선변제권을 취득한 경우에는 그 대항력 또는 우선변제권은 그대로 유지된다. 임차권등기 이후에는 대항요건을 상실하더라도 이미 취득한 대항력 또는 우선변제권을 상실하지 않는다.

임대차가 종료된 후 보증금을 반환받지 못한 주택임차인은 임차건물의 소재지를 관할하는 법원에 임차권등기명령을 신청할 수 있다(주택임대차보호법 제3조의3 제1항). 임차권등기명령의 집행에 의한 임차권등기가 이루어지면 임차인은 대항력 및 우선변제권을

259) 같은 견해 : 곽윤직 편집대표, 앞의 책(주237), 215면(민일영 집필부분); 윤천희, "주택임차권의 대항력의 득실에 관한 문제(상)", 판례월보(1987. 5), 판례월보사, 53면.

취득한다. 임차인이 임차권등기 전에 이미 대항력 또는 우선변제권을 취득한 경우에는 그 대항력 또는 우선변제권은 그대로 유지된다. 임차권등기 이후에는 주택임대차보호법 제3조 제1항의 대항요건을 상실하더라도 이미 취득한 대항력 또는 우선변제권을 상실하지 않는다(주택임대차보호법 제3조의3 제5항).

3. 주택임대차분쟁조정위원회

(1) 위원회의 조직과 권한

주택임대차분쟁조정위원회는 2016년에 개정된 주택임대차보호법이 2017년 5월 시행되면서 처음 도입되었다.

(가) 조직

주택임대차보호법의 적용을 받는 주택임대차와 관련된 분쟁을 심의·조정하기 위하여 대통령령령으로 정하는 바에 따라 법률구조법 제8조에 따른 대한법률구조공단의 지부에 주택임대차분쟁조정위원회를 둔다(주택임대차보호법 제14조 제1항 제1문). 특별시, 광역시, 특별자치시, 도 및 특별자치도는 그 지방자치단체의 실정을 고려하여 조정위원회를 둘 수 있다(같은 항 제2문).

조정위원회는 위원장 1명을 포함하여 5명 이상 30명 이하의 위원으로 구성된다. 조정위원은 주택임대차에 관한 학식과 경험이 풍부하고 일정 경력요건을 갖춘 교수, 변호사, 감정평가사, 공인회계사, 법무사, 공인중개사, 사회복지법인 등에서 주택임대차분쟁 상담에 종사한 자, 세무사, 주택관리사, 건축사 등 다양한 관련분야 전문가 중에서 공단 이사장이 임명 또는 위촉한다(같은 법 제16조 제1항, 제2항, 제3항, 시행령 제25조). 국가공무원 임용 결격사유에 해당하는 사람은 조정위원이 될 수 없고(같은 법 제18조) 조정위원은 행정법상 공무수탁 사인의 지위에 있다. 조정위원의 임기는 3년이고 연임할 수 있다(같은 법 제16조 제7항). 위원장은 변호사위원 중에서 위원들이 호선하고, 위원장은 조정위원회를 대표하여 그 직무를 총괄한다(같은 조 제4항, 제5항).

조정위원회는 3명의 조정위원으로 구성된 조정부를 둘 수 있다. 조정부에는 변호사 자격이 있는 위원이 1명 이상 포함되어야 하고 그 중에서 위원장이 조정부의 장을 지명한다.

(나) 권한

주택임대차 분쟁조정위원회는 주택임대차와 관련된 분쟁을 심의·조정한다. 주택임대차보호법은 분쟁의 예로서 다음과 같은 것을 열거하고 있다(주택임대차보호법 제14조 제2항, 시행령 제22조) : 차임 또는 보증금의 증감에 관한 분쟁, 임대차기간에 관한 분쟁, 보증금 또는 임차주택의 반환에 관한 분쟁, 임차주택의 유지·수선의무에 관한 분쟁, 임대차계약 내용의 해석에 관한 분쟁, 임대차계약의 갱신·종료에 관한 분쟁, 주택임대차표준계약서 사용에 관한 분쟁.

조정부는 보증금이 일정 금액 이하인 분쟁 또는 조정으로 주장하는 이익의 값이 2억원 이하인 분쟁의 심의·조정한다. 조정위원회는 필요한 경우 그 외의 사건도 특정하여 조정부에 위임할 수 있다.

조정위원회의 의결은 재적위원 과반수의 출석과 출석위원 과반수의 찬성으로 한다(같은 법 제16조 제8항). 조정부 역시 재정위원 과반수의 출석과 출석위원 과반수의 찬성으로 의결한다(같은 법 제17

조, 시행령 제28조, 제29조). 회의는 비공개로 하고 회의록에 참여 조정위원이 서명 또는 기명날인한다(시행령 제26조 제2항, 제4항).

(2) 위원회의 조정절차

(가) 조정신청

주택임대차분쟁의 당사자는 해당 주택이 소재하는 지역 관할 조정위원회에 서면 또는 구두로 분쟁조정을 신청할 수 있다(주택임대차보호법 제21조 제1항).

(나) 조정절차의 개시

조정위원회는 조정신청을 접수한 즉시 피신청인에게 조정신청서 부본과 '조정참여의사확인서 및 답변서' 양식을 송달한다. 이 때 조정위원회는 피신청인에게 조정절차 및 조정의 효력 등 분쟁조정에 관한 사항을 안내한다(주택임대차보호법 제22조 제1항, 시행령 제32조). 피신청인의 주소불명 등으로 송달할 수 없는 경우 신청인에게 주소보정을 요구하고 주소보정이 안되거나 불가능한 경우 조정신청을 각하한다(법률구조공단 규칙 제20조).

피신청인이 송달받은 날로부터 7일 이내에 조정에 응하고자 하는 의사를 조정위원회에 통지하면 조정절차가 개시된다(주택임대차보호법 제22조 제2항). 반면 피신청인이 조정불응의사를 밝히거나 송달일로부터 7일을 도과하기까지 아무런 의사표시를 하지 않으면 조정위원회는 조정신청을 각하하여 사건을 종결한다(같은 법 제21조 제3항 제5호).

조정위원회는 해당 분쟁이 그 성질상 조정을 하기에 적당하지 아니하다고 인정하거나 당사자가 부당한 목적으로 조정을 신청할 것으로 인정할 때에는 조정을 하지 아니할 수 있고, 이 경우 그 사실을 당사자에게 통지한다(같은 법 제25조).

(다) 조사 및 심리

조정심리절차상의 주장, 입증, 심증형성과 관련하여서는 민사조정법상의 직권주의 방식(민사조정법 제22조)이 준용된다(주택임대차보호법 제29조).

조정처리기간은 조정신청을 받은 날로부터 60일이다(같은 법 제23조). 조정위원회는 분쟁조정사건을 분리하거나 병합할 수 있다(같은 법 시행령 제26조 제1항).

조정위원회는 조정을 위하여 필요하다고 인정하는 경우 신청인, 피신청인, 분쟁 관련 이해관계인 또는 참고인에게 출석하여 진술하게 하거나 조정에 필요한 자료나 물건 등을 제출하도록 요구할 수 있다. 그리고 조정위원 또는 사무국의 직원으로 하여금 조정 대상물 및 관련 자료에 대하여 조사하게 하거나 자료를 수집하게 할 수 있다. 또한 시장, 도지사에게 해당 조정업무에 참고하기 위하여 인근지역의 확정일자 자료, 보증금의 월차임 전환율 등 적정 수준의 임대료 산정을 위한 자료를 요청할 수 있다(같은 법 제24조).

(라) 조정

조정위원회가 조정안을 작성한 경우에는 그 조정안을 지체없이 각 당사자에게 통지한다. 조정안을 통지받은 당사자 중 어느 쪽이든 통지받은 날로부터 7일 이내에 수락의 의사를 서면으로 표시하지 아니한 경우에는 조정을 거부한 것으로 본다. 반면 통지받은 당사자 모두가 조정안을 수락한 경우에는 조정안과 동일한 내용의 합의가 성립된 것으로 본다.

위와 같은 합의가 성립한 경우 위원장은 조정안의 내용을 조정서로 작성한다(주택임대차보호법 제26조). 강제집행을 승낙하는 취지의 내용이 기재된 조정서의 정본은 민사집행법 제56조에도 불구하고 집행력 있는 집행권원과 같은 효력을 갖는다. 다만 청구에 관한 이의의 주장에 대하여는 민사집행법 제44조 제2항을 적용하지 아니한다(같은 법 제27조).

Ⅳ. 주택임대차보호법의 민법화 방안

민법과 임대차특별법의 통합을 반대하는 사람들은 임차인보호를 위한 조문을 민법에 두는 것은 일반법으로서의 민법의 성격에 맞지 않는다고 한다.[260] 특별법의 수를 줄이는 것이 바람직하지만, 임차인보호를 위한 특별법은 현실에서 임차인보호의 필요성이 약화되어야 비로소 민법전에 흡수할 수 있다고 한다.[261] 그보다는 임차인을 실효있게 보호할 수 있도록 특별법을 개정하는 게 필요하다고 한다.

필자는 민법의 현실적합성을 높이는 차원에서 민법과 주택임대차보호법의 통합을 지지한다.[262] IMF 위기 당시 급격한 사회상황의

260) 고상룡, 앞의 논문(주 245), 민일영, “주택임대차보호법에 관한 제문제”, 민사판례연구 제12집(1990), 민사판례연구회, 485면.

261) 민일영, 위의 논문(주 260), 486면.

262) 윤철홍, “상가건물임대차보호법의 주요내용과 문제점”, 법률신문(2002. 1. 31); 이은희,

변화로 인한 개정요구가 민법전 자체가 아닌 이자제한법이나 주택임대차보호법과 같은 민사특별법에 일어났다는 점은, 민법전이 그만큼 사회현실로부터 동떨어져 있다는 징표이다. 민법이 명실상부한 시민생활의 기본법이라면 임대차관계에 대한 사회변화의 영향이 민법전의 개정요구로 이어졌을 것이다. 민법전은 그 규율대상을 한정적으로 상정함으로써 기본법으로서의 사명을 다하지 못하고 있다. 계약자유가 원칙으로서의 지위를 잃지 않도록 하기 위해서 약자보호를 민법전에서 배제한다면 민법전은 법적용에 있어서 특별법의 보조역할을 하는 데 그치게 된다. 어떤 법률관계가 일반적인 것인지 아니면 특수한 것인지는 계약자유의 원칙이 적용될 수 있는지가 아니라 일반 시민들 사이의 법률관계인지에 따라 판단되어야 한다. 그러므로 주택임대차보호법의 실체법적 내용은 민법전에 흡수되어야 한다.

민법이 주택임대차보호법의 실체법적인 내용을 흡수한다면 민법전의 임대차규정이 크게 달라질 것이다. 계약자유는 더 이상 원칙적인 규율원리가 되지 못할 것이다. 계약자유에 기초한 타인물건의 용익은 용익물권법에 맡기고 임대차법은 계약공정을 규율원리로 삼게 될 것이다. 계약자유와 계약공정은 그 상위원리인 권리능력평등의 원칙 아래에서 민법전 안에 공존할 수 있다.

권리능력평등의 원칙은 모든 사람이 권리의 주체가 될 수 있다는 사상이다. 민법은 제3조에서 "사람은 생존한 동안 권리와 의무의 주체가 된다"고 규정하고 있는데 이것은 권리능력평등의 원칙을

"한국 계약법의 개정방향", 법학연구 제11권(2000), 충북대학교 법학연구소, 215-226면; 정승렬, "상가건물임대차보호법 시행 1년의 회고와 전망", 법조 제53권 4호(2004. 4), 법조협회, 239면.

전제로 하고 있다.[263] 근대에 이르러 확립된 권리능력평등의 원칙은 모든 개인이 타인의 지배를 받지 않는 자유로운 독립적 지위를 누리게 하려는 사상에서 나온 것이다.[264] 그런데 많은 임대차관계에서의 당사자들은 권리능력에 있어서는 물론 평등하지만 경제적으로는 대등하지 않기 때문에 계약체결에 있어 다같이 자유롭지는 않다. 그렇다면 임대차관계를 규율하는 데 있어 사회 경제적 약자인 임차인을 보호하는 것은 권리능력평등의 원칙에 의해 정당화된다. 이것은 헌법상 평등의 원리가 형식적 평등을 보장하는 것에서 실질적 평등을 보장하는 것으로 발전한 것과 같은 이치이다. 즉 권리능력평등의 원칙은 私人들의 법률관계를 규율하는 데 있어 계약자유를 정당화할 뿐만 아니라 사회적 약자 계층을 보호하는 것을 정당화한다.

제3절 약관의 규제에 관한 법률

Ⅰ. 약관규제법의 적용범위

주택임대차계약이 약관을 사용하여 체결되는 때에는 약관의 규제에 관한 법률이 적용된다.

약관규제법은 특수한 분야의 약관에 대하여는 적용되지 않는데, 그것은 다음 세 분야이다(제30조 제1항). 첫째, 상법 제3편, 즉 회사법 분야의 약관에는 약관규제법이 적용되지 않는다. 둘째, 근로기준법 분야의 약관에는 약관규제법이 적용되지 않는다. 셋째, 대통령

263) 곽윤직 편집대표, 「민법주해[Ⅰ], 총칙(1)」, 박영사, 1992, 237면(양삼승 집필부분).
264) 김증한, 「민법총칙」, 박영사, 1985, 71면.

령이 정하는 비영리사업분야에 속하는 계약에는 약관규제법이 적용되지 않는다. 주택임대차계약은 이 중 어디에도 속하지 않는다.

II. 약관규제법의 성격

1. 민법에 대한 특별법

약관규제법 제1장과 제2장은 사법의 영역에 속한다. 약관이 계약의 내용으로 되기 위한 요건(명시 설명의무)은 계약성립에 관한 특칙이고, 약관해석의 원칙은 계약해석에 관한 특칙이며, 약관에 대한 내용통제는 계약의 효력요건에 대한 특칙이다. 계약의 성립에 관한 민법의 규정이 약관규제법에 의하여 변용되고, 민법에 의하면 유효한 것으로 인정될 약관조항이 약관규제법의 적용에 의하여 무효로 된다. 민법상의 임의규정이 약관계약에 관한 한 강행규정으로 된다. 따라서 약관규제법은 민법의 계약관련조항에 대한 특별법이라고 할 수 있다.

2. 약관규제에 관한 일반법

약관규제법은 약관규제에 관한 일반법이다. 특정한 거래분야의 약관에 대하여 다른 법률에서 특별히 규정하고 있는 경우에는 그 특별규정이 약관규제법에 우선한다(제30조 제2항). 이는 특별법 우선의 원칙에 따른 것이다. 이러한 분야의 약관에 대하여는 약관규제법이 보충적으로 적용된다. 따라서 주택임대차계약과 관련하여서는 민간임대주택에 관한 특별법이 약관규제법에 우선한다.

3. 강행법규성

약관규제법은 강행법규이므로 계약 당사자간에 약관규제법의 적용을 받지 않기로 합의하였다 하여도 그 합의는 효력이 없다.

Ⅲ. 약관규제법의 규율내용

1. 약관의 편입통제

가. 임대사업자의 명시 · 설명의무(제3조)

임대사업자는 고객인 임차인이 약관 내용을 쉽게 알 수 있도록 작성하고 일반적으로 예상되는 방법으로 분명하게 설명해야 한다 이를 위배할 경우 임대사업자는 해당 계약조건을 계약의 내용으로 주장하지 못한다.

나. 개별교섭 우선(제4조)

약관에서 정하고 있는 사항을 사업자와 고객이 약관 .의 내용과 다르게 합의한 사항이 있을 때에는 그 합의 사항은 약관보다 우선한다.

2. 약관해석의 원칙(제5조)

약관은 신의성실의 원칙에 의해 해석되고 불분명할 경우 소비자에게 유리하게 해석해야 한다.

3. 불공정조항의 무효

약관규제법은 일반조항과 개별금지조항을 두어 불공정조항으로서 무효가 되는 경우들을 상세히 규정하고 있다. 이에 해당하는 약관조항은 '불공정약관조항'으로서 실체법상 무효가 된다.

이 때 계약은 나머지부분만으로 유효하게 존속다(제16조 본문). 다만 유효한 부분만으로는 그 목적달성이 불가능하거나 일방당사자에게 부당하게 불리한 경우에는 그 계약 전부를 무효로 한다(제16조 단서).

가. 신의칙에 반하여 공정을 잃은 경우(제6조).

공정거래위원회 의결 제93-209호는 임대차계약서 중 조항의 해석상 이의가 있는 경우에 임대인이 해석하는 바에 따르도록 한 조항은 고객에게 부당하게 불리하여 무효라고 하였다.

나. 사업자 측의 책임을 부당하게 면제하는 경우(제7조)

임대사업자가 민법 기타 법률에 의하여 부담하게 되는 손해배상 등의 책임을 면탈하거나 제한하고자 하는 조항, 즉 현재 또는 장래에 손해배상 등 책임을 부담할 자가 법규상 책임의 발생원인과 범위에 비하여 유리한 법적 취급을 받을 것을 정한 약관조항은 무효이다. 면책조항의 대상은 민법상 채무불이행책임, 불법행위책임, 계약체결상의 과실책임, 담보책임 등은 물론 특별법상의 책임에 두루 미친다.

공정거래위원회 의결 제93-209호는 주택임대계약서 중 임차인이 그 임대주택 및 내부 일체의 보수, 관리의 책임을 지도록 하는 것은 상당한 이유 없이 사업자의 담보책임을 배제 또는 제한하는 조항으로서 약관규제법 제7조 제3호에 해당하여 무효라고 하였다.

다. 고객에 대하여 과중한 손해배상액을 예정하는 경우(제8조)

임차인에게 부당하게 과중한 손해배상의무를 부담시키는 약관조항은 무효이다. 약관조항의 대상이 되는 손해배상의무에는 채무불이행에 따른 지연손해금, 전보배상, 위약벌 및 불법행위로 인한 손해배상 기타 명목의 여하를 불문하고 일체의 손해배상에 관한 예정을 포함한다.

(1) 연체료

공정거래위원회 의결 제93-209호는 주택임대차계약서 중 임차인이 납기일까지 임대료와 관리비 기타 비용을 납부하지 않을 경우에는 체납액에 대하여 10%에 해당하는 과태료를 가산 납부케 하며 과태료를 납부하지 않고 해당 월을 경과할 경우 매월 납부금액의 3%에 해당하는 과태료를 납부케 하는 조항은, 임대료 연체시 연체료는 금융기관에서 적용하는 연체금리 범위 안에서만 정할 수 있도록 한 임대주택건설촉진법시행규칙 제6조와 연 25%를 최고이율로 하는 이자제한법에 비추어, 약관규제법 제8조 위반으로 무효라고 하였다.

(2) 불법거주배상금

일반적으로 임차인이 계약기간 만료 후 임대인에게 건물을 명도하지 않을 경우에는 특별한 사정이 없는 한 명도시까지 임대료 상당의 부당이득을 지급하는 것으로 해결된다. 그럼에도 불구하고 〈“을”이 임대주택을 명도하여야 하는 날까지 “갑”에게 명도하지 아니하는 경우에는 “을”은 그 주택을 명도하여야 하는 날의 다음날로부터 명도일까지의 기간에 대해 관리비 외에 월임대료의 1.5배에 상당하는 금액을 “갑”에게 납부하여야 한다.〉는 약관조항에 근거하여, 주택공사 등 임대사업자들이 임차인들에게 계약기간 만료 후 임대료의 1.5배에 달하는 이른바 불법거주배상금을 물리는 관행이 있었다. 이에 공정거래위원회는 “계약위반에 대한 위약금의 약정은 손해배상액의 예정으로 추정되는 바, 임대차계약이 종료된 후에도 임차인이 임차물을 명도하지 않을 경우 특별한 사정이 없음에도 통상임대료의 2배에 해당하는 금액을 손해배상액으로 부담토록 정하고 있는 현행 약관조항은 고객에 대하여 부당하게 과중한 지연손해금등의 손해배상의무를 부담시키는 조항으로 약관법 제8조에 해당하여 무효”라고 심결하였다.

(3) 위약금

2007년 7월에 공정거래위원회는 대방건설(주)의 아파트 임대차계약서상 임차인이 중도 해지할 경우 임대보증금의 10%를 위약금으로 배상하도록 정한 조항이 ‘약관의 규제에 관한 법률’에 위반되어 무효라고 의결하고 이를 삭제 또는 수정하고 앞으로 사용하지 않도록 시정명령을 하였다.

〈사례2〉

부동산임대업을 목적으로 하는 A주식회사는 자신 소유의 Y 빌딩에 관하여 입주자와 임대차계약을 체결할 때 미리 인쇄하여 둔 임대차계약서를 이용하였다. 이 계약서에는 "임차인이 어떠한 사정으로 자기 소유물 또는 재산을 반출하지 못하였거나 임대차목적물을 원상으로 복구하지 못하였을 때에는 임대차계약이 종료한 날로부터 기산하여 명도 또는 복구된 날까지의 통상 차임 및 관리비, 임대차보증금 이자(월 1%로 계산) 합계액의 2배를 확정배상액으로서 임대인에게 지급한다"는 취지의 조항이 포함되어 있었다. A는 Y빌딩 중 5층부분을 사회복지서비스업을 목적으로 하는 B주식회사(상시 근로자수는 10명 미만임)에게 임대한 후 수차례에 걸쳐 이를 갱신해 왔다. 2014년 1월 1일 A와 B는 다시 임대차계약을 갱신하면서 위 임대차계약서를 사용하였는데, 그 중 공란으로 되어 있는 항목들에 관하여 임대차보증금은 4,000만원, 월 차임은 400만원, 관리비는 280만원, 임대차기간은 2014년 12월 31일까지로 정하였다. 그 뒤 AB간의 임대차계약이 종료됨에 따라 A가 B에게 임대차보증금을 반환함에 있어서, A는 B가 계약종료일로부터 30일이나 경과한 이후에 임대차목적물을 명도하였다는 이유로 2480만원만을 지급하였다. 이에 B는 A가 위 조항에 따라 계산한 확정배상액을 공제한 것은 부당이득에 해당한다고 주장하면서 A를 상대로 1520만원의 반환을 구하는 소송을 제기하였다. 법원은 B의 청구를 인용하여야 하는가?

라. 해지권의 배제, 제한, 확대조항

(1) 임차인의 해제권 또는 해지권의 배제 또는 제한(제9조 제1호)

법률이 임차인에게 부여하고 있는 해제권 또는 해지권을 배제하거나 그 행사요건 및 행사방법을 제한하는 약관조항은 약관규제법 제9조 제1호에 따라 무효이다. 그 배제나 제한에 상당한 이유가 있는지의 여부를 불문한다. 임대사업자의 귀책사유로 채무가 불이행 되거나 기타 임차인의 입장에서 계약관계를 존속하지 못할 사유가 발생하였음에도 임차인을 계약관계에 묶어두는 것은 심히 부당하기 때문이다.

임대사업자의 채무불이행에 따른 해제, 해지 외에 민법 기타의 법률이 정하는 임차인의 모든 해제, 해지권을 대상으로 한다.

민법은 임대차계약에 관하여 여러 해지사유를 규정하고 있다. 주택임대차의 민법상 종료원인으로는 임차인의 해지통고와 임대인의 즉시해지가 있다. 이 중 제635조와 제638조, 제640조, 제641조는 강행규정이나 나머지는 임의규정이다. 임의법규라 하더라도 그 규정을 일탈하는 약관조항은 무효이다(약관규제법 제9조 제1호)

따라서 임차인의 해제, 해지권을 정면으로 배제하는 약관조항은 무효이다. 법정의 해제, 해지의 사유를 축소하거나 법률이 정하지 않은 요건을 부가하는 약관조항도 무효이다. 임차인의 해제, 해지권을 포기하는 약관조항, 임대사업자가 정당하다고 인정하는 경우에 한하여 해제, 해지할 수 있다고 하는 약관조항 등은 무효이다.

(2) 임대사업자의 해지권의 확대(제9조 제2호)

임대사업자 측의 해제, 해지권을 법률이 규정하는 이상으로 확대 또는 완화하는 조항은 무효이다. 다만 이 경우의 위반조항은 절대적으로 무효로 되는 것이 아니고 임차인에 대하여 부당하게 불이익을 줄 우려가 있는 경우에 한하여 무효로 된다.

임차인의 채무불이행에 따른 해제, 해지 외에 민법 기타의 법률이 정하는 임대사업자의 모든 해제, 해지권을 대상으로 한다. 임차인의 채무불이행이 없거나 채무불이행에 관하여 임차인에게 귀책사유가 없음에도 임대사업자의 필요에 의하여 해제할 수 있다고 하는 약관조항은 무효이다. 막연하게 임차인이 성실하게 계약을 이행하지 않는 때에 해제할 수 있다고 하거나 임차인에 대하여 부당한 의무를 부과하고 그 의무위반 시에 계약을 해제할 수 있다고 하는 등의 경우에도 마찬가지이다. 임차인이 계약조항의 어느 하나라도 위반한 경우 임대인이 임차인에 대한 통지 없이 계약을 해지할 수 있다는 약관규정은 약관규제법 제9조에 위반된다. 임차인의 채무불이행이 있는 경우에 이행의 최고와 해제의 의사표시를 요함이 없이 자동적으로 계약이 해지되는 것으로 보는 조항, 즉 실권조항도 무효로 된다.

마. 상당한 이유 없이 급부의 내용을 사업자가 일방적으로 결정·변경하거나, 사업자의 급부를 중지 또는 제3자로 하여금 대항할 수 있게 하는 경우(제10조)

바. 고객의 항변권·상계권을 배제·제한하거나 기한의 이익의 박탈, 기타 권익을 제한·침해하는 반면에 사업자에게는 정당한 이유 없이 업무상의 비밀누설을 허용하는 경우(제11조)

민법 기타 법률에 의하여 임차인에게 부여되고 있는 항변, 권리 등을 상당한 이유 없이 배제 또는 제한하는 약관조항은 무효이다. 약관조항이 무효로 판단되는 경우, 법률의 규정에 따른 항변이나 권리 등이 되살아난다.

항변권이라 함은 청구권에 대하여 그 작용을 저지할 수 있는 권리, 즉 일정한 사유에 기하여 채무의 이행을 거절할 수 있는 권리를 말한다. 특히 동시이행항변권을 배제 또는 제한하는 약관조항은 무효이다.

사. 고객의 의사표시를 부당하게 제한하거나 의사표시의 형식·요건에 대하여 부당하게 엄격한 제한을 가하면서 고객의 이익에 중대한 영향을 미치는 사업자의 의사표시가 상당한 이유 없이 고객에게 도달된 것으로 의제하거나 사업자의 의사표시에 부당하게 장기의 기한 또는 불확정기한을 정하는 경우(제12조)

아. 고객의 대리인에 의하여 계약이 체결된 경우에 고객의 의무불이행시 그 대리인에게 의무이행의 책임을 지우는 경우(제13조)

자. 고객에 대하여 부당하게 불리한 소제기의 금지·재판관할의 합의나 상당한 이유 없이 입증책임을 부담시키는 경우(제14조)

제4절 국가인권위원회법

누구도 국가인권위원회법 제2조 제3호에 규정된 차별에 기하여 주거의 임차를 거절당하여서는 안된다. 차별행위를 당하여 주거의 임차를 거절당한 사람은 국가인권위원회에 그 내용을 진정할 수 있다(제30조 제1항 제2호). 국가인권위원회가 진정을 조사한 결과 차별행위가 일어났다고 판단할 때에는 피진정인에게 차별행위의 중지를 권고할 수 있다(제44조 제1항 제1호),

제3장 주택임대차계약의 체결

제1절 주택임대차계약의 성립

〈법조문〉

주택임대차보호법 제30조

제30조 ― 주택임대차계약을 서면으로 체결할 때에는 법무부장관이 서식을 정하여 권고하는 주택임대차표준계약서를 우선적으로 사용한다. 다만, 당사자가 다른 서식을 사용하기로 합의한 경우에는 그러하지 아니하다.

Ⅰ. 실체적 요건

임대차계약에는 원칙적으로 아무런 방식이 요구되지 않는다. 즉 임대차계약은 불요식계약이다. 임대차계약서에 확정일자를 받아야만 임차보증금에 대한 우선변제권을 인정받기는 하지만(주택임대차보호법 제3조의2 제2항), 그렇다고 해서 구두계약의 효력이 부정되지는 않는다.[265] 따라서 임대차의 성립 여부는 오로지 실체적 요건을 구비하였는지에 달려있다.

계약은 합의에 의하여 성립하고 무효나 취소사유가 있으면 그 효력이 부정될 수 있다. 주택임대차계약이라고 해서 다를 게 없다. 가령 임대인과 임차인이 통정하여 한 허위의 임대차는 무효이다(민

265) 즉 당사자간의 합의만으로도 임대인과 임차인간의 채권관계가 발생한다. 하지만 구두로 체결한 임대차계약은 임차인에게 불리하다. 임대차계약서에 확정일자를 받아야만 임차보증금에 대한 우선변제권을 인정받기 때문이다.

법 제108조). 통정에 의한 허위의 임대차도 채권자취소권의 대상이 될 수 있다.[266] 원고가 임차인을 상대로 사해행위취소의 소를 제기하는 경우에는 제척기간을 준수하여야 한다.[267]

하지만 주택임대차의 내용, 임대인의 행위능력, 임대인의 권한에 관하여는 특기할 만한 점이 있다.

A. 주택임대차계약의 내용

주택임대차는 목적물(1), 목적물의 용법(2), 사용수익의 개시일(3), 차임(4)과 같은 본질적 요소에 관하여 합의가 이루어질 때 성립한다. 그 외의 사항에 대해서는 당사자가 아무런 합의를 하지 않아도 민법규정이 이를 보충한다.

1. 목적 건물

임대차의 목적물은 특정 주거공간이어야 한다. 목적물이 특정되지 아니한 상태에서는 예약에 불과하다.

또한 임대차의 목적물은 계약 체결시에 존재하여야 한다. 목적물이 이미 멸실하였다면 그 계약은 무효이다(민법 제535조). 그러나 건축중인 주택에 대한 임대차는 가능하다. 이 임대차는 목적물인 주택이 존재하게 되고 사용수익할 수 있는 상태가 된 때에 효력을 갖는다.

---

266) 대법원 1984. 7. 24. 선고, 84다카68 판결

267) 대법원 1991. 11. 8. 선고, 91다14079 판결 참조.

2. 목적물의 용법

임대차는 임차인이 목적물을 사용수익함에 있어서 절대적인 권리를 부여하지 않는다. 임차인은 계약 또는 그 목적물의 성질에 의하여 정하여진 용법으로만 사용, 수익하여야 한다(민법 654조, 제610조 제1항). 목적물의 용법은 계약 당사자 각자의 의무를 결정한다. 즉 임대인은 목적물의 용법을 보장하여야 하고 임차인은 목적물의 용법을 준수하여야 한다.

어떤 물건의 용법은 그 성질상 단 하나일 수도 있지만 여럿일 수도 있다. 가령 건물은 주거용으로 쓰일 수도 있고 영업용으로 쓰일 수도 있다. 그 경우 계약에서 정한 용법이 있다면 약정된 용법에 한정된다.

3. 임대차기간

〈법조문〉

민법 제619조, 제635조

제619조 ― 처분의 능력 또는 권한없는 자가 임대차를 하는 경우에는 그 임대차는 다음 각호의 기간을 넘지 못한다.

3. 건물 기타 공작물의 임대차는 3년

제635조 ― ① 임대차기간의 약정이 없는 때에는 당사자는 언제든지 계약해지의 통고를 할 수 있다.

② 상대방이 전항의 통고를 받은 날로부터 다음 각호의 기간이 경과하면 해지의 효력이 생긴다.

1. 토지, 건물 기타 공작물에 대하여는 임대인이 해지를 통고한 경우에는 6월, 임차인이 해지를 통고한 경우에는 1월
2. 동산에 대하여는 5일

주택임대차보호법 제4조

제4조 — ① 기간을 정하지 아니하거나 2년 미만으로 정한 임대차는 그 기간을 2년으로 본다. 다만, 임차인은 2년 미만으로 정한 기간이 유효함을 주장할 수 있다.

(1) 기간의 정함이 없는 임대차

계약에서 임대차기간을 정하지 않을 수 있다. 이를 기간의 정함이 없는 임대차라고 한다. 민법에 따르면 기간을 정하지 않은 임대차는 당사자가 언제든지 계약해지의 통고를 할 수 있다(민법 제635조 제1항). 상대방이 해지의 통고를 받은 날로부터 일정한 기간이 지나면 임대차가 종료한다. 그 기간은 건물의 임대차에 있어서 임대인이 해지를 통고한 경우에는 6개월, 임차인이 해지를 통고한 경우에는 1개월이다(같은 조 제2항).

그러나 주택임대차보호법은 당사자들이 기간을 정하지 않은 것에 관하여 부차적인 의미만을 부여한다. 즉 기간을 정하지 않은 주택임대차는 그 기간을 2년으로 본다(주택임대차보호법 제4조 제1항). 그런데 이는 주택임대인이 임대차를 종료시키는 것을 막음으로써 임차인을 보호하는 것이다(같은 법 제10조 참조). 따라서 임차인이 임대인에게 해지통고를 할 민법(제635조)상의 권리는 여전히 남아 있다(주택임대차보호법 제4조 제1항 단서).[268]

268) 곽윤직 편집대표, 앞의 책(주 239), 290면(민일영 집필부분)도 주택임대차의 기간을 정하지 아니한 경우 임차인은 민법 제635조 제1항에 기한 해지통고를 할 수 있다고 한다.

(2) 기간의 정함이 있는 임대차

계약에서 임대차기간을 정하는 경우 이를 기간의 정함이 잇는 임대차라고 한다. 기간은 원칙적으로 당사자들이 자유로이 정할 수 있지만 영구적인 임대차는 할 수 없다. 또한 임대인이 친권자 없는 미성년자이거나 피성년후견인이어서 주택임대차계약을 후견인이 체결하는 경우, 그 임대차의 기간은 3년을 넘지 못한다(민법 제619조 제3호).

주택임대차보호법은 정반대로, 최단기간을 규정한다. 즉 기간을 2년 미만으로 정한 주택임대차는 그 기간을 2년으로 본다(주택임대차보호법 제4조 제1항 본문). 다만 주택임차인은 2년 미만으로 정한 기간이 유효함을 주장할 수 있고(같은 항 단서), 임대차기간 내에 해지할 권리를 보류한 때에는 임대인에게 해지통고를 할 수 있다(민법 제636조).

4. 차임

차임을 미리 정하거나 계약조항에 따라 결정될 수 있어야 한다. 그 후 차임이 실제로 지급되어야 한다.

〈사례3〉

甲은 자기 소유의 X건물에 대한 임대 및 관리업무를 乙에게 맡기고 있는데, 편의상 X건물의 등기필증 등 소유관련서류를 모두 乙이 보관하도록 하였다. 乙은 X건물의 1층을 丁에게 임대하는 교섭을 하던 중 일방적으로 임대료를 두 배 인상하겠다는 제안을 하여 계약교섭이 깨져버렸다. 계약이 거의 성립되기 직전이라서 丁은 임차보증금을 준비하느라 보름 전에 이미 연 12%에 상당하는 이자를 물면서 1억원을 戊로부터 빌린 상태이었다. 이에

丁은 임대차계약의 성립을 기대하고 지출한 이자비용 100만원의 배상을 甲에게 청구한다. 丁의 주장은 타당한가?

B. 임대인의 행위능력

임차인은 주택임대차계약을 체결함에 있어서 임대인이 누구인지를 주민등록증으로 확인할 필요가 있다. 확인 결과 임대인이 만 19세 이상인 성년자인 경우(민법 제4조)에는 행위능력의 문제가 제기되지 않는다. 그러나 미성년자가 소유하는 주택에 관하여 임대차계약을 체결할 때에는 친권자나 후견인이 그 미성년자를 대리하여야 한다(민법 제5조 제1항). 임대인이 피성년후견인인 경우에도 후견인이 대리하여야 한다(민법 제10조).

C. 임대인의 권한

1. 저당권을 설정한 주택을 임대하는 경우

임차인은 자신과 임대차계약을 체결하려고 하는 사람이 정말로 주택 소유자가 맞는지를 확인할 필요가 있다. 확인방법은 다음과 같다. 사람마다 이름이 있듯이 건물마다 지번이 있고, 사람마다 가족관계등록부가 있듯이 건물마다 등기부가 있다.[269] 등기부를 보면 건물 소유자가 누구인지, 건물을 담보로 돈을 빌려준 사람은 누구인지를 알 수 있다. 등기부는 관할 법원 등기소에 가거나 인터넷등기

---

269) 하지만 등기가 강제되지는 않으므로 미등기주택도 존재한다. 미등기주택은 보통 그 주택을 신축한 자가 소유자이다.

소(www.iros.go.kr)에 들어가서 볼 수 있다. 등기부에는 먼저 갑구(甲區)라는 칸이 있고 뒤에 을구(乙區)라는 칸이 나온다(부동산등기법 제15조 제2항). 갑구에는 건물 소유자가 적혀 있는데 여러 명의 이름 중에 밑 끝에 적힌 사람이 현재의 소유자이고 그 앞의 이름들은 전 소유자들이다.

주택에 저당권이 설정되어도 주택의 점유는 여전히 저당권설정자인 주택소유자에게 맡겨져 있기 때문에, 주택소유자는 그 주택을 타인에게 임대할 수 있다. 주택 소유자가 누구인지를 확인하기 위해 등기부등본을 발급받았으면 소유자만 확인할 게 아니라 주택에 얽힌 채무관계도 확인하는 게 좋다. 채무관계는 을구(乙區)에 나온다. 을구에 적힌 저당권과 그 채무액들을 확인하고 주택가액에 비해 너무 많은 채무를 지고 있다고 생각되면 그 주택을 빌리지 않는 것이 좋다.

2. 타인소유 주택을 임대하는 경우

소유권의 변동을 가져오는 매매와는 달리 임대차는 임차인에게 채권을 발생시킬 뿐이다. 임차권의 가장 핵심적인 권능은 임대인에 대하여 목적물의 사용을 청구할 수 있다는 데 있다. 따라서 임대인은 임차인이 그 목적물을 사용하는 것을 보장해 주어야 한다. 이러한 의무는 임대인만이 지는 것이고 임차인은 이를 다른 사람에 대하여 주장할 수 없다. 그러므로 임대인이 원래 주택의 소유자가 아닌 경우에는 진정한 소유자가 임차인에게 주택을 자신에게 내놓을 것을 청구할 수 있고, 임차인은 임차권이 있다고 해서 이것을 거부할 법적 힘이 없다.

하지만 타인의 주택에 대해 아무런 권리가 없는 자가 주택을 임대하였더라도 그 임대차계약은 유효하다. 따라서 임대인이 임차인에게 주택을 인도하지 못하면 임차인은 임대인의 목적물인도의무의 불이행에 대해 책임을 물을 수 있다.

임대차계약을 체결할 때에는 임대인이 소유자이었으나 그 후 임대인이 전 소유자와 체결하였던 매매계약이 해제되어 소유자로서의 지위를 잃는다면 임차인은 주택의 소유자에게 임차권을 주장할 수 있는가? 이는 임차인이 위 매매계약이 해제되기 전에 임차권의 대항요건을 갖추었는지 여부에 달려 있다(민법 제548조 제1항 단서)[270].

3. 공동소유 주택을 임대하는 경우

공동소유에는 세 가지 유형, 즉 공유와 합유, 총유가 있다. 공동소유의 형태에 따라서 각 임대차에 대해 별도의 규율이 행해진다.

(1) 공유주택

먼저 공유주택의 경우에는 임대차계약을 체결하려고 하는 사람의 공유지분이 얼마인지를 확인하여야 한다. 공유주택에 관한 임대차계약의 체결은 공유자의 지분의 과반수로써 결정하여야 하기 때문이다(민법 제265조 본문)[271]. 과반수에 미치지 못하는 지분권자가 단독으로 공유주택을 임대하면 이는 타인 소유의 주택을 임대한 셈이 된다. 따라서 임대차계약을 체결한 임대인과 임차인 사이에서만 유효할 뿐 임대차에 동의하지 않는 다른 공유자에게 대항하지 못한

270) 대법원 1996. 8. 20. 선고, 96다17653 판결
271) 대법원 2010. 9. 9. 선고, 2010다37905 판결

다. 공유주택의 임대에 동의하지 않은 공유자는 임대차계약의 무효와 임차인의 배제를 주장할 수 있다.[272] 임대차계약의 갱신과 해지[273]도 공유자의 지분의 과반수로써 결정하여야 한다. 다만 공유자 1인이 공유주택에 관한 임대차계약을 체결할 권한을 위임받은 경우에는 그가 단독으로 임대차계약을 체결할 수 있다. 이 때에는 본인에 해당하는 공유자를 현명하여야 한다(민법 제114조).

각 공유자는 공유주택을 지분의 비율로 사용수익할 수 있다(민법 제263조). 이들의 사용수익권은 동시에 발생하기 때문에 상호경쟁적이다. 그런데 공유자 1인이 공유주택을 독점적, 배타적으로 점유사용하기 위해서 공유주택을 임차할 수 있다. 이 경우 그 공유자는 공유자로서의 지위와 더불어 임차인으로서의 지위를 갖는다. 이러한 임대차계약의 체결이나 해지시에도 과반수 결정 원칙(민법 제265조)을 준수하여야 한다.

(2) 합유주택

수인이 조합체로서 소유하는 주택을 임대하기 위해서는 조합원 전원의 동의가 있어야 한다(민법 제272조).

(3) 총유주택

주택소유자가 개인이 아닌 비법인사단이라면 그 주택은 총유주택이다. 총유주택에 관한 임대차계약의 체결이나 갱신은 사원총회의

272) 대법원 1994. 3. 22. 선고, 93다9392 판결
273) 대법원 2010. 9. 9. 선고, 2010다37905 판결

결의에 의하므로(민법 제276조 제1항), 사원총회의 결의가 있는지도 확인하여야 한다.

〈사례 4〉

乙종중의 대표 甲은, 乙종중이 소유하는 X토지의 임대권한을 甲에게 부여하는 내용의 종중 총회결의서를 임의로 작성하였다. 2010년 4월 3일 甲은 그러한 사정을 모르는 丙에게 그 총회결의서를 제시하면서 X토지를 보증금 1억원을 받고 임대하여 그 보증금을 편취하였다. 乙종중의 정관 제17조는 '고정자산의 취득, 임대 및 매각에 관한 사항'을 총회결의사항으로 하고 있다. 2015년 4월 X토지의 임대차기간이 만료하자 丙은 乙종중에게 임차보증금의 반환을 요구하였다. 그러나 乙종중이 지급연기를 요구하여 丙은 2회에 걸쳐 연기하여 주었지만 보증금을 반환받지 못하였다. 결국 丙이 乙종중을 상대로 임차보증금반환청구의 소를 제기하자, 乙종중은 위 임대차계약이 무효임을 주장한다. 乙종중의 주장은 타당한가?

4. 전세권자가 임대하는 경우

임대는 목적물에 대한 과실취득을 허용하는 행위이므로 임대인은 기본적으로 과실수취권을 갖는 자이어야 한다. 따라서 꼭 소유자가 아니더라도 임대인이 될 수 있다. 만일 임차인과 임대차계약을 체결하려고 하는 사람의 이름이 건물등기부 을구에 전세권자로 표시되어 있다면 그 사람은 소유자는 아니지만 자신의 전세주택을 임대할 수 있다(민법 제306조 본문). 그러나 전세권자는 임대권한에 대해 다음 두 가지 제한을 받는다.

첫째, 임대차의 기간에 관한 제한이다. 소유자의 승낙 없이 전세권자가 단독으로 주택을 임대한 경우에 전세권의 존속기간까지만 소유자에게 대항할 수 있다(같은 조 본문). 이는 소유자의 권리를 보호하기 위한 것이다.

둘째, 전세권설정계약에서 전세권자가 주택을 임대하는 것을 금지한 때에는 임대할 수 없다(같은 조 단서).

〈외국의 입법례 1〉

우리나라의 전세권과 비슷한 용익물권으로 프랑스에는 점용권(usufruit)이 있다. 주택 점용권자는 원칙적으로 소유자의 승낙을 받지 않고도 주택을 타인에게 임대할 수 있다(프랑스민법 제595조 제1항). 그런데 임대차의 기간에 관한 제한이 우리나라와는 다르다. 점용권자가 소유자의 승낙없이 단독으로 9년이 넘는 기간으로 임대차계약을 체결한 때에는, 점용권이 종료되는 시점에서 잔여 임대차기간이 9년을 초과하면 점용권의 종료시점에서 9년까지만을 소유자에게 대항할 수 있다(같은 조 제2항). 즉 소유자가 임대차기간을 단축시킬 수 있다. 이는 소유자가 점용권자의 상속인이라고 하더라도 마찬가지이다. 임차인에 대한 점용권자의 의무가 상속인에게 승계되지 않는다.

Ⅱ. 담보

A. 임대인을 위한 담보

1. 법정담보

〈법조문〉

민법 제650조

제650조 — 건물 기타 공작물의 임대인이 임대차에 관한 채권에 의하여 그 건물 기타 공작물에 부속한 임차인소유의 동산을 압류한 때에는 질권과 동일한 효력이 있다.

건물임대인은 임대차에 관한 채권에 의하여 그 건물에 부속한 임차인 소유의 동산을 압류한 때에는 질권과 동일한 효력이 있다(민법 제650조).

2. 약정담보

임대인은 종종 임차인에게 약정 담보를 요구한다. 즉 보증인이나 보증금을 요구한다.

(1) 보증

보증이란 임대인이 임차인의 채무불이행에 대비하여 임차인 이외의 자로 하여금 임차인의 채무이행을 보증하도록 하는 것이다. 보증인은 임차인의 채무를 이행할 의무를 부담한다.

보증계약은 그 효과가 중대한 계약이다. 임차인의 채무불이행의 경우 보증인으로서 임대인에게 그 책임을 부담하기 때문이다(민법 제429조). 그리하여 민법은 보증에 있어서 서면주의를 채택하였다. 보증은 그 의사가 보증인의 기명날인 또는 서명이 있는 서면으로 표시되어야 효력이 발생한다(민법 제428조의2).

(2) 임대차보증금

임대차계약에서 보증금을 지급할 것을 약정한 임차인은 임대인에게 보증금을 지급하여야 한다. 그 명칭에서 알 수 있듯이 보증금은 임차인의 의무(차임채무, 목적물의 훼손으로 인한 손해배상채무 등) 이행을 담보하는 기능을 한다.

B. 임차인을 위한 담보

1. 임차보증금우선변제권

〈법조문〉

주택임대차보호법 제8조

제8조 — ① 임차인은 보증금 중 일정액을 다른 담보물권자보다 우선하여 변제받을 권리가 있다. 이 경우 임차인은 주택에 대한 경매신청의 등기 전에 제3조 제1항의 요건을 갖추어야 한다.

② 제1항의 경우에는 제3조의2 제4항부터 제6항까지의 규정을 준용한다.

③ 제1항에 따라 우선변제를 받을 임차인 및 보증금 중 일정액의 범위와 기준은 제8조의2에 따른 주택임대차위원회의 심의를 거쳐 대통령령으로 정한다. 다만, 보증금 중 일정액의 범위와 기준은 주택가액의 2분의1을 넘지 못한다.

건물소유자가 자신의 건물을 다른 사람에게 임대하고 또한 저당권을 설정하여 돈을 빌리는 일은 흔히 볼 수 있다. 건물이 소유자의 채권자들에 의해 경매에 붙여지는 경우에는 저당권도 경락에 의하여 소멸한다. 이 때 건물의 경락대금이 원 소유자의 모든 채무를 변제할 만큼 충분하지 않으면, 임차인과 저당권자, 즉 임차보증금 '채권자'와 상업적 채권자(commercial creditors) 사이에 경쟁이 일어난다. 주택임대차보호법 제8조는 임차보증금이 소액인 임차인에게 우선변제권을 부여한다. 즉 임차보증금액이 소액인 주택임차인이, 건물에 대한 경매신청의 등기 전에 건물의 인도와 주민등록을 마쳤다면, 보증금 중 일정액을 다른 담보물권자보다 우선하여 변제받을 권리가 있다. 수도권정비계획법에 의한 수도권 중 과밀억제권역의 경우 임차보증금이 1억원 이하인 주택임차인은 확정일자를 받지 않았더라도 또는 확정일자가 늦더라도 3,400만원은 최우선 변제받을 수 있다(주택임대차보호법시행령 제10조 제1항, 제11조.). 임차인의 보증금중 일정액이 주택의 가액의 2분의 1을 초과하는 경우에는 주택의 가액의 2분의 1에 해당하는 금액에 한하여 우선변제권이 있다.

〈지역별 상한액〉

지역	상한액	비고
서울특별시	3,700만원	
「수도권정비계획법」에 따른 과밀억제권역, 세종특별자치시, 용인, 화성	3,400만원	서울특별시는 제외
광역시, 안산, 김포, 광주	2,000만원	위 과밀억제권역에 포함된 지역과 군지역은 제외
그 밖의 지역	1,700만원	

이 소액임차보증금 보호가 시간적으로 앞선 권리가 우선한다(first in time rule)는 일반원리에 반한다는 이유로 폐지하자는 견해[274]가 있으나 필자는 이에 반대한다. 저당권자는 대출상품을 구매할 소비자를 많은 수의 잠재고객 중에서 선택할 수 있지만, 소액임차인은 규모나 지역이나 가격 면에서 임대주택의 선택 여지가 한정적이다. 요건을 먼저 갖춘 자를 우대한다는 동일한 기준을 서로 다른 종류의 채권자에게 적용하는 것은 부당하다.[275] 소액임차보증

274) 김 연, 앞의 논문(주 236), 367면. 김기수 교수도 1982년 6월 28일자 법률신문에서 "등기 없는 채권인 임차권을 등기 있는 물권보다도 우선시킨다는 것이 과연 우리 민법체제에서 맞는 것인가 하는 것은 더욱 심각한 문제"라고 우려한 바 있다.
275) 이은희, "임대차법의 현황과 과제"(주 253), 453면.

금 보호는 임차인이 생활근거지를 크게 벗어나지 않고도 최소한의 대체주거를 마련할 수 있도록 하는 배려이다.[276)]

소액임차인을 우선시킴으로써 기존의 순위가 밀리게 되는 저당권자를 위해서는 다음과 같은 배려가 필요하다. 임차권등기를 신청한 자가 소액임차인인 경우에는 등기관이 기존의 저당권자에게 등기사실을 통지하도록 한다. 자신의 저당권의 순위가 뒤로 밀리게 되었다는 것을 안 저당권자는 향후 채권관리에 그 점을 고려하게 될 것이다.

〈사례5〉

甲은 아파트 소유자 乙과의 2014년 5월 1일자 임대차계약에 기하여 공주시 소재 아파트를 점유하며 사용수익하고 있는데, 그 보증금은 4,000만원이다. 甲은 위 아파트의 지번으로 자녀 戊와 함께 전입신고를 하고 전세권설정등기를 마쳤다. 甲이 전세권등기를 경료할 당시에 위 아파트에는 丙 명의의 근저당권설정등기(접수일 : 2014년 2월 1일)가 이미 경료되어 있었다. 그 후 다시 丁 명의의 근저당권설정등기(접수일 : 2014년 12월 1일)가 경료되었다. 甲이 戊의 중학교 배정문제로 자신과 戊의 주민등록을 세종시로 옮긴 상태에서 丙의 신청에 의하여 위 아파트에 대한 임의경매가 개시되었다. 그 낙찰대금은 1억원이고, 甲, 丙, 丁이 각각 자신의 채권액 4,000만원, 9,000만원, 5,000만원의 배당을 요구하고 있다. 乙소유의 아파트 낙찰대금은 어떻게 배당되어야 할 것인가? (경매비용과 이자는 고려하지 말 것)

〈사례6〉

Y건물은 그 부지 소유자인 C가 신축한 것이지만, 현재 미등기상태이고, A는 C와 위 건물의 일부에 관하여 보증금 4,000만원에 임대차계약을 체결하고 전입신고를 마친 후 점유하며 사용수익하고 있다. 그런데 그 후 C는 위 부지를 D에게 매각하고 소유권이전등기를 경료하여 주었다. 이러한 상태에서

276) 이은희, 위의 논문(주 253), 452면.

위 부지에 대한 저당권자 G의 신청에 의하여 임의경매가 개시된 경우에 부지의 경매대가는 어떻게 배당되는가?

2. 보증금의 예탁 및 지급보증 방안

임대인이 임대차보증금을 돌려주지 않을 경우 임차인이 취할 수 있는 방법은 집행권원을 얻어 해당 주택을 경매처분하여 그 경락대금으로부터 우선변제를 받는 것이다. 그러나 이러한 방법은 임대인과 임차인 모두에게 불이익이 될 수 있다. 임대인 입장에서는 주택의 소유권을 잃게 되며, 임차인 입장에서는 상당한 시간과 비용이 든다. 독일의 경우에는 임대인이 임차인으로부터 수령한 보증금을 금융기관에 통상의 이율로 예치하도록 강제하고 있다. 우리나라도 일정 금액 미만의 임대차보증금을 금융기관에 예탁하도록 하고 그 예금에 대하여는 임대인의 채권자가 강제집행을 할 수 없도록 할 필요가 있다. 나아가 임차보증금을 예탁받은 금융기관이 임차보증금반환채무를 보증하도록 할 필요가 있다.[277)]

제2절 임대차의 증명

Ⅰ. 임대차계약 당사자간에서의 증명

1. 증명책임의 분배

임대차를 증명할 책임을 언제나 임차인이 부담하는 것은 아니다.

277) 충북대학교 법학연구소, 주택임대차보호법상 분쟁해결을 위한 제도개선 방안 연구, 2012년 법무부 용역보고서, 66면 이하.

일반원칙에 따르면 증명책임은 자신의 권리발생원인으로서 임대차계약을 원용하는 자가 부담한다. 따라서 목적물의 반환을 청구하는 소유자에게 대항하여 점유할 권리(민법 제213조 단서)를 인정받고자 하는 임차인이 증명책임을 부담하는 경우가 많다. 하지만 임대인이 차임의 지급을 청구하기 위해 임대차계약을 원용하는 때에는 임대인이 증명책임을 부담한다.

2. 증거로서의 계약서

임대차계약시에 쌍방에 교부되는 계약서는 계약의 증거일 뿐 아니라, 비용의 부담, 임대차종료시의 문제를 둘러싼 분쟁의 해결에 직접적인 근거가 되는 자료이다. 계약서에 기재해야 할 필수적 정보는 다음과 같다.

(1) 임대인의 성명과 주소

임대차계약서에는 임대인의 성명 또는 상호와 주소 또는 본점소재지, 대리인이 있는 경우 그 성명과 주소를 기재한다.

〈사례7〉

A는 B의 인장을 도용하여 B의 위임장을 제시하면서 B의 대리인이라고 하면서 B 소유의 아파트를 그 사정을 모르는 C에게 임차보증금을 1억원으로 정하여 임대하였다. C가 B에게 아파트의 사용을 허여할 것을 청구하는 경우 C의 청구는 타당한가?

(2) 임차인의 성명 또는 상호

(3) 임대차계약의 효력발생일과 기간

(4) 임대주택의 표시

목적물의 주소가 등기부와 일치하도록 정확히 기재하여야 한다.

(5) 목적물의 구성요소의 표시

(6) 임대차와 관계된 금전적 정보

임차보증금의 액수와 지급일, 차임의 액수와 납부일을 기재한다.

3. 임대차의 존재에 관한 추정

주택이 임차인에게 인도되지 않은 경우에 구두 임대차계약의 존재를 추정에 의해 증명할 수는 없다. 하지만 주택이 임차인에게 인도되었다면 임대차가 존재함을 충분히 추정할 수 있다. 그러나 그것이 임대차, 즉 유상계약에 관한 이행임을 더 증명하여야 한다. 따라서 공간을 점유하고 있음을 증명하는 것으로는 충분하지 않고 점유자측에서 금전적인 반대급부를 부담한다는 점이 증명되어야 한다.

4. 임대차의 내용의 확정

차임에 관하여서는 변제자가 교부받은 영수증에 의해 증명될 수 있다.

Ⅱ. 제3자의 증명 또는 제3자에 대한 증명

1. 임대차의 존재를 증명하고자 하는 자가 제3자인 경우

가령 사용대주측에서 자신의 차주가 임차인과 임대차계약을 체결하였음을 증명하고자 하는 경우 또는 임대인이 자신의 임차인이 전대하였음을 증명하고자 하는 경우가 있을 수 있다.

2. 당사자 일방이 제3자를 상대로 임대차를 증명하고자 하는 경우

가령 임차목적물이 매도된 경우 임차인이 새로운 소유자와 임대차관계를 계속하기 위해서 임대차를 원용하고자 하는 경우, 또는 임차인이 목적물을 훼손하거나 수용한 자로부터 손해배상을 받고자 하는 경우, 또는 임대인이 목적물에 대한 관리를 임차인에게 넘겼으므로 자신이 공작물책임을 부담하지 않음을 주장하는 경우, 임차인이나 임대인은 제3자에 대해 임대차를 증명하여야 한다.

제3절 주택임대차의 공시

Ⅰ. 주택임차권의 대항력

〈법조문〉

민법 제621조

제621조 — ① 부동산임차인은 당사자간에 반대약정이 없으면 임대인에 대하여 그 임대차등기절차에 협력할 것을 청구할 수 있다.

② 부동산임대차를 등기한 때에는 그때부터 제3자에 대하여 효력이 생긴다.

주택임대차보호법 제3조, 제3조의3

제3조 — ① 임대차는 그 등기가 없는 경우에도 임차인이 주택의 인도와 주민등록을 마친 때에는 그 다음 날부터 제삼자에 대하여 효력이 생긴다. 이 경우 전입신고를 한 때에는 주민등록이 된 것으로 본다.

제3조의3 — ① 임대차가 끝난 후 보증금이 반환되지 아니한 경우 임차인은 임차주택이 소재지를 관할하는 지방법원 지방법원지원 또는 시 군 법원에 임차권등기명령을 신청할 수 있다.

⑤ 임차인은 임차권등기명령의 집행에 따른 임차권등기를 마치면 제3조 제1항 제2항 또는 제3항에 따른 대항력과 제3조의2 제2항에 따른 우선변제권을 취득한다. 다만, 임차인이 임차권등기 이전에 이미 대항력이나 우선변제권을 취득한 경우에는 그 대항력이나 우선변제권은 그대로 유지되며, 임차권등기 이후에는 제3조제1항 제2항 또는 제3항의 대항요건을 상실하더라도 이미 취득한 대항력이나 우선변제권을 상실하지 아니한다.

원칙적으로 임대차에는 아무런 공시가 요구되지 않는다. 임대차는 임차인에게 목적물에 대한 물권을 부여하는 것이 아니기 때문에 제3자에게 알려야 할 필요가 없다. 그런데 민법 제621조는 부동산 임차권은 등기되어야 제3자에게 대항할 수 있다고 규정한다(1). 나아가 주택임대차보호법은 임차인이 임차주택에 대한 점유를 취득하고 주민등록의 전입신고를 마친 때에는 그 익일부터 제3자에게 대항할 수 있다고 규정한다(2). 대항요건을 갖추지 못한 임차인은 경합하는 권리를 취득한 제3자에게 대항할 수 없다.[278]

278) 건물에 관한 임차권이 대항력을 갖춘 후에 그 대지의 소유권을 취득한 사람은 민법 제622조 제1항이나 주택임대차보호법 제3조 제1항 등에서 그 임차권의 대항을 받는 것으로 정하여진 '제3자'에 해당한다고 보지 않는다(대법원 2010. 8. 19. 선고, 2010다43801 판결). 토지에 있는 건물에 대하여 대항력이 있는 임차

1. 주택임차권의 등기

민법 제621조 제1항이 규정하는 요건은 그 임대차가 임차목적물의 양도 전에 등기되어 있어야 한다는 것이다. 그런데 등기는 등기권리자와 등기의무자 쌍방이 공동으로 신청하여야 한다(부동산등기법 제23조). 임대인은 반대의 특약이 없는 한 등기절차에 협력할 의무가 있다(민법 제621조 제1항). 임차권설정등기를 신청하는 경우에는 신청서에 차임을 반드시 기재하여야 하고, 임대차를 한 자가 처분의 능력 또는 권한이 없는 자인 때에는 그 뜻을 기재하여야 한다(부동산등기법 제74조). 차임지급시기, 존속기간, 임차보증금에 관한 약정이 있는 때에는 이를 등기신청서에 기재하여야 한다. 임차권의 양도나 임차주택의 전대에 임대인이 동의한 경우에는 이를 등기신청서에 기재하여야 한다.

임차인은 임대인에게 등기절차에 협력할 것을 청구할 수 있지만(민법 제621조 제2항), 그러한 등기청구에 협력할 것인가 하는 것은 오직 임대인에게 달려 있다. 공동신청주의는 등기의 진정성을 보장하기 위한 장치인데, 그간의 실태를 보면, 권리가 없는 자가 등기의 외관을 갖추어 사기를 행하는가 하면 권리가 있는 자가 등기가 없어서 보호를 받지 못하는 결과가 발생하였다. 그래서 부실등기신뢰자나 미등기임차인의 보호가 문제되어 왔다.

권이 존재한다고 하여도 이를 토지소유자에 대하여 대항할 수 있는 토지사용권이라고 할 수는 없다. 건물임차권의 대항력은 기본적으로 건물에 관한 것이고 토지를 목적으로 하는 것이 아니므로 이로써 토지소유권을 제약할 수 없기 때문이다.

2. 임차주택 소재지로의 주민등록과 인도

민법 제621조가 부동산임차인에게 대항력을 취득할 수 있는 길을 열어준 것은 사실이나, 그 길은 보통의 임차인이 가기에는 너무 좁았다. 민법에서 임대인에게 등기협력의무를 부과함에도 불구하고 실제로 임차인이 민법이 요구하는 등기라는 대항요건을 갖추는 것은 매우 어려웠다.[279] 1970년대에 들어서는 대도시로의 인구집중이 두드러져 주택난이 매우 심각한 상황에 이르게 되어 임대인의 횡포도 빈번하였다. 당시 가장 관심을 집중시켰던 법률문제는 임차주택이 양도됨에 따라 임차인이 그의 전 재산인 보증금을 돌려받지도 못하고 거리로 내쫓긴다는 문제였다. 그러므로 임차인에게 등기 없이 부동산양수인에 대하여 임차권을 갖고 대항할 수 있으며, 또한 전임대인에게 지불했던 보증금의 반환을 보장받을 수 있는 길을 열어 주는 것이 시급했다.

그래서 '등기' 대신 '거주'를 공시방법으로 하여 주택임차권의 대항력을 인정하는 조문을 두자는 제안이 있었다.[280] 이 제안을 어느 정도 수용하여 대항력 취득의 길을 처음으로 넓힌 것은 1981년에

---

279) 대법원 1988. 4. 2. 선고, 87다카458 판결 참조. 이 판결의 사실관계는 다음과 같다. 임차인이 부동산에 대한 임대차계약을 체결하고 보증금의 약정을 하였다. 임차권을 피보전권리로 한 처분금지가처분등기를 집행(기입)한 후에 임차인이 임차권설정등기이행청구의 본안승소판결(에는 보증금에 관한 사항이 누락되어 있었다)을 받아 임차권등기를 하면서 보증금의 등기를 하지 아니하였다. 부동산에 대해 강제경매 신청이 있어 경매개시결정이 이루어지고 그 경매결과 제3자가 부동산을 경락받았다. 원심은 보증금을 등기하지 아니하였기 때문에 경락인에 대하여 보증금의 반환을 청구할 수 없다고 판결하였다. 대법원은 "임차권설정등기이행청구의 본안승소판결이 확정되면 임차권설정등기를 경료하였는지의 여부에 관계 없이 선행된 가처분등기와 위 확정판결에 기하여 그 경락인은 가처분권리자의 권리보전과 상용되지 아니하는 범위 내에서 그 권리를 취득하는 것으로 확정된다 할 것이고, 따라서 임차인은 임대인의 지위를 포괄승계한 경락인에 대하여 임차보증금의 반환을 청구할 수 있다"고 하였다.

280) 고상룡, 앞의 논문(주 228), 46면.

제정된 주택임대차보호법이다. 주택에 대한 임차권은, 그 임차권의 등기가 없는 경우에도 임차인이 임차부동산에 대한 점유를 취득하고 주민등록의 전입신고를 마친 때에는, 그 익일부터 제3자에 대하여 대항력이 발생한다(주택임대차보호법 제3조 제1항). 등기가 여전히 임차권의 대항요건이기는 하나, 대항력을 갖추고자 하는 주택임차인은 주민등록과 등기 사이에서 선택할 수 있게 되었다. 보통의 선택은 주민등록이지 등기가 아니다.

'인도'라는 대항요건은, 임대인이 임차주택을 임차인에게 인도함으로써 임대차계약에 구속받을 의사를 표명하였다는 점에 기초한 것이어서, 근거가 전혀 없는 것은 아니다. 임대인이 임대차계약을 체결한 후 마음이 변하여 임대목적물을 임차인에게 인도하지 않는 일도 있을 수 있다. 임대인이 임대차목적물을 인도함으로써 단순히 임대차계약을 체결하였을 뿐인 임차인과는 다른 지위가 임차인에게 부여되는 것이다.281)

주택임대차보호법이 정하는 '주민등록'이라는 대항요건은, 필자가 보기에, 임차인의 점유사실을 공적 권위에 의해 보충하는 의미를 갖는다. 하지만 판례상 주민등록은 대항력을 좌우하는 요건이다. 법원이 어떤 주민등록을 임차권의 공시방법으로 인정하는가 하지 않는가에 따라 임차권의 대항력이 인정되기도 하고 부정되기도 한다. 판례에 따르면 주민등록이 대항력의 요건을 충족시킬 수 있는 공시방법이 되기 위해서는 다음 세 가지 기준을 충족하여야 한다.

첫째, 일반 사회통념상 그 주민등록으로 당해 임대차건물에 임차인이 주소 또는 거소를 가진 자로 등록되어 있는지를 인식할 수

281) 이중임대를 생각하여 보자. 임대인이 임차인에게 임차목적물을 인도한 후에도 다시 다른 사람이 임대차계약에 기한 임차권을 주장할 수 있다고 보아야 할 것인가? 그런 경우에는 임차권등기를 갖춘 자가 임차목적물을 인도받은 자에 우선한다고 할 것인가?

있어야 한다.[282] 그리하여 주민등록상의 주소가 임차주택의 실제 지번[283], 동수[284], 호수[285]와 일치할 것을 요구하였다.[286] 구분등기가 되어 있는 다세대주택의 호수 표시 없이 지번만을 신고하여 주민등록을 한 경우에는 대항요건을 갖추지 못한 것으로 해석하였다.[287] 그러나 구분등기를 할 수 없는 다가구주택의 호수를 기재하여 주민등록을 한 경우에는 지번만 등기부와 일치하면 유효한 공시방법으로 인정하였다.[288]

둘째, 주민등록에 의하여 표상되는 점유관계가 임차권을 매개로 하는 점유임을 제3자가 인식할 수 있는 정도는 되어야 한다. 그리하여 주민등록된 사람이 소유자이거나 소유자의 가족이 아닐 것을 요구하였다. 임차인은 타주점유자이기 때문이다. 임차주택의 소유자이었던 자의 처가 임차인이 된 경우에는 임차인이 되기 전의 주민등록은 임차권을 공시하는 것이 아니었다.[289] 하지만 주민등록된 사람이

282) 대법원 1987. 11. 10. 선고, 87다카1573 판결; 대법원 1989. 6. 27. 선고, 89다카3370 판결.

283) 대법원 1987. 11. 10. 선고, 87다카1573 판결; 대법원 1995. 4. 28. 선고, 94다27427 판결.

284) 대법원 1994. 11. 22. 선고, 94다13176 판결.

285) 대법원 1990. 5. 22. 선고, 89다카18648 판결; 대법원 1995. 8. 11. 선고, 95다177 판결; 대법원 1996. 4. 12. 선고, 95다55474 판결.

286) 다만 대법원 1989. 6. 27. 선고, 89다카3370 판결에서는 분할되어 나온 토지상의 주택을 임차한 사람이 토지분할 전의 지번으로 주민등록을 한 경우에는 분할되어 나온 토지 중 임차건물의 지번에만 건물이 건립되어 있다는 등의 특별한 사정이 있으면 그 주민등록이 임대차의 유효한 공시방법으로 인정될 수도 있다는 취지가 판시되었다. 또한 대법원 1991. 8. 13. 선고, 91다18118 판결에서는 임차인은 올바르게 전입신고하였으나 담당공무원의 착오로 건물소재지번과 다른 주소로 이루어진 주민등록을 유효한 공시방법으로 인정하였다.

287) 대법원 1995. 4. 28. 선고, 94다27427 판결; 대법원 1996. 2. 23. 선고, 95다48421 판결; 대법원 1996. 3. 12. 선고, 95다46104 판결; 대법원 2000. 4. 7. 선고, 99다66212 판결.

288) 대법원 1997. 11. 14. 선고, 97다29530 판결; 대법원 1998. 1. 23. 선고, 97다47828 판결.

꼭 임차인일 것은 요구하지 않는다. 가령 임차인 가족290)이나 전차인의 주민등록291)을 대항요건으로서 인정한다. 왜냐하면 그렇게 보더라도 제3자는 불측의 손해를 입을 염려가 없고 주거생활의 안정을 보호하려는 주택임대차보호법의 취지에도 부합하기 때문이다.292)

셋째, 주민등록은 적법하여야 한다. 가령 간접점유자인 임차인의 주민등록은 적법하지 않아 임차권의 공시방법이 될 수 없다고 하였다.293)

세 가지 기준 가운데 첫째 기준은 임차권의 객체에 관한 것이고, 둘째 기준은 임차권의 주체에 관한 것이다. 대체로 대법원의 입장은 권리의 객체에 관하여는 엄격하고 권리의 주체에 관하여는 관대하다. 그 이유는 임차인이 누구라는 사실보다는 당해 주택이 임차권의 목적이 되어 있다는 사실을 알리는 것이 더 중요하다고 보기 때문일 것이다. 이처럼 객체의 측면을 주체의 측면보다 중시하는 태도는 타당하다고 생각된다. 왜냐하면 제3자에게는 전자, 당해 주택이 임차권의 목적이 되어 있다는 사실이 중요하지 후자, 즉 임차인이 누구라는 사실은 중요한 문제가 아니기 때문이다.294) 임차권

---

289) 대법원 2000. 2. 11. 선고, 99다59306 판결.

290) 대법원 1987. 10. 26. 선고, 87다카14판결; 대법원 1987. 11. 10. 선고, 87다카1573 판결; 대법원 1988. 6. 14. 선고, 87다카3093, 3094판결; 대법원 1989. 6. 27. 선고, 89다카3370 판결.

291) 대법원 1988. 4. 25. 선고, 87다카2509 판결; 대법원 1994. 6. 24. 선고, 94다3155 판결.

292) 대법원 1994. 6. 24. 선고, 94다3155 판결.

293) 대법원 2001. 1. 19. 선고, 2000다55645 판결 : "간접점유자인 임차인의 주민등록은 주민등록법 소정의 적법한 주민등록이라고 할 수 없고, 따라서 간접점유자에 불과한 임차인 자신의 주민등록으로는 대항력의 요건을 적법하게 갖추었다고 할 수 없으며, 임차인과의 점유매개관계에 기하여 당해 주택에 실제로 거주하는 직접점유자가 자신의 주민등록을 마친 경우에 한하여 비로소 그 임차인의 임대차가 제3자에 대하여 적법하게 대항력을 취득할 수 있다."

294) 같은 견해 : 박해성, "주택임차인이 임대인(소유자)의 승낙을 얻어 임차주택을 전대한 경우, 전차인의 점유 및 주민등록이전으로 임차인이 주택임대차보호법상의 대항요건을 갖추었다고 볼 수 있는지의 여부", 대법원판례해설 21호(1994), 274면.

의 주체와 관련하여서는 주민등록에 의하여 표상되는 점유관계가 임차권을 매개로 하는 점유임을 제3자가 인식할 수 있는 정도를 요구할 뿐이다. 따라서 주민등록된 주민이 그 주택의 소유자나 그 가족이 아닐 것이 요구된다.

〈사례8〉

甲은 2009. 1. 3 乙에게 자기 소유 주택을 2억원에 매도하고 계약금 2,000만원, 중도금 8,000만원을 지급받았다. 그 후 乙은 잔금(1억원)을 丁으로부터 연이자 10%로 1년간 차용하여 甲에게 지급하였다. 매매대금을 모두 지급받은 甲이 乙에게 점유를 이전해 주자, 乙은 2009. 2. 10 위 주택의 일부를 보증금 8,000만원에 丙에게 임대하였다. 丙은 같은 날 주민등록 전입신고를 하고 그 주택에 입주하였다. 乙은 2009. 3. 10 소유권이전등기에 필요한 서류를 甲으로부터 교부받았는데, 乙은 소유권이전등기를 신청하면서 동시에 丁을 근저당권자로 한 근저당권설정등기(채권최고액 1억 2,000만원) 신청도 같이 하였다. 2009. 3. 12 乙 명의의 소유권이전등기와 丁 명의의 근저당권등기가 경료되었다. 2010. 3. 10 乙이 丁에게 피담보채무를 변제하지 않자 丁이 저당권을 실행하여 경매절차에서 戊가 위 주택을 매수하였다. 그 후 丙은 임대차기간의 만료를 이유로 戊에게 보증금의 반환을 청구한다. 丙의 청구는 타당한가?

3. 임차권등기명령에 의한 등기

주택임대차보호법은 1999년 개정을 통해 임차권등기명령제도를 도입하였다. 임대차가 종료된 후 보증금을 반환받지 못한 주택임차인은 임차건물의 소재지를 관할하는 법원에 임차권등기명령을 신청할 수 있다(주택임대차보호법 제3조의3 제1항). 임차권등기명령의 집행에 의한 임차권등기가 이루어지면 임차인은 대항력을 취득한다. 임차인이 임차권등기 전에 이미 대항력을 취득한 경우에는 그 대항력은 그대로 유지된다. 임차권등기 이후에는 주택임대차보호법 제3조 제1항의 대항요건을 상실하더라도 이미 취득한 대항력을 상실하지 않는다(같은 조 제5항).

민법 제621조의 규정에 의한 임차권등기를 한 주택임차인이 임차권등기 전에 이미 대항력을 취득한 경우에도 그 대항력이 그대로 유지된다.

Ⅱ. 주택임차권의 공시

〈법조문〉

주택임대차보호법 제3조의4, 제3조의6

제3조의4 — ① 「민법」 제621조에 따른 주택임대차등기의 효력에 관하여는 제3조의3제5항 및 제6항을 준용한다.

② 임차인이 대항력이나 우선변제권을 갖추고 「민법」 제621조제1항에 따라 임대인의 협력을 얻어 임대차등기를 신청하는 경우에는 신청서에 「부동산등기법」 제74조제1호부터 제5호까지의 사항 외에 다음 각 호의 사항을 적어야 하며, 이를 증명할 수 있는 서면(임대차의 목적이 주택의 일부분인 경우에는 해당 부분의 도면을 포함한다)을 첨부하여야 한다.

1. 주민등록을 마친 날
2. 임차주택을 점유(占有)한 날
3. 임대차계약증서상의 확정일자를 받은 날

제3조의6 — ① 제3조의2제2항의 확정일자는 주택 소재지의 읍 · 면사무소, 동 주민센터 또는 시 · 군 · 구의 출장소, 지방법원 및 그 지원과 등기소 또는 「공증인법」에 따른 공증인이 부여한다.

② 확정일자부여기관은 해당 주택의 소재지, 확정일자 부여일, 차임 및 보증금 등을 기재한 확정일자부를 작성하여야 한다. 이 경우 전산처리정보조직을 이용할 수 있다.

③ 주택의 임대차에 이해관계가 있는 자는 확정일자부여기관에 해당 주택의 확정일자 부여일, 차임 및 보증금 등 정보의 제공을 요청할 수 있다. 이 경우 요청을 받은 확정일자부여기관은 정당한 사유 없이 이를 거부할 수 없다.

④ 임대차계약을 체결하려는 자는 임대인의 동의를 받아 확정일자부여기관에 제3항에 따른 정보제공을 요청할 수 있다.

⑤ 제1항 · 제3항 또는 제4항에 따라 확정일자를 부여받거나 정보를 제공받으려는 자는 수수료를 내야 한다.

⑥ 확정일자부에 기재하여야 할 사항, 주택의 임대차에 이해관계가 있는 자의 범위, 확정일자부여기관에 요청할 수 있는 정보의 범위 및 수수료, 그 밖에 확정일자부여사무와 정보제공 등에 필요한 사항은 대통령령 또는 대법원규칙으로 정한다.

임차권이 대항력이 있는 경우 주택의 경제적 가치는 임차인의 권리가 존재하는 기간만큼 감소할 수 있다. 더욱이 우리나라 주택임대차의 큰 특징 중 하나는 임차인이 목적물을 인도받으면서 임대인에게 임차보증금을 지급하고 임대차 종료 후 보증금을 반환받는다는 점이다. 임차건물이 임대인의 채권자들에 의해 경매에 붙여지는 경우에는 임차권은 경락에 의하여 소멸한다(주택임대차보호법 제3조의5 본문). 다만 보증금이 전액 변제되지 아니한 대항력이 있는 임차권은 소멸하지 않는다(같은 조 단서). 여기서 대항력이 있는 임차권이란 임차건물 상에 있던 1번 저당권보다 앞서 대항요건을 갖춘 임차권을 말한다.[295] 임차건물의 경락에 의하여도 임차권이 소멸하지 않는 임차인은 경락대금에서 변제받지 못한 보증금을 경락인으로부터 반환받을 수 있다. 왜냐하면 경락인이 임대인의 지위를 승계하기 때문이다. 따라서 제3자(매수예정자)가 자신이 존중하여야 할 임차권에 대해 알 수 있도록 하여야 한다. 제3자가 주택임차권에 대해 알 수 있는 방법은 등기부 열람(1)과 주택임대차정보 열람(2)이다.

1. 등기부 열람

주택임차권이 등기되어 있는 경우 주택 양수 희망자는 그 등기부를 조사하는 것만으로 임차권의 존재 여부, 대항력과 우선변제권을 취득한 시기, 임차보증금액을 확인할 수 있다.

2. 주택임대차 정보 열람

주택의 임대차에 이해관계가 있는 자(제3항) 및 임대차계약을 체결하려는 자(제4항)는 확정일자부여기관에 해당 주택의 확정일자 부여일, 차임 및 보증금 등 정보의 제공을 요청할 수 있다(주택임대차보호법 제3조의6).

이 조문은 2013년에 신설된 조문인데, 상가건물의 임대차에 이해관계가 있는 자가 건물의 소재지 관할 세무서장에게 사업자등록 신청일, 차임 및 보증금 등 정보의 제공을 요청할 수 있도록 한 상가건물임대차보호법 제4조에 상응하는 조문이다.[296]

---

295) 대법원 1999. 4. 23. 선고, 98다32939 판결 참조.

296) 필자가 보기에는 주택임대차 정보가 등기부에 기재되어 있다면 필요하지 않을 궁여지책이다.

Ⅲ. 공시방법의 개선방안

민법상 대항요건과 주택임대차보호법상 대항요건을 비교하여 보면 등기 쪽이 다른 대항요건에 비하여 문제를 발생시킬 가능성이 적다. 주택의 양수를 희망하는 자는 그 등기부를 조사하는 것만으로 임차권의 존재 여부, 대항력과 우선변제권을 취득한 시기, 임차보증금액을 확인할 수 있어서 수고가 적기 때문이다.297) 따라서 임대인의 협력을 얻을 필요가 없이 손쉽게 갖출 수 있으면서도 공시기능을 제대로 발휘할 수 있는 방안을 강구할 필요가 있다.298)

그런 방안의 하나로 '주택임대차등록부'가 제안되었다.299) 주택임차인이 전입신고를 할 때 주택임차신고를 함께 하도록 하여 주민등록관장관서에 비치된 주택임대차등록부에 임차주택의 소재지와 임대차계약일, 임대차보증금의 액수 등 임대차관계사항만을 기재·등록한 다음, 주민등록표와는 별도로 제3자의 열람에 제공하자고 한다. 그러나 이 제도가 도입되더라도 종래 주택양수인이 부동산등기부 외에서 임대차관계를 조사하여야 하는 부담이 없어지지는 않는다. 그래서 필자는 임차인이 임대차계약서를 원인서면으로 하여 단독으로 관할등기소에 임차권설정등기를 신청하도록 하고, 등기신청이 접수되면 등기관이 접수된 등기신청서 내용대로 설정등기를 해 줌과 동시에 부동산소유자, 소액임차권인 경우에는 저당권자300) 에게도 그 사실을 통지할 것을 주장한다.301)

---

297) 정승렬, "임차권등기명령의 몇 가지 문제점", 사법논집 31집(2000. 12), 219면.
298) 유원규, "주택임차권의 공시방법", 이십일세기 한국민사법학의 과제와 전망, 심당 송상현선생화갑기념논문집, 2002, 226면.
299) 유원규, 위의 논문(주 298), 226면.
300) 저당권자의 변제순위가 소액임차인에 의해 뒤로 밀리기 때문이다.
301) 영국 Land Registration Act 2002 s 35 참조.

임차인 일방의 신청에 의한 등기를 허용한다면 부동산소유자나 저당권자가 임차권등기에 대한 이의를 신청할 수 있도록 하여야 한다.[302] 이의절차는 다음과 같이 하면 될 것이다. 이의신청은 등기소에 이의신청서를 제출하여 하도록 한다.[303] 등기관은 그 등기에 대하여 이의 있는 취지를 부기한 후 이를 임차인에게 통지한다.[304] 이 때 2주 이내의 기간을 정하여 그 기간 내에 임차인이 이의를 진술하지 아니한 때에는 등기를 말소한다는 취지를 통지한다. 만일 임차인이 기간 내에 이의를 진술하지 않으면 등기관은 직권으로써 등기를 말소한다. 그러나 임차인이 이의를 진술한 때에는 사건을 관할 지방법원에 송부한다.[305]

바로 등기를 하지 않고 임대인으로부터 일정기일 내에 이의가 없으면 접수된 등기신청서 내용대로 설정등기를 해 주어야 한다는 견해[306]가 있는데, 그렇게 하면 임차인의 대항력 취득이 지연되는 문제가 있다.

임차권등기의 단독신청을 허용한다고 해서 바로 특별법상의 대항요건을 폐지할 필요는 없을 것이다. 등기의 목적이 거래의 안전(dynamic security)인 점에 비추어 보면, 사실 임차권등기는 부동산양수인과 저당권자에게 필요하지, 임차인 자신에게는 굳이 필요하지 않다. 왜냐하면 임차권 자체를 거래한다든가[307] 임차권을 담보로 자본을 조달하는 일은 드물기 때문이다.[308] 임차인으로서

302) 영국 Land Registration Act 2002 s 36 과 s 50 참조.
303) 부동산등기법 제101조 참조.
304) 부동산등기법 제103조 제3항 참조.
305) 부동산등기법 제103조 제3항 참조.
306) 김 연, 앞의 논문(주 236), 366면; 정승렬, 앞의 논문(주 297), 219면.
307) 임차권의 양도와 전대는 임대인의 동의가 있을 때에만 행해질 수 있다.
308) 그런 수요는 보통 전세권제도로 충족된다.

는 어떤 대항요건이든 갖추어서 보호를 받을 수 있으면 그로써 충분하다.

〈외국의 입법례 2〉

영국의 경우 약정된 임대차기간이 7년이 넘는 부동산임차권(leasehold)은 등기하여야 하는 권원(title)이지만(Land Registration Act 2002 s. 4(1)(c)), 3년 이하인 임대차는 아예 등기할 수 없다(the 2002 Act s 33.(b)). 단기 임차권은 장기임차권에 비해 양도되거나 담보목적물로 쓰이는 경우가 드문데도 등기할 것을 요구하면 임차인에게 이익도 없는 일에 비용을 쓰게 하는 셈이고, 부동산등기업무의 부담을 늘릴 뿐이라고 한다.[309] 약정기간이 7년 이하인 임차권은 "우선하는 권리(overriding interests)"로서의 효력이 있다(the 2002 Act Sch 1, para 1). "우선하는 권리"는 등기부에 등기되었는지를 묻지 아니하고 부동산권리자를 구속하는 권리이다.[310] "우선하는 권리"를 보유하는 사람은 등기된 권리자보다 항상 우선한다.[311] 그에 관한 영국 부동산등기법의 정책은, 양수인으로부터의 보호가 필요하지만 등기할 것을 기대하거나 요구하는 게 불합리(neither reasonable nor sensible)한 권리에만 우선하는 권리로서의 지위를 부여하는 것이다.[312] 결국 단기임차인에게는 등기를 기대하거나 요구하는 게 불합리하다는 게 영국 부동산등기법의 입장이다.

---

309) Roger J. Smith, *Property Law*, Longman, 1996, p. 216.

310) Robert Abbey and Mark Richards, *Blackstone's Guide to The Land Registration Act 2002*, Oxford, 2002, p. 151.

311) 윤진수, "부동산의 이중양도에 관한 연구", 서울대학교 박사학위논문, 1993, 176면.

312) Abbey and Richards, 앞의 책(주 310), p. 151.

제4장 임차인의 주거안정

제1절 임대차기간의 연장

Ⅰ. 갱신

〈법조문〉

민법 제620조

제620조 — 전조의 기간은 갱신할 수 있다. 그러나 그 기간만료전 토지에 대하여는 1년, 건물 기타 공작물에 대하여는 3월, 동산에 대하여는 1월내에 갱신하여야 한다.

기간만료시 계약을 갱신하면 임대차가 종료하지 않는다. 임대차 계약의 갱신은 임대인과 임차인이 합의하여서 한다.[313]

처분의 능력 또는 권한없는 자가 한 임대차도 갱신할 수 있으나 기간만료 전 3개월 내에 갱신하여야 한다(민법 제620조). 갱신한 기간 역시 3년을 넘지 못한다(민법 제619조).

Ⅱ. 묵시의 갱신

〈법조문〉

민법 제639조

제639조 — ① 임대차기간이 만료한 후 임차인이 임차물의 사용, 수익을 계속하는 경우에 임대인이 상당한 기간내에 이의를 하지 아니한 때

313) 상가건물의 임대차에서는 임차인의 갱신요구에 의해서도 갱신이 이루어진다(상가건물임대차보호법 제10조).

에는 전임대차와 동일한 조건으로 다시 임대차한 것으로 본다. 그러나 당사자는 제635조의 규정에 의하여 해지의 통고를 할 수 있다.
② 전항의 경우에 전임대차에 대하여 제삼자가 제공한 담보는 기간의 만료로 인하여 소멸한다.

주택임대차보호법 제6조

제6조 — ① 임대인이 임대차기간이 끝나기 6개월 전부터 1개월 전까지의 기간에 임차인에게 갱신거절의 통지를 하지 아니하거나 계약조건을 변경하지 아니하면 갱신하지 아니한다는 뜻의 통지를 하지 아니한 경우에는 그 기간이 끝난 때에 전 임대차와 동일한 조건으로 다시 임대차한 것으로 본다. 임차인이 임대차기간이 끝나기 1개월 전까지 통지하지 아니한 경우에도 또한 같다.
② 제1항의 경우 임대차의 존속기간은 2년으로 본다.
③ 2기의 차임액에 달하도록 연체하거나 그밖에 임차인으로서의 의무를 현저히 위반한 임차인에 대하여는 제1항을 적용하지 아니한다.

민법에 따르면, 약정기간의 만료 후 임차인이 계속하여 사용·수익하는 경우에 임대인이 상당한 기간 내에 이의하지 않은 때에는 전임대차와 동일한 조건으로 임대차를 갱신한 것으로 본다(민법 제639조 제1항 본문). 이것을 묵시의 갱신이라고 한다. 그러나 그 후에는 기간의 약정이 없는 경우와 동일한 유예기간으로 해지의 통고를 할 수 있다(같은 항 단서).

하지만 주택임대차에 있어서는 임대인이 임대차기간 만료 전 6개월부터 1개월까지에 임차인에게 갱신거절의 통지 또는 조건을 변경하지 아니하면 갱신하지 아니한다는 뜻의 통지를 하지 아니한 경우, 또는 임차인이 임대차기간 만료 전 1개월까지 임대인에게 통지하지 아니한 경우에는 그 기간이 만료된 때에 전임대차와 동일한 조건으로 다시 임대한 것으로 본다(주택임대차보호법 제6조 제1항). 이 경우 임대차의 존속기간은 2년으로 본다(같은 조 제2항).

하지만 묵시적 갱신 후에도 임차인은 언제든지 계약을 해지할 수 있고 아무런 해지사유를 요하지 않는다(같은 법 제6조의2 제1항). 이 때 임대인이 그 통지를 받은 날부터 3개월이 경과하면 임대차가 종료한다(같은 조 제2항).

〈외국의 입법례 3〉

프랑스의 경우 임대차기간이 만료한 때에 임대인이 계약이 계속되는 것을 원하지 않는 경우에는 해지통고를 해야 하는데, 자의적인 갱신거절은 허용되지 않는다. 임대인은 다음 세 가지 중 하나를 이유로 하여서만 임대차계약을 해지할 수 있다(1989년법 제15조 Ⅰ 제1항).

(가) 임대인 자신이 목적부동산에 거주하고자 하는 경우

임대인이 주택을 스스로 사용하고자 하는 때에는 하나의 주택을 두고 이익충돌이 발생하는데, 이 때에는 임차인을 우대하지 않는다. 즉 임대인의 목적물반환청구권이 임차인의 갱신청구권에 우선하게 된다.[314] 자기사용에 기한 해지권은 자연인인 임대인에게만 인정되며(제15조 Ⅰ 제1항), 임대인으로 하여금 임대차기간을 3년으로 한정할 수 있게 해 준다.

임대인 자신이 임대목적물을 이용하고자 하는 경우뿐만 아니라 임대인의 배우자, 해지통고시에 등록된 PACS 파트너, 해지통고시 1년 이상 된 주지의 동거자, 존속, 비속이 임대목적물을 이용하고자 하는 경우, 배우자의 존비속, PACS 파트너의 존비속, 동거자의 존비속이 임대목적물을 사용하고자 하는 경우에도 해지가 허용된다.

---

314) Phillippe Malaurie, Laurent Aynès, *Cours de droit civil, Les Contrats spéciaux civils et commericiaux*, 6 éd, 1992, Edition Cujas, n° 675.

임대인은 자신의 점유회복결정이 현실적이고 중대하다는 점을 입증하여야 한다. 해지통고서에는 점유회복으로 인한 수혜자의 이름과 주소, 임대인과 수혜자 사이의 관계를 밝혀야 하며, 이를 밝히지 아니하면 그 해지통고는 무효이다. 임대인은 임대인의 의무에 관한 정보와 임차인의 구제방법에 관한 정보를 담은 서면을 함께 보내야 한다.

자기사용을 이유로 임대목적물을 반환받은 임대인이, 임차인이 퇴거함과 동시에 자신의 진술과는 달리 사용하지 않거나 다른 사람으로 하여금 최소 몇 개월동안 지속적으로 사용케 하였다면, 임차인은 임대인에게 손해배상을 청구할 수 있다.[315] 그러나 임차부동산을 직접 사용하기 위해 해지통고를 하였던 임대인이 이후 건강이 악화되어 해당 부동산을 매각할 필요가 있었던 경우에는, 임차인에 대해 손해배상책임이 없다고 판시되었다.[316]

임대인이 거짓으로 해당 주거에 대한 점유회복결정을 이유로 하여 해지통고를 한 때에는 자연인의 경우에는 6000 유로 이하, 법인의 경우에는 30000 유로 이하의 벌금에 처한다(제15조 Ⅳ 제1항). 벌금액은 확인된 사실의 경중에 비례한다. 임차인의 민사상 지위 및 손해배상청구는 인용된다(제15조 Ⅳ 제2항).

(나) 임대인이 목적부동산을 매각하고자 하는 경우

임대차는 목적물이 양도되어도 존속한다(프랑스민법 제1743조 제1항). 목적물 취득자가 기존의 임대차계약을 승계하여 임대인이 된다.[317] 하지만 임대인이 목적물을 매각하는 경우 임차인에게 퇴거를 요구할 권리가 있음을 임대차계약시에 약정한 경우에는 그러하지 아니하다(프랑스민법 제1743조 제2항).

---

315) Civ. 3e, 18 nov. 1998, n° 96-21.706 NP, RDI 1999.157, obs. Collart-Dutilleul; *Adminster* août-sept. 1999, p. 59, note Beddeleem; Civ. 3e, 19 avr. 2000, n° 98-21.124, *Bull. civ.* III, n° 80; *Loyers et copr.* 2000, n° 164, obs. Vial-Pedroletti.

316) Civ. 3e, 13 juill. 2005, Bull. *civ.* III, n° 156; D.2006, Pan. 964. obs. Damas; AJDI 2006. 740, obs. Rouquet.

317) Phillippe Malaurie, Laurent Aynès, 앞의 책(주 314), n° 671.

그런데 1989년법은 그에 대한 예외를 규정한다. 즉 임대인은 최초의 임대차기간 또는 갱신된 임대차기간의 만료시에 목적물을 매각하기 위해 해지통고를 할 수 있다(제15조 Ⅰ 제1항). 목적부동산에 대한 매각이 임대차존속 중에 이루어지는 때에는 프랑스민법 제1743조가 적용된다.[318]

(ⅰ) 해지권자

매각을 위한 점유회복은 아주 일반적인 해지통고사유이다. 이 사유는 자연인뿐 아니라 법인에게도 열려 있다.

주거용 건물의 점유자 보호에 관한 1975년 12월 31일 법률(제75-1351호) 제10조의 1, Ⅰ A 제1항에서 말하는, 존속중인 임대차계약의 연장약속을 위반하여, 임차인에게 매각을 이유로 하는 해지통고를 한 때에는 그 해지통고는 당연 무효이다(제15조 Ⅱ 제9항).

그리고 1986년법 제41조를 적용하여 체결한 협약이 데크레로써 당해 부문의 모든 주택에 그 효력을 미치게 된 경우, 그 협약(accord)에서 매각을 위한 해지통고와 관련된 의무를 규정하는 경우 그 의무를 준수하지 않은 해지통고는 무효이다(제15조 Ⅱ 제8항).

(ⅱ) 해지통고서의 기재사항

- 매매가격과 조건 : 해지통고가 주택의 매각결정을 이유로 한 것인 경우 그 통지서에는 예정된 매매가격과 조건을 기재하여야 하며 기재하지 아니하면 무효이다(제15조 Ⅱ 제1항).
- 매매목적물의 면적
- 1989년법 제15조 Ⅱ 제1항부터 제5항까지의 법규정 : 모든 통지(notification)에는 1989년법 제15조 Ⅱ 제1항부터 제5항까지 규정된 바를 기재하여야 하며, 그렇지 않으면 그 통지는 무효이다(제15조 Ⅱ 제6항).

318) Phillippe Malaurie, Laurent Aynès, 앞의 책(주 314), n° 671.

(iii) 임차인의 우선매수권(droit de préemption)

임대인이 목적물을 매각하기 위해 해지통고를 하는 경우, 임차인은 우선매수권을 갖는다(제15조 II). 그러나 다음 두 경우에는 임차인의 우선매수권이 배제된다(제15조 II 제7항). 첫째, 3촌까지의 친족간에 행해지는 매매에는 임차인의 우선매수권이 배제된다. 단, 부동산취득자가 해지통고기간이 종료된 날로부터 2년 이상의 기간동안 주거를 점유하여야 한다. 둘째, 주거적합성이 없는 부동산[319]을 대상으로 하는 매매에서도 임차인의 우선매수권이 배제된다.

해지통고는 임차인에 대하여 매도의 청약으로서의 효력이 있다. 그 청약은 예고기간 중의 첫 2개월간 유효하다(제15조 II 제1항). 1989년법 제11-1조에 규정된 매각을 이유로 한 해지통고의 경우에는, 임차인을 위한 매도청약은 해지통고와 별개이다(제15조 II 제8항).

매매의 청약을 승낙한 임차인은 임대인에게 회신을 송부한 날로부터 2개월 내에 매매를 실현하여야 한다(제15조 II 제3항) 임차인이 그의 회신에서 대출을 할 의향을 통보한 경우 매매청약에 대한 임차인의 승낙은 대출을 받을 수 있는지의 여부에 달려있으며 매매실현기간은 4개월로 한다. 임대차계약은 매매실현기간이 만료될 때까지 연장된다. 그 기간이 만료된 때 매매가 실현되지 않으면 매매청약의 승낙은 당연히 무효로 되고 임차인은 모든 점유권을 당연히 상실한다.

매매의 청약을 승낙하지 아니한 임차인은 예고기간이 종료된 때 건물에 대한 점유권을 당연히 상실한다(제15조 II 제2항). 따라서 주택에서 퇴거하여야 한다.

(iv) 더 유리한 가격에 의한 매도(2차 우선매수권)

소유자가 취득자에게 더 유리한 조건 또는 가격으로 매도하기로 결정한 경우 공증인은, 임대인이 미리 하지 않았다면, 임차인에게 그 조건과 가격을 통지하여야 하며 그렇지 않으면 그 매매는 당연 무효이다(제15조 II 제4

319) 프랑스 건축 및 주거법전 제L.111조의6의1 제2항에 규정된 부동산

항). 그 통지는 임차인이 임대인에게 매매청약을 위한 주소로서 제시한 주소에 하여야 한다. 임차인이 임대인에게 그러한 주소를 알리지 않았다면, 그 통지는 임차목적물의 주소에 한다. 그 통지는 임차인을 위한 매매청약으로서의 효력을 갖는다. 그 청약은 수령일로부터 1개월간 유효하다. 1개월 내에 승낙을 받지 못한 청약은 소멸한다.

이 통지를 받고 청약을 승낙한 임차인은 임대인 또는 공증인에게 회신을 송부한 날로부터 2개월 내에 매매를 실현하여야 한다(제15조 II 제5항). 그 회신에서 대출을 할 의향을 통보한 경우 임차인에 승낙은 대출을 받을 수 있는지의 여부에 달려 있으며 매매실현기간은 4개월로 한다. 그 기간이 만료한 때에 매매가 실현되지 않은 때에는 매매청약의 승낙은 당연 무효이다.

(다) 임차인의 채무불이행을 이유로 한 해지

프랑스민법 제1741조[320]가 규정하는 사유가 있는 경우에는 채권법의 일반원리에 따라 임대차계약이 해지될 수 있다. 즉 임대인이나 임차인이 자신의 의무를 이행하지 않거나(법정해지권 또는 약정해지권의 발생) 목적물이 불가항력으로 멸실된(위험부담원리) 경우에 그러하다. 1989년법은 주택임대인의 해지권을 다음과 같이 제한한다.

(ⅰ) 해지사유

임차인이 차임이나 관리비 또는 보증금을 미지급하거나 보험에 가입하지 않았음을 이유로 임대인이 계약을 해지할 수 있도록 하는 조항을 임대차계약에 포함시킬 수 있다(제4조 g). 그밖에도 임차인이 목적물을 평온하게 사용하지 않는 경우, 목적물의 용법을 준수하지 않는 경우, 목적물을 무단전대하는 경우, 임대인의 공사를 반대하는 경우에 임대인이 계약을 해지할 수 있을 것이다.

320) 프랑스민법 제1741조 : 임대차계약은 임차물이 멸실한 경우 및 임대인과 임차인이 각자 자신의 의무를 불이행하는 경우에 해지된다.

(ii) 해지절차

임차인이 차임 또는 관리비를 지급하지 아니하였다는 이유로 임대인이 임대차를 해지하기 위해서는 우선 최고서를 송달하여야 한다(제24조 I 제1항). 최고서에는 1989년법 제24조 및 주거권실현을 위한 1990년 5월 31일 법률 제6조 제1항 내지 제3항에서 정하는 바를 기재하여 임차인의 주택연대기금(FSL) 신청권한을 언급하고 신청서를 제출할 주소를 명기하여야 한다(제24조 I 제2항).

임대인이 법인이거나 4촌 이내의 친족으로만 구성된 민사조합인 경우에는 그 최고서에 기재하여야 하는 채무의 금액과 연차를 도에 있는 국가의 대표자가 결정한다(제24조 I 제4항 제1문). 그 결정은 소외계층의 주거를 위한 조치계획을 담당한 도 위원회(comité) 및 집행관실의 자문을 얻어서 한다(제24조 I 제5항). 그 결정의 방식은 파기원에서 데크레로써 정한다.

집행관은 임대인의 최고서를 1990년 5월 31일 법률 제7-2조에 규정된 임차인의 강제퇴거예방조치 조정위원회에 통지한다(제24조 I 제4항). 조정위원회에의 통지는 보통우편으로 하는데, 데크레에서 정한 방식에 따라 전자적 방식으로도 할 수 있다. 법인(4촌 이내의 친족만으로 구성된 민사조합의 경우는 제외)인 임대인은, 임차인의 강제퇴거예방조치 조정위원회에 구제신청이 접수된 이후 2개월이 경과하기 전에는, 임대차 해지확인서를 보낼 수 없다(제24조 II). 이를 어길 경우에는 임대인의 청구를 인용하지 않는다.

건축 및 주거법전 제L.351-2조와 사회보장법전 제L.542-1조과 제L.831-1조에서 규정하는 보조금의 지급을 유지하기 위해 차임연체상황을 주거보조금지급기관에 정해진 요건을 갖추어 미리 알린 때에는 위 위원회에의 구제신청이 이루어진 것으로 간주한다. 위 위원회에의 신청은 데크레에서 정한 방식에 따라 전자적 방법으로도 할 수 있다.

1989년법 제24조 II는 임차인의 임대차 관련 채무의 이행지체를 이유로 임대차를 해지하기 위한 서면(assignation)에 적용된다. 임대차 관련 채무의 이행지체를 이유로 해지를 구하는 반소청구에도 제24조 II가 적용되는데, 이 때에는 도의 국가대표자가 부담하는 통지의무를 임대인이 부담한다.

(ⅲ) 임대차의 종료시점

약정해지권 유보조항이 있다고 해도 임대차가 자동으로 해지되지 않는다.[321] 차임 미지급의 경우 최고 후 2개월후에 종료한다(제24조 Ⅰ 제1항). 임차인이 주택책임보험에 가입하지 않았다는 이유로 임대인이 계약을 해지하기 위해서는 1개월의 최고기간을 주어야 한다(제7조).

법관은, 임대차관련 채무를 해결할 능력이 있는 임차인에게, 프랑스민법전 제1343-5조 제1항[322]에 규정된 기간[323]과는 달리, 직권으로 3년의 한도 내에서, 지급기간을 허여할 수 있다(제24조 Ⅴ 제1항). 제24조 Ⅴ 제1항에 기한 법관의 결정이 있는 때에는 프랑스민법전 같은 조 제4항[324]이 적용된다. 법관은 직권으로 임대차관련 채무의 구성요소와 1989년법 제6조 제1항에 규정된 의무의 준수여부를 조사할 수 있다. 법관이 허여한 기간 동안에는 당연해지조항의 효력이 정지된다(제24조 Ⅴ 제2항). 법관이 허여한 기간과 지급방법은 임대차계약의 이행에 영향을 미칠 수 없다. 특히 차임과 관리비의 지급을 정지시키지 않는다.

퇴거를 명하는 판결 통지서에는 건축 및 주거법전 제L.441-2-3조에 규정된 조정위원회에 구제를 신청하는 방법과 위원회의 주소를 기재하여야 한다(제24조 Ⅵ).

---

321) Phillippe Malaurie, Laurent Aynès, 앞의 책(주 314), n° 674.

322) 프랑스민법 제1343-5조 ① 법원은 채무자의 상황 및 채권자의 필요를 고려하여 의무있는 금전채무의 변제를 2년의 한도 내에서 연기하거나 분할하도록 할 수 있다.

323) 이를 은혜기간이라고 한다. 자세한 것은 김기환, “프랑스민법상 은혜기간”, 비교사법 제25권 제2호(2018), 521면 이하 참조.

324) 프랑스민법 제1343-5조 ④ 법원의 결정은 채권자에 의해 제기된 집행절차를 정지시킨다. 법원이 정한 기간 중에는, 이행지체로 인한 이자의 인상 또는 약정된 위약금이 부과되지 않는다.

제2절 주택임대차의 종료

기간을 정한 임대차에 있어서 기간이 만료하거나(Ⅰ) 기간을 정하지 아니한 임대차에 있어서 임차인이 계약을 해지하면(Ⅱ) 임대차가 종료한다. 하지만 채무불이행을 이유로 하는 계약해지로 인하여 임대차가 종료할 수도 있고(Ⅲ), 그 밖의 사건에 의해서도 임대차가 종료할 수 있다(Ⅳ).

Ⅰ. 임대차기간의 만료

〈법조문〉

민법 제636조

제636조 — 임대차기간의 약정이 있는 경우에도 당사자일방 또는 쌍방이 그 기간내에 해지할 권리를 보류한 때에는 전조의 규정을 준용한다.

민법에 따르면 약정된 임대차기간이 만료하면 임대차가 종료한다. 따라서 임차인은 목적물을 반환하여야 한다. 기간의 약정이 있는 경우에도 당사자 일방 또는 쌍방이 그 기간내에 해지할 권리를 보류한 때에는 민법 제635조에 따른 해지통고를 할 수 있다(민법 제636조).

그러나 주택임대차보호법은 당사자들의 기간에 관한 약정에 대해 부차적인 의미만을 부여한다. 이는 다음 두 가지 점에서 그러하다.

첫째, 기간을 2년 미만으로 정한 주택임대차는 그 기간을 2년으로 본다(주택임대차보호법 제4조 제1항 본문). 다만 주택임차인은 2년 미만으로 정한 기간이 유효함을 주장할 수 있고(같은 항 단서), 임대차기간 내에 해지할 권리를 보류한 때에는 임대인에게 해지통고를 할 수 있다(민법 제636조).

둘째, 주택임대차보호법의 적용을 받는 임대차에 있어서는 약정된 임대차기간이 만료하였다 하여도 그것만으로는 임대차가 종료하지 않는다. 임대차를 종료시키기 위하여는 계약당사자의 갱신거절의 의사표시가 필요하다(주택임대차보호법 제6조 제1항). 임대차를 종료시키고자 하는 임대인은 위 조항에 따른 통지를 하여야 한다. 이 통지는 이를 게을리 함으로써 발생할 수 있는 묵시의 갱신을 방지하기 위한 의사표시이다. 법 제6조 제1항 소정의 통지절차 없이도 임대차가 종료하도록 하는 특약은 무효이다(법 제10조).

임대인이 주택임대차보호법 제6조 제1항에 기한 통지에 의하여 묵시의 갱신을 방지하기 위해서는 갱신거절이나 조건변경을 정당화하는 사유가 있어야 하는가? 주택임대차보호법 제6조 제1항의 규정문구상으로 볼 때 사유가 요구되지 않는다고 해석된다. 외국입법례의 해지제한제도와 달리 우리 법에서는 임대인의 해지자유가 그대로 인정되고 있는 것이다. 주택임차인의 주거안정을 위해서는 무엇보다도 임대차계약기간이 끝난 이후 "적정한 조건"으로 계약갱신이 용이하게 이루어져야 하므로,[325] 필자는 상가건물임대차보호법 제10조에서 규정하는 바와 같은 계약갱신요구권을 주택임차인에게도 인정할 것을 주장한다.[326]

갱신거절의 통지는 임대차기간이 만료하면 더 이상 임대차관계를 존속시키지 아니하겠다는 통지를 말한다. 조건변경의 통지는 임대차기간이 만료하면 임대차계약의 내용을 변경하겠으며, 만일 임차인이 이에 응하지 않는다면 더 이상 임대차관계를 존속시키지 아니

325) 고상룡, 앞의 논문(주 245), 5면.
326) 이은희, "상가건물임차인의 계약갱신요구권"(주 246), 140면. 같은 견해 : 고상룡, 앞의 논문(주 228), 46면; 고상룡, 위의 논문(주 245), 5면; 고영남, 앞의 논문(주 246), 161면; 이상호, "주택임대차보호법에 관한 연구", 건국대학교 법학박사학위 청구논문, 1992, 145면.

하겠다는 통지를 말한다. 이 때 임차인이 임대인이 원하는 조건을 검토하여 그에 응할지의 여부를 결정하여야 할 수 있도록 임대인이 원하는 조건을 구체적으로 표시하여야 한다.

이상의 통지는 임대차기간 만료 전 6월부터 1월까지 사이에 임차인에게 도달하면 된다. 그러나 기간만료 전 1월까지 묵시의 갱신 여부가 확정되지 않는 것은 부당하다. 적어도 3개월 전에는 묵시의 갱신이 확정되도록 하여야 한다. 따라서 필자는 임대인의 갱신거절 또는 조건변경의 통지를 기간만료 전 6월부터 3월까지 사이에 하도록 주택임대차보호법 제6조 제1항을 개정할 것을 제안한다.

법정기간 내에 임대인은 갱신거절의 통지 또는 조건변경의 통지를 하였다면 임대차기간 만료시 임대차가 종료한다.

Ⅱ. 기간의 정함이 없는 임대차에서 임차인의 해지통고

〈법조문〉

주택임대차보호법 제6조의2

제6조의2 — ① 제6조제1항에 따라 계약이 갱신된 경우 같은 조 제2항에도 불구하고 임차인은 언제든지 임대인에게 계약해지를 통지할 수 있다.

② 제1항에 따른 해지는 임대인이 그 통지를 받은 날부터 3개월이 지나면 그 효력이 발생한다.

1. 해지통고

기간의 정함이 없는 다른 계약과 마찬가지로, 임대차계약도 기간의 정함이 없는 경우 계약당사자의 일방적 해지통고에 의해 종료될 수 있다(민법 제635조 제1항). 그런데 기간을 정하지 아니한 주택임대차는 그 기간을 2년으로 보기 때문에(주택임대차보호법 제4조 제1항 본문), 민법 제635조가 배제되는지가 문제된다. 그런데 같은 조 같은 항 단서에 의하면 임차인은 2년 미만으로 정한 기간이 유효함을 주장할 수 있고 민법 제635조는 강행규정이므로 임차인에게는 여전히 민법 제635조에 기한 해지권이 인정된다고 보아야 한다.

해지통고에는 특별한 방식이 요구되지 않으며 그 이유를 제시할 필요도 없다. 일단 해지통고를 하면 상대방의 동의가 없는 한 철회할 수 없다. 그리고 해지통고가 있다고 해서 즉시 해지의 효력이 생기는 것은 아니다. (임대인이 다른 임차인을 구하는 등) 상대방이 조치를 취할 수 있도록 일정기간이 경과한 후에 효력이 생긴다. 즉 주택임차인이 해지를 통고한 경우에는 1개월이 경과하여야 해지의 효력이 생긴다(같은 조 제2항 제1호). 이 1개월 동안에는 임대차가 존속하므로 임차인은 설령 이사를 하였다 해도 차임을 지급하여야 한다.

민법 제635조가 임차인에게 부여하고 있는 해지권을 배제하거나 그 행사요건 및 행사방법을 제한하는 약정으로 임차인에게 불리한 것은 그 효력이 없다(민법 제653조).

2. 공동임차인, 공동임대인의 경우

임차인이나 임대인이 수인인 경우에는 누가 누구에게 해지통고를 하여야 하는 문제가 제기된다.

임차인이 수인인 경우에는 임차인 전원으로부터 해지통고를 하여야 한다(민법 제547조 제1항). 또한 임대인들이 목적물을 공유하는 경우 임차인은 원칙적으로 그들 전원을 상대로 해지통고를 하여야 한다(같은 조 같은 항). 다만 1인이 나머지 공유자로부터 권한을 위임받은 때에는 그 1인에게 할 수 있다.

3. 묵시적으로 갱신된 임대차

묵시적 갱신 후에도 임차인은 언제든지 계약을 해지할 수 있고 아무런 해지사유를 요하지 않는다(주택임대차보호법 제6조의2 제1항). 이 때 임대인이 그 통지를 받은 날부터 3개월이 경과하면 임대차가 종료한다(같은 조 제2항).

Ⅲ. 채무불이행으로 인한 해지

1. 임대인의 채무불이행을 이유로 한 임차인의 해지

임대인은 "계약존속 중 그 사용수익에 필요한 상태를 유지하게 할 의무"를 부담한다(민법 제623조). 특히 임대인은 임차인이 안전하고 편안하게 임대차계약에서 정한 목적을 위하여 임차목적물을 사용·수익할 수 있도록 목적물의 결함에 대하여 수선할 의무를 진다. 임대인의 수선의무불이행이 있으면 임차인은 계약을 해지할 수 있다(민법 제544조). 임차주택의 멸실·훼손의 원인이 목적물 자체의 결함 등인 경우에는 임대인의 수선의무의 위반을 추정할 수 있을 것이다.

2. 임차인의 채무불이행을 이유로 한 임대인의 해지

〈법조문〉

민법 제629조, 제640조

제629조 — ① 임차인은 임대인의 동의없이 그 권리를 양도하거나 임차물을 전대하지 못한다.

② 임차인이 전항의 규정에 위반한 때에는 임대인은 계약을 해지할 수 있다.

제640조 — 건물 기타 공작물의 임대차에는 임차인의 차임연체액이 2기의 차임액에 달하는 때에는 임대인은 계약을 해지할 수 있다.

다음과 같은 경우에 주택임대인이 계약을 해지하면 임대차가 종료한다.

(1) 용법준수의무 불이행

임차인이 계약 또는 그 목적물의 성질에 의하여 정하여진 용법을 위반하여 사용·수익을 한 때에는 임대인이 임대차를 해지할 수 있다(민법 제654조, 제610조 제3항).

(2) 임차권의 무단양도·전대

임차인이 임대인의 동의를 얻지 않고 임차주택을 제3자로 하여금 사용·수익시킨 때에는 임대인은 임대차를 해지할 수 있다(민법 제629조 제2항). 다만 주택임차인이 그 주택의 소부분을 타인에게 사용하게 한 때에는 임대인은 해지를 할 수 없다(민법 제632조).

(3) 차임연체

주택임대차에 있어서는 임차인의 차임연체액이 2기의 차임액에 달하는 때라야만 임대인이 계약을 해지할 수 있다(민법 제640조).

Ⅳ. 임대차를 종료시키는 사건

1. 임차주택의 멸실 · 훼손

〈법조문〉

민법 제537조, 제538조, 제546조

제537조 — 쌍무계약의 당사자 일방의 채무가 당사자쌍방의 책임없는 사유로 이행할 수 없게 된 때에는 채무자는 상대방의 이행을 청구하지 못한다.

제538조 — ① 쌍무계약의 당사자 일방의 채무가 채권자의 책임있는 사유로 이행할 수 없게 된 때에는 채무자는 상대방의 이행을 청구할 수 있다. 채권자의 수령지체 중에 당사자쌍방의 책임없는 사유로 이행할 수 없게 된 때에도 같다.

② 전항의 경우에 채무자는 자기의 채무를 면함으로써 이익을 얻은 때에는 이를 채권자에게 상환하여야 한다.

제546조 — 채무자의 책임있는 사유로 이행이 불능하게 된 때에는 채권자는 계약을 해제할 수 있다.

가. 전부 멸실

(1) 임대인에게 유책사유가 있는 경우 임차인의 해지

임차주택이 전부 멸실한 경우 임대인에게 유책사유가 있는 경우 임대인의 사용수익허여의무가 손해배상의무로 변하고 임차인의 차임지급채무는 존속한다. 하지만 임차인은 임대차계약을 해지할 수 있다(민법 제546조).

임대차가 종료하지 않은 경우에는 임대인은 임차물이 사용 · 수익할 수 있는 상태가 되게끔 수리할 의무가 있다. 임대차가 종료하였거나 목적물의 멸실이 전적으로 임차인의 잘못으로 일어난 경우가 아닌 한, 임대인은 임차물이 사용수익할 수 있는 상태로 수리될 때까지 임차인의 대체주거를 위한 비용을 지급할 의무가 있다.

임대인의 과실[327]로 인하여 임차물에 화재가 발생한 경우에는 임대인은 임차인이 입은 손해를 배상할 책임이 있다.[328] 그 손해에는 임차인의 일실수입, 임차인 소유 동산의 멸실·훼손 등이 포함된다. 목적물의 설치 또는 보존의 하자로 인하여 화재 등이 발생한 경우에 임차인이 손해의 방지에 필요한 주의를 해태하지 아니하였음을 증명한 경우에는 임대인은 공작물소유자로서의 책임을 질 수 있다(민법 제758조).[329] 공작물 등의 소유자의 책임은 일반적인 불법행위와는 달리 과실을 이유로 하지 않고, 공작물의 설치·보존의 하자로 인하여 손해가 발생하였음을 이유로 한다.

(2) 임대인에게 유책사유가 없는 경우의 위험부담

임대인에게 유책사유가 없는 경우에는 임대인의 사용수익허여의무가 소멸한다(민법 제538조). 채무의 소멸 요건은 임대인의 책임 없는 사유로 목적물이 전부 멸실되었을 것이다. 하지만 전부 멸실하였는지 여부는 사실문제로서 사실심 법원의 전권에 속한다. 임차물이 사용·수익할 수 없는 상태에 있다고 해서 반드시 '전부 멸실'하였다고 하여서는 안 된다. 일반적으로 건물의 경우 완전히 주

---

327) 대법원 1992. 9. 22. 선고, 92다16652 판결은 임대인의 수급인이 화재를 낸 사안에서 임대인의 임차인에 대한 채무불이행책임을 인정하였다.

328) 독일민법 제536a조는 목적물에 계약에 좇은 사용에 대한 적합성을 소멸시키거나 감소시키는 결함이 계약체결시 존재하거나 나중에 임대인에게 책임 있는 사유로 발생한 경우 임차인이 손해배상을 청구할 수 있도록 하고 있다.

329) 대법원 1993. 1. 12. 선고, 92다23551 판결

저앉지 않은 한, '전부 멸실'한 것이 아니다.

임차인의 차임지급채무의 운명은 위험부담의 문제가 된다(쌍무계약상 존속상의 견련성). 즉 목적물의 멸실에 관하여 임차인에게 유책사유가 없는 때에는 임차인의 차임지급의무는 소멸하고(민법 제537조),[330] 임차인에게 유책사유가 있는 때에는 임차인의 차임지급의무가 존속한다(민법 제538조). 임차인이 차임을 선납한 뒤 매월 임대료를 공제하는 방식의 임대차계약을 체결하였으나[331] 목적물의 멸실로 장래의 차임을 지급할 의무가 소멸한 때에는 종료 이후의 임대료의 반환을 청구할 수 있다.

나. 일부 멸실로 인한 목적달성 불능시 임차인의 해지

매매계약에서는 채무자에게 책임 없는 사유로 이행이 불능하게 된 경우에는, 채권자에게 유책사유가 있듯 없든 위험부담의 문제로 되며, 이행불능을 이유로 한 해제는 인정되지 않는다[332].

하지만 민법 제627조 제2항은 임차물의 일부가 '임차인의 과실 없이' 멸실 기타 사유로 인하여 사용, 수익할 수 없는 때에는 임차인은 그 잔존부분으로 임차의 목적을 달성할 수 없는 때에는 임차인은 계약을 해지할 수 있다고 규정한다. 즉 임대인에게 책임 없는 사유로 목적물이 멸실된 때에도 채권자에게 유책사유가 없다면 이행불능을 이유로 한 해지가 인정되는 것이다. 이는 민법 제546조에 대한 예외라고 할 수 있다.

---

330) 곽윤직 편집대표, 앞의 책(주 239), 104면(민일영 집필부분).

331) 대법원 2003. 8. 22. 선고, 2003다19961 판결 참조.

332) 대법원 1977. 12. 27. 선고, 76다1472 판결; 대법원 2002. 4. 26. 선고, 2000다50497 판결

그 밖의 경우에는 임대차라고 해서 다를 것이 없다. 즉 임대인에게 책임 없는 사유로 임차물이 전부 멸실하여 사용, 수익이 불가능하게 된 경우에는 임차인에게 과실이 있든 없든 위험부담의 문제로 되며 이행불능을 이유로 한 해지는 인정되지 않는다.[333]

임차물의 일부가 임차인의 과실 없이 멸실 기타 사유로 인하여 사용, 수익할 수 없는 때에는 임차인은 그 비율에 의한 차임의 감액을 청구할 수 있다(제627조).[334] 임대인이 임차물이 사용수익할 수 있는 상태로 수리될 때까지 임차인에게 대체물을 제공한 경우에는 임차인은 임대인에게 차임 전액을 지급할 의무가 있다.[335]

〈외국의 입법례 4〉

프랑스민법 제1722조는 불가항력에 의해 임대목적물이 멸실된 경우를 규율하는데, 목적물이 전부 멸실된 경우와 일부 멸실된 경우를 구분하고 있다.

전부 멸실된 경우에는 임대차계약이 "당연히 해지"된다고 한다(제1문). 이는 채무자위험부담주의가 적용된 결과이다. 즉 임대인은 목적물에 대한 사용수익을 더 이상 제공할 수 없게 되었기 때문에, 그로 인한 손해배상책임은 지지 않지만 반대급부를 청구할 수 없는 것이다. 이는 강행규정이라고 해석된다. 임대차계약이 당연히 해지된 결과 임차인은 더 이상 차임을 지급할 의무를 부담하지 않으며 미리 지급한 것이 있으면 반환받을 수 있다.

목적물이 불가항력에 의해 일부 멸실된 경우 임대인은 멸실된 부분을 재건할 의무가 없다. 그러나 임차인은 차임감액청구와 계약해지 중에서 선택할 수 있다(제2문).

---

333) 곽윤직 편집대표, 앞의 책(주 239), 104면(민일영 집필부분) : 임대차를 해지하지 않아도 임대차가 종료한다(제537조).

334) 독일민법 제536조도 인도시에 목적물에 계약에 좇은 사용에 대한 적합성을 소멸시키거나 감소시키는 결함이 있거나 임대차기간중에 그러한 결함이 발생한 때에는 임차인에게 차임지급의무를 전부 또는 일부 면하게 한다.

335) 대법원 1997. 4. 25. 선고, 96다44778 판결

다. 훼손으로 인한 임차인의 해지

임차인은 임대인이 임대물의 보존에 필요한 행위를 하는 때에 이를 수인하여야 한다(민법 제624조). 하지만 임차인이 임차물의 보존에 필요한 행위를 바라지 않고 또 그 때문에 임대차의 목적을 달성할 수 없을 때에는 임차인은 계약을 해지할 수 있다(민법 제625조).

2. 혼동

임차인이 매매, 증여, 유증 등으로 임차주택의 소유권을 취득하는 때에는 혼동에 의해 임차권이 소멸한다.

민법 제191조 제1항 단서는 혼동으로 소멸하는 제한물권이 제3자의 권리의 목적인 때에는 그 물권을 혼동으로 소멸하지 않는다고 규정하는데, 판례는 이를 확장해석하여 혼동의 예외를 넓게 인정하고 있다.[336] 대법원 2001. 5. 15. 선고, 2000다12693 판결은 이러한 법리를 임차권에도 적용하였는데, 사실관계는 다음과 같다. 원고가 주택임차권이 대항요건을 갖춘 후에 피고가 저당권을 취득하였고 그 후 이 주택을 원고가 매수하여 소유권을 취득하였다. 그리고 이 주택에 경매가 개시되었는데, 원고는 경락대금으로부터 아무런 배당을 받지 못하였다. 이에 원고가 피고를 상대로 손해배상

336) 대법원 1962. 5. 3. 선고, 62다98 판결(甲이 선순위저당권을 취득한 후 원고가 후순위저당권을 취득하였고 이어서 피고가 선순위저당권을 양도받아 부기등기를 경료하였다. 그 후 이 부동산을 피고가 매수하여 소유권을 취득하였다. 그리고 이 부동산에 경매가 개시되었는데, 법원은 피고에게 저당권자의 지위를 인정하여 배당하였다); 대법원 1998. 7. 10. 선고, 98다18643 판결; 대법원 1999. 4. 13. 선고, 98도4022 판결

청구의 소를 제기하였는데, 대법원은 위와 같은 경우에 임차권은 소멸하지 않는다고 판시하였다.[337)]

V. 임대차를 종료시키지 않는 사건

1. 임차주택의 양도

〈법조문〉

민법 제621조

제621조 — ② 부동산임대차를 등기한 때에는 그때부터 제3자에 대하여 효력이 생긴다.

주택임대차보호법 제3조, 제3조의5

제3조 — ① 임대차는 그 등기가 없는 경우에도 임차인이 주택의 인도와 주민등록을 마친 때에는 그 다음 날부터 제삼자에 대하여 효력이 생긴다. 이 경우 전입신고를 한 때에 주민등록이 된 것으로 본다.

④ 임차주택의 양수인은 임대인의 지위를 승계한 것으로 본다.

제3조의5 — 임차권은 임차주택에 대하여 「민사집행법」에 따른 경매가 행하여진 경우에는 그 임차주택의 경락에 따라 소멸한다. 다만, 보증금이 모두 변제되지 아니한, 대항력이 있는 임차권은 그러하지 아니하다.

---

337) 그런데도 원고가 아무런 배당을 받지 못한 것은 원고가 배당요구시에 피고은행보다 후순위로 된 (갱신된) 임대차계약서를 제출한 탓이라고 판시하였다.

가. 임대인 지위의 승계

소유물을 임대하였다고 해도 그 소유권은 여전히 임대인에게 있으므로 임대인은 임차목적물을 양도할 수 있다. 하지만 그 결과 임대인은 임차인에게 부담하는 자신의 계약상 의무를 더 이상 이행할 수 없게 된다.

임대인이 임차목적물을 자유로이 처분할 수 있도록 하면서도 임대차계약을 준수할 수 있도록 하기 위하여, 민법 제621조 제2항은 부동산임대차는 이를 등기한 때에는 제3자에게 대항할 수 있다고 규정한다.[338] 나아가 주택임대차보호법은 주택임차인이 대항요건을 갖춘 경우 임차주택의 양수인이 임대인의 지위를 승계한 것으로 본다는 조문(제3조 제4항)을 두었다.

이는, 계약은 당사자 사이에서만 효력이 있다는 원칙에 대한 예외이다. 계약의 상대효 원칙에 따르면 당사자 이외의 제3자에게는 계약의 이행을 청구할 수 없다. 하지만 대항요건을 갖춘 임차인은 새로운 소유자에게 임대차계약의 이행을 청구할 수 있다. 즉 주택 양수인은 전 임대인 대신에 기존 임대차계약의 당사자가 되며 그 계약에 기한 권리와 의무를 부담한다.

임대차관계가 이전되는 이유는 간단하다. 임차인에게 의무를 부담하던 임대인이 목적물을 양도하기로 결정하였다고 해서 그 의무를 면할 수는 없기 때문이다. 이는, 타인에게 권리를 부여한 자가 독단적인 행위로써 그 타인의 권리를 없애버릴 수는 없다는 일반원칙에 따른 것이다. 임차인의 권리는 채권이기는 하나, 목적물에 부착된 권리로서 목적물의 양도에 부수하여 이전하는 것이다.

---

338) 의용민법도 부동산임대차는 등기를 갖춘 때에 제3자에게 대항할 수 있다고 규정하였다(제605조).

나. 적용범위

(1) 모든 종류의 양도

매매뿐만 아니라 교환, 출자, 증여 등에 의한 양도에도 적용된다. 경매는 양도가 아니다(주택임대차보호법 제3조의5).

(2) 대항요건을 갖춘 임차인

매도인이 임차인이 될 수도 있다. 그런데 주택임차인이라 하더라도 대항요건을 갖추지 않았다면 임차인은 임차주택의 양수인에게 대항할 수 없다. 이 경우 임대차가 종료하면 임차인은 임대인에게 채무불이행으로 인한 손해배상을 청구할 수 있다.

다. 강행규정 여부

임대차의 등기에 관한 민법 제621조는 강행규정이 아니다(민법 제652조 참조). 하지만 주택임대차보호법은 강행규정이다. 따라서 임대차계약에서 목적물의 양도시 임대차가 종료하는 것으로 약정하더라도 그 약정은 효력이 없다(주택임대차보호법 제10조).

라. 효과

(1) 임차인과 양수인의 관계

임대차기간 중에 임대인이 목적물을 제3자에게 양도했을 경우, 임차권이 대항력을 가지는 경우에는 임차주택의 매수인은 소유권을 취득한 때로부터 임차인에 대한 권리와 의무를 부담한다. 임대차관계의 이전은 양도시에 발생하고 소급효가 없다. 따라서 양도 전과 양도 후를 분명히 구분하여야 한다. 임차주택 매도인이 매수인에게 자신의 차임채권을 양도하지 않았다면 임차주택이 양도되기 전의 차임연체를 이유로 임차인에게 책임을 물을 수 없다. 신소유자가 보증금반환채무도 당연히 승계한다. 신임대인이 구임대인으로부터 보증금을 인도받았는지 여부를 묻지 않는다. 임대차관계의 이전은 임차인의 보호를 위한 것이다. 따라서 대항력 있는 임차인이 임차주택의 양수인에게 임대인 지위가 승계되는 것을 원하지 않는 경우에는 주택임대차보호법 제3조 제4항의 규정에 불구하고 임대차의 구속력으로부터 벗어날 수 있다.

(2) 양도인의 책임

대항요건을 갖춘 임차권은 임차부동산의 양수인을 구속한다. 그리하여 양수인은 당장 임차부동산을 사용할 수 없는 등의 영향을 받게 된다. 양수인이 이러한 문제를 피하는 방법은 무엇일까? 양도의 대표적인 경우인 매매에 있어서 매도인은 목적물을 임차인에게 임대한 행위를 매수인에게 고지할 의무가 있다(민법 제584조). 그러한 의무를 이행하지 않은 경우에 매도인은 담보책임을 부담하게 된다(민법 제575조 제2항).[339] 매수인이 과실로 인하여 부동산에 대항력 있는 임차권이 존재함을 알지 못하였다는 사실은 매도인의 담보책임의 성립에 아무런 방해가 되지 않는다.[340] 그래도 매수인의 입장에서는

339) 곽윤직 편집대표, 「민법주해[XIV]」, 채권(7), 박영사, 1997, 425면(남효순 집필부분).
340) 곽윤직 편집대표, 위의 책(주 339), 427면(남효순 집필부분).

등기부와 목적 부동산 및 주민등록사항을 조사하게 될 것이다. 조사를 통해 대항력 있는 임차권이 드러나면 매수인은 그 존재로 인한 불이익을 고려하여 매매대금을 결정하게 될 것이다.[341]

〈사례9〉

乙은 丁에게 1억 원의 범위 안에서 주택 한 채를 매수하여 달라는 부탁과 함께 丁에게 위임장을 작성해 주었다. 이에 따라 丁은 乙의 대리인 자격으로 甲으로부터 X주택을 매수하는 계약을 체결하였다. 甲은 며칠 후 잔금을 수령하면서 이전등기를 乙 앞으로 마쳤다. 그러나 이 X주택에는 임차인 丙이 임대보증금 7,000만원을 주고 1년 전부터 전입신고를 마친 후 현재까지 거주하고 있었다. 매수한 X주택에 자신이 직접 거주하고자 했던 乙이 甲을 상대로 취할 수 있는 구제방법은 무엇인가?

2. 당사자의 사망

〈법조문〉

민법 제637조

제637조 — ① 임차인이 파산선고를 받은 경우에는 임대차기간의 약정이 있는 때에도 임대인 또는 파산관재인은 제635조의 규정에 의하여 계약해지의 통고를 할 수 있다.

② 전항의 경우에 각 당사자는 상대방에 대하여 계약해지로 인하여 생긴 손해의 배상을 청구하지 못한다.

주택임대차보호법 제9조

제9조 — ① 임차인이 상속인 없이 사망한 경우에는 그 주택에서 가정

341) 곽윤직 편집대표, 위의 책(주 339), 426면(남효순 집필부분) 참조.

공동생활을 하던 사실상의 혼인관계에 있는 자가 임차인의 권리와 의무를 승계한다.

② 임차인이 사망한 때에 사망 당시 상속인이 그 주택에서 가정공동생활을 하고 있지 아니한 경우에는 그 주택에서 가정공동생활을 하던 사실상이 혼인 관계에 있는 자와 2촌 이내의 친족이 공동으로 임차인의 권리와 의무를 승계한다.

③ 제1항과 제2항의 경우에 임차인이 사망한 후 1개월 이내에 임대인에게 제1항과 제2항에 따른 승계 대상자가 반대의사를 표시한 경우에는 그러하지 아니하다.

④ 제1항과 제2항의 경우에 임대차 관계에서 생긴 채권 채무는 임차인의 권리의무를 승계한 자에게 귀속된다.

임대차는 당사자 일방의 사망으로 영향을 받지 않는다. 임대인이 사망하면 그 상속인이 임대인으로서의 권리의무를 부담한다(민법 제1005조). 임차인이 사망하면 역시 그 상속인이 임차인으로서의 권리의무를 부담한다. 사용대차에 관한 민법 제614조는 차주가 사망하거나 파산선고를 받은 때에는 대주는 계약을 해지할 수 있다고 규정한다. 반면 임대차에 관한 민법 제637조는 임차인이 파산선고를 받은 경우에는 임대차기간의 약정이 있는 때에도 임대인 또는 파산관재인은 계약해지의 통고를 할 수 있다고 규정한다. 이 두 조문을 비교해 볼 때 임차인이 사망하였다고 해서 임대인이 계약을 해지할 수는 없음을 알 수 있다.

기혼 임차인이 사망한 경우 생존배우자는 공동상속인과 함께 임차인의 권리와 의무를 승계한다(민법 제1003조, 제1005조). 사실혼관계에 있는 임차인이 사망한 때에 사망 당시 상속인이 그 주택에서 가정공동생활을 하고 있지 아니한 경우에는 그 주택에서 가정

공동생활을 하던 사실혼 배우자와 2촌 이내의 친족이 공동으로 임차인의 권리와 의무를 승계한다(주택임대차보호법 제9조 제2항). 그 임차인이 상속인 없이 사망한 경우에는 그 주택에서 가정공동생활을 하던 사실혼 배우자가 임차인의 권리와 의무를 승계한다(같은 조 제1항). 하지만 승계대상자가 임대인에게 반대의사를 표시한 경우에는 그러하지 아니한다(같은 조 제3항).

제5장 당사자들의 권리와 의무

임대차계약은 (고용계약과 더불어) 계속적 이행이 필요한 쌍무계약이다. 당사자의 급부가 상호성이 있을 뿐 아니라 그 의무들이 계속적인 상호의존관계에 있다. 주택임대차 당사자들의 권리와 의무를 고찰함에 있어서 이러한 계속적 특성을 유념하여야 한다.

제1절 주택임차인의 법적 지위

Ⅰ. 권리

1. 임차인의 비용상환청구권

〈법조문〉

민법 제626조

제626조 — ① 임차인이 임차물의 보존에 관한 필요비를 지출한 때에는 임대인에 대하여 그 상환을 청구할 수 있다.

② 임차인이 유익비를 지출한 경우에는 임대인은 임대차종료시에 그 가액의 증가가 현존한 때에 한하여 임차인의 지출한 금액이나 그 증가액을 상환하여야 한다. 이 경우에 법원은 임대인의 청구에 의하여 상당한 상환기간을 허여할 수 있다.

가. 유익비상환청구권

원칙은 임대인은 언제든지 원상회복을 청구할 수 있다는 것이다(민법 제654조, 제615조). 임차인이 행한 공사가 개량에 해당할지라도 원상회복을 청구할 수 있고, 임대인이 그 공사에 동의하였더라도 원상회복을 청구할 수 있다.

하지만 임대인이 임차인의 원상회복의무를 면제하는 때에는 임차인은 민법 제626조 제2항에 기한 유익비상환청구권을 행사할 수 있다. 원상회복의무의 면제는 임대인이 자발적으로 하지 않아도 법률규정에 의해서 일어날 수 있다. 대표적인 경우가 부합(민법 제256조, 제257조)이 일어난 경우이다. 가령 임차주택이 임차인이 창문과 문을 설치한 경우[342]에 그 창문과 문은 임대인 소유로 귀속되므로,[343] 임차인이 수거할 수 없다. 이 때 일반적으로는 민법 제261조의 손실보상청구권이 문제될 수 있으나, 임차인에게는 민법 제626조의 유익비상환청구권이 인정된다.[344]

유익비는 재산가치의 증가를 위하여 지출한 비용을 말한다.[345] 임차인의 선택에 좇아 그 지출액이나 현존이익의 상환을 청구할 수 있다. 따라서 유익비 지출시와 목적물 반환시 사이에 화폐가치가 하락한 경우, 임대인이 지출액만 상환하고 나머지 이익을 보유하는 것도 가능하다.

이 때 임차인은 변제를 받을 때까지 임차목적물을 유치할 수 있다(민법 제320조). 만일 임차인이 목적물을 먼저 반환한 때에는 그로부터 6개월 내에 비용상환청구를 하여야 한다(민법 제654조, 제617조).

임차인이 지출한 금액을 청구할 수 있는 권리는 일종의 사무관

---

342) Climie v Wood (1869) LR 4 Ex328; Bishop v Elliott (1855) 11 Exch 113 (창문과 문은 영업용 비품이나 장식물에 속할 수 없다고 판시함); Boswell v Crucible Steel Company [1925] 1 KB 119

343) 이를 영국에서는 임대인 소유로 귀속되는 부착물(Landlord's fixtures)이라고 부른다.

344) 부합을 행한 자가 임차인이 아니라 전세권자라면 제310조가 적용될 것이다.

345) 유익비는 필요비와 달리, 전세권자, 사용차주, 임차인에게 모두 상환청구권이 인정된다(민법 제310조, 제611조 제2항, 제626조).

리자의 비용상환청구권이고, 임차물의 가액의 증가분을 청구할 수 있는 권리는 일종의 부당이득반환청구권이다. 그런데 만일 임대차 계약에서 임차인이 유익비상환청구를 하지 않기로 약정한 때에는 임차인은 상환청구를 할 수 없다.346)

나. 필요비상환청구권

필요비는 물건의 보존에 필요한 비용을 말한다. 그 비용을 지출하지 않으면 물건이 손상을 입는 경우를 말한다. 필요비상환청구권의 근거는 사용수익권자는 수선의무를 부담하지 않고 상대방이 수선의무를 부담한다는 데 있다. 전세권자는 통상의 관리에 속하는 수선을 하여야 한다(민법 제309조). 따라서 전세권자는 목적물에 지출한 필요비의 상환을 전세권설정자에게 청구할 수 없다. 판례는 사용대차 사건에서 "낡은 출입문을 새로 만들고 마루문, 지붕 및 방 4개를 보수하고 상수도관이 삭아서 새로 바꾸고 정원과 마당을 일부 보수한 것은 주택의 유지보존을 위한 통상의 필요비에 해당한다"고 하여 차주의 상환청구를 기각한 바 있다.347)

임차인은 임차물이 수리를 요하는 때에 지체 없이 임대인에게 이를 통지할 의무를 질 뿐이다(민법 제634조). 민법 제623조는 임대인에게 "계약존속 중 사용수익에 필요한 상태를 유지하게 할 의무"를 과하고 있다. 따라서 임차물이 수선이 필요한 때에는 임대인이 수선하여야 한다. 변제비용은 채무자의 부담으로 하므로(민법 제473조 본문), 임차인이 수리비용을 지불하였다면 그 비용의 상환

---

346) 대법원 1995. 6. 30. 선고, 95다12927 판결
347) 서울고등법원 1976. 7. 23. 선고, 75나1886 판결

을 청구할 수 있다.[348]

하지만 만약 "계약기간 중의 수선의무는 임차인이 부담한다"고 특약을 하였다면, 임차인은 통상적인 수선을 위한 비용에 대해 임대인에게 상환청구를 할 수 없다.[349] 임차인이 선관주의의무를 위반하여 목적물을 훼손한 때에는 임대인에게 수선의무가 없다.[350] 오히려 임차인에게 손해배상의무가 발생하므로[351] 비용상환청구는 할 수 없다.

2. 임차인의 부속물매수청구권

〈법조문〉

민법 제615조, 제646조, 제654조

제615조 — 차주가 차용물을 반환하는 때에는 이를 원상에 회복하여야 한다. 이에 부속시킨 물건은 철거할 수 있다.

제646조 — ① 건물 기타 공작물의 임차인이 그 사용의 편익을 위하여 임대인의 동의를 얻어 이에 부속한 물건이 있는 때에는 임대차의 종료시에 임대인에 대하여 그 부속물의 매수를 청구할 수 있다.

② 임대인으로부터 매수한 부속물에 대하여도 전항과 같다.

제654조 — 제610조제1항, 제615조 내지 제617조의 규정은 임대차에 이를 준용한다.

348) 윤철홍, "임차인의 비용상환청구권", 법학논총 제14집(2004), 숭실대 법학연구소, 27면.

349) 대법원 2002. 11. 22. 선고, 2002다38828 판결 참조.

350) 김형배, 「채권각론」, 신정판, 박영사, 2001, 446면; 이은영, 「채권각론」, 제5판, 박영사, 2005, 417면. 그러나 곽윤직, 「채권각론」, 신정판, 박영사 354면; 지원림, 「민법강의」, 제16판, 홍문사, 2019, 1484면은 임차인의 귀책사유로 임차목적물이 훼손된 때에도 임대인이 수선의무를 부담한다고 한다.

351) 이은희, "임차인의 선관주의의무에 관한 연구", 법학연구 제23권 제1호(2012), 충북대 법학연구소, 94면.

임대차가 종료하면 임차인은 목적물을 원상으로 회복할 권리와 의무가 있다(민법 제615조). 따라서 건물임차인은 건물에 부속시킨 물건을 건물로부터 철거하여야 한다. 하지만 이것은 사회경제적으로 손실이다. 따라서 이를 방지하는 취지에서 민법은 건물임차인에게 부속물매수청구권을 인정하였다(민법 제646조).[352] 매수청구권은 의용민법 당시에는 인정되지 않았던 제도였으나 민법이 제정될 때 임차권 보호란 특별한 뜻을 지니고 새로이 규정된 것이다.

임차인이 물건을 목적 건물 등에 부가시킨 경우에 그 부가된 물건이 목적 건물 기타 공작물의 구성부분이 되면 유익비상환청구권을,[353] 부가된 후에도 독립한 물건으로 존재하지만 목적물의 사용에 객관적인 편익을 가져오는 물건인 경우에는 부속물매수청구권을 행사할 수 있다.[354] 하지만 임대차계약이 임차인의 채무불이행으로 인하여 해지된 경우에는 임차인은 민법 제646조에 의한 부속물매수청구권이 없다.[355]

임대차종료시의 매수청구권을 미리 포기하기로 하는 특약은 임차인에게 불리한 특약으로서 민법 제652조에 의해 원칙적으로 무효이다. 왜냐하면 그렇지 아니하면 매수청구권은 사실상 위 특약에 의해 유명무실하게 되기 쉽기 때문이다. 그런데 대법원은 매수청구권포기 특약이 임차인에게 불리한 특약인지 여부를 특약조항 자체만으로 판단하지 않는다. 임대차계약과 계약체결의 경위 및 제반사정을 종합적으로 고려하여 판단한다.[356] 이는 임대차관계가 당사

352) 전세권자에게도 부속물매수청구권이 인정된다(민법 제316조).
353) 대법원 1983. 2. 22. 선고, 80다589 판결
354) 대법원 1982. 1. 19. 선고, 81다1001 판결; 대법원 1996. 8. 23. 선고, 96다18086 판결
355) 대법원 1990. 1. 23. 선고, 88다카7245 · 7252 판결
356) 대법원 1982. 1. 19. 선고, 81다1001 판결: 원고 소유인 임대차목적 건물은 10

자간의 신뢰관계를 바탕으로 한다는 점에서 정당화될 수 있다. 그러나 간과할 수 없는 것은 '형식'을 넘어 '실질'을 논하는 해석으로 강행규정의 힘이 약화될 수 있다는 점이다. 대법원의 입장은 계약갱신을 간접 강제한다는 매수청구권이 실현될 수 있는 여지를 한정하는 효과를 갖는다. 그 바탕에는 매수청구권제도의 목적에 대한 견해가 있을 것이며, 그것은 특약 자체만에 관하여 임차인의 이해를 판단하여야 하고 임료감액의 조건을 참작할 필요가 없다는 외국의 판결357)과는 다른 견해일 것이다.

일본의 통설은 임차인에게 불리한 특약인지 여부는 계약조건 전체를 비교, 대조하여 종합적으로 정하여야 하는 것이 아니고 임차인이 매수청구권을 취득하지 않는다는 특약 자체만을 가지고 고찰하여야 한다고 한다. 그 이유는 그렇게 하지 않으면 임차인보호라는 이 제도의 목적을 달성하기 곤란하다는 것이다.

매수청구권은 법이 임차인에게 부가한 이익이다. 그러므로 매수청구권을 배제하는 임대인과 임차인 간의 특약이 임차인에게 불리한지 여부를 판단하는 데에는 강행규정이 부여하는 이익과 배제의 댓가를 비교하는 일이 필수적이다.

개월의 임대기간에 보증금 2000만원, 월 차임 150만원 정도는 받을 수 있는 가치가 있는 건물인데, 원·피고 간의 임대차계약에서 보증금 1200만원, 월 차임 50만원으로 2년간 임대하는 대신, 임대차기간이 종료하고 원고가 그 부지에 새로운 건물을 신축하기 위하여 목적물의 반환을 요구할 때는 피고들이 증·개축한 시설물과 부대시설 등을 원고의 소유에 귀속시키기로 하는 특약을 한 사안에서 대법원은 위 특약이 무효라고 할 수는 없다고 판단하였다.

357) 동경고법 소화 31. 3. 22 판결 : 부속물매수청구권을 포기하는 것을 조건으로 소화 7년 이후의 임료를 월 40엔으로 감액한 사안.

3. 임차권의 이전

〈법조문〉

민법 제629조 내지 제632조, 제638조, 제647조

제629조 — ① 임차인은 임대인의 동의 없이 그 권리를 양도하거나 임차물을 전대하지 못한다.

② 임차인이 전항의 규정에 위반한 때에는 임대인은 계약을 해지할 수 있다.

제630조 — ① 임차인이 임대인의 동의를 얻어 임차물을 전대한 때에는 전차인은 직접 임대인에 대하여 의무를 부담한다. 이 경우에 전차인은 전대인에 대한 차임의 지급으로써 임대인에게 대항하지 못한다.

② 전항의 규정은 임대인의 임차인에 대한 권리행사에 영향을 미치지 아니한다.

제631조 — 임차인이 임대인의 동의를 얻어 임차물을 전대한 경우에는 임대인과 임차인의 합의로 계약을 종료한 때에도 임차인의 권리는 소멸하지 아니한다.

제632조 — 전3조의 규정은 건물의 임차인이 그 건물의 소부분을 타인에게 사용하게 하는 경우에 적용하지 아니한다.

제638조 — ① 임대차계약이 해지의 통고로 인하여 종료된 경우에 그 임대물이 적법하게 전대되었을 때에는 임대인은 전차인에 대하여 그 사유를 통지하지 아니하면 해지로써 전차인에게 대항하지 못한다.

② 전차인이 전항의 통지를 받은 때에는 제635조 제2항의 규정을 준용한다.

제647조 — ① 건물 기타 공작물의 임차인이 적법하게 전대한 경우에 전차인이 그 사용의 편익을 위하여 임대인의 동의를 얻어 이에 부속한 물건이 있는 때에는 전대차의 종료시에 임대인에 대하여 그 부속물의 매수를 청구할 수 있다.

② 임대인으로부터 매수하였거나 그 동의를 얻어 임차인으로부터 매수한 부속물에 대하여도 전항과 같다.

임차권은 일신전속적인 것이 아니다. 그래서 원칙적으로 당사자의 사망시에 상속인이 그 권리와 의무를 승계하며(민법 제1005조), 양도될 수 있다. 나아가 임차인이 목적물을 전대하거나 사용대차할 수도 있다.

임차인이 임차권과 관련된 거래를 하고자 하는 경우 임대인의 동의를 받아야 하는지에 관하여는 이론상 다음 세 가지가 가능하다. 첫째, 임대인이 그 거래에 동의하지 않을 권리가 있고 설령 동의하더라도 그것은 임대인의 자유에 기한 것이어서 임차인이 임대인에게 동의를 강요할 수 없는 경우①가 있을 수 있다. 둘째, 임대인에게 동의 여부에 대한 완전한 자유가 있는 것은 아니고 합리적인 이유가 있는 경우에만 동의하지 않을 수 있는 경우②가 있을 수 있다. 셋째, 임대인의 동의를 얻을 필요가 없이 임차인이 자신이 원하는 바를 할 수 있는 경우③가 있다. ①의 경우에는 임대인은 임차인의 요구를 무시할 수 있다. ③의 경우에는 임차인이 임대인에게 동의를 구할 필요가 없다. 현행법상 주택임차권양도와 전대는 ①에 해당하고(민법 제629조), 소부분의 전대는 ③에 해당한다(민법 제632조).

가. 주택임차권의 양도

(1) 계약양도

임대인의 동의가 있는 경우 임차권의 양도는 계약양도에 해당한다. 임차권, 차임지급의무, 계약조건준수의무 등 임대차계약관계 전체가 양수인에게로 이전한다. 임차권양수인은 직접 임대인에 대하여 목적물의 사용수익청구권을 가지며 차임지급의무 등을 부담한다. 임차권양수인이 취득하는 권리와 부담하는 의무는, 바로 양도의 대상인 임대차계약상의 권리와 의무이다.

임차권양도에 관하여 임대인이 미리 동의한 때에는 양수인은 양도시부터 임차인의 지위를 취득한다. 반면 임대인의 동의 없이 임차권양도가 행해진 때에는 양수인은 임대인의 동의를 얻은 때에 비로소 임차인의 지위를 취득한다.[358]

반면 임차권양도인은 임대인과의 관계에서 벗어난다. 임차권양도인이 양수인의 채무에 대해 보증하지 않는 한, 임대인은 더 이상 임차권양도인에게 임차인으로서의 채무이행을 청구할 수 없다.

(2) 임차주택의 인도

임대인이 임차권의 양도를 승낙하여 신임차인이 구임차인으로부터 임차주택을 인도받았다면 구임차인이 임대인에게 주택을 반환하고 임대인이 다시 신임차인에게 주택을 인도하는 대신, 구임차인이 임대인의 승낙하에 직접 신임차인에게 인도함으로써 반환의무의 이행을 다한 것으로 보아야 한다.[359]

주택임대차보호법 제3조 제1항에 의한 대항력을 갖춘 주택임차인이 임대인의 동의를 얻어 적법하게 임차권을 양도한 경우 양수인에게 점유가 승계되고 주민등록이 단절된 것으로 볼 수 없을 정도의 기간 내에 전입신고가 이루어졌다면 비록 임챠권의 양도에 의하

358) 대법원 2012. 5. 24. 선고, 2009다88303 판결 참조.
359) 대법원 1998. 7. 14. 선고, 96다17202 판결

여 임차권의 공시방법인 점유와 주민등록이 변경되었다 하더라도 원래의 임차인이 갖는 임차권의 대항력은 소멸되지 아니하고 동일성을 유지한 채로 존속한다.

(3) 보증금의 반환

구임차인의 임대차보증금반환채권은 임대인이 임차권의 양도를 승낙한 때에 이행기에 도달하게 된다. 따라서 임대인으로서는 임차권양도 승낙시에 구임차인에게 임대차보증금을 반환할 의무를 부담하게 된다.

임대차보증금에 관한 구임차인의 권리의무관계는 신임차인에게 승계되지 않는다. 따라서 신임차인이 차임지급을 연제하는 등 새로운 채무를 부담하게 되었다고 하여 그 연체차임 등을 구임차인에게 반환할 임대차보증금에서 공제할 수는 없다.

구임차인이 임대인과 사이에 임대차보증금을 신임차인의 채무의 담보로 하기로 약정하거나 신임차인에게 임대차보증금반환채권을 양도할 수는 있다. 그런데 이와 같은 임대인과의 약정이나 신임차인에게의 양도가 있기 전에 제3자가 구임대인의 임대차보증금반환채권을 가압류 또는 압류한 경우에는 그러한 약정이나 양도는 압류채권자에게 대항할 수 없다.

나. 임차주택의 전대

(1) 하위 계약

임차권양도는 임차인이 자신의 권리를 처분하는 것인 데 반해,

전대차는 하위계약이다. 즉 전대차도 일종의 임대차인데, 원임대차와는 구별되는 임대차이다. 그 결과 전대차의 (차임 등) 계약조건이 원임대차의 계약조건과 다를 수 있다. 원임차인은 자신이 부담하는 차임보다 높은 차임을 전차인에게 부과하여 이득을 얻을 수 있기 때문에 전대는 종종 투기적인 작용을 한다.

전차권과 비슷한 구조를 갖는 권리에는 전전세권과 전질권이 있다. 전전세권은 전세권을 기초로 성립하는 지분권이고 전질권을 질권을 기초로 성립하는 지분권이다. 그런데 전전세권과 전질권은 그 기초권이 물권으로서 원전세권설정자나 질권설정자의 동의 없이 성립(민법 제306조, 제336조)하는 데 반해, 전차권은 그 기초권이 채권으로서 임대인의 동의를 얻어 성립한다(민법 제629조 제1항).

(2) 전차인의 권리와 의무

전차인이 취득하는 권리와 의무는 전대차계약에 기한 것이다. 전차인에게 목적물의 사용수익을 가능하게 해 주고 임차주택을 유지하고 수선할 의무를 부담하는 사람은 전대인(임차인)이다. 전차인은 임대인에게는 아무것도 요구할 수 없다.

반면 전차인은 직접적으로 임대인에게 의무를 부담한다(민법 제630조 제1항 전문). 이 경우에 전차인은 전대인에 대한 차임의 지급으로써 임대인에게 대항하지 못한다.

(3) 전대인의 권리와 의무

전차인과 임대차계약을 체결한 원래의 임차인은 여전히 임차인으로서 임차물을 사용수익한다. 주택임대차보호법 제3조 제1항에 정한 대항요건은 임차인이 해당 주택에 거주하면서 이를 직접 점유하는 경우뿐만 아니라 타인의 점유를 매개로 하여 이를 간접점유하는 경우에도 인정될 수 있다.

전차인의 과책으로 목적물이 멸실·훼손된 데 대하여 임대인은 임차인에게도 채무불이행책임을 물을 수 있는가? 학설은 민법 제391조를 적용함으로써 전차인을 임차인의 이행보조자 내지 이용보조자로 보아 전차인의 과실에 대한 모든 책임을 귀속시키는 견해[360]와, 전차인을 이행대행자로 보아 선임·감독상의 과실에 대해서만 임차인에게 책임을 귀속시키는 견해[361], 전차인과 임차인이 임대인의 공동임차인으로서 법정연대책임을 부담한다는 견해[362]로 나뉜다. 두 번째 견해는 임대인이 자기 의사에 의해 전차인을 받아들였다면 그러한 편입으로 인한 위험도 어느 정도 감수하여야 할 것이라는 데 그 근거를 두고 있다. 반면 첫 번째 견해에서는 임대인의 동의는 임차인의 사용·수익의 확장을 허용하는 것일 뿐 전차인의 개입으로 인한 위험을 스스로 부담한다는 의미는 없다고 반박한다. 세 번째 견해는 임대인의 동의가 있는 전대차의 경우 임대인과 전차인간에 직접적으로 법률관계가 성립한다는 데 착안하여 전차인을 임대인의 공동임차인으로 파악한다.

전전세와 전질에 있어서는 전세권자나 질권자가 전전세 또는 전질하지 아니하였으면 면할 수 있는 불가항력으로 인한 손해에 대해서도 책임을 져야 하는(민법 제308조, 제336조 후단) 데 반해, 전대차의 경우에는 책임가중의 문제가 생기지 않는다.

---

360) 양창수, "이행보조자의 의미와 구분에 관한 약간의 문제", 민법연구 제4권, 박영사, 1997, 195면; 이은영, 앞의 책(주 350), 438면.

361) 곽윤직, 앞의 책(주 350), 371면; 김형배, 앞의 책(주 350), 484면.

362) 신국미, "전차인의 과실과 임차인의 책임", 민사법학 제31호(2006), 490면.

(4) 전대차의 종료

전차권은 임차인의 임차권을 기초로 성립하는 지분권이다. 전차권은 임차권에 의하여 제약을 받으며 임차권이 소멸하면 전차권도 소멸한다.[363)]

기초권자는 기초권을 소멸시킴으로써 지분권까지 소멸케 하는 행위를 하지 아니할 구속을 받는다. 따라서 임차인이 임대인의 동의를 얻어 임차물을 전대한 경우에는 임대인과 임차인의 합의로 계약을 종료한 때에도 전차인의 권리는 소멸하지 않는다(민법 제631조).

임대차계약이 해지통고로 인하여 종료되는 경우 그 임대물이 적법하게 전대되었을 때에는 임대인은 전차인에 대하여 그 사유를 통지하지 아니하면 해지로써 전차인에게 대항하지 못하고, 전차인이 그 통지를 받은 때에는 1개월이 경과하여야 해지의 효력이 생긴다(민법 제638조).

그러나 임차인의 차임연체액이 2기의 차임액에 달함에 따라 임대인이 임대차계약을 해지하는 경우에는 전차인에게 그 사유를 통지하지 않더라도 해지로써 전차인에게 대항할 수 있고 그 해지의 의사표시가 임차인에게 도달하는 즉시 임대차관계는 종료된다.[364)]

건물전차인이 임대인의 동의를 얻어 부속시킨 물건이 있는 때에는 전대차의 종료와 더불어 부속물의 매수를 청구할 수 있다(민법 제647조).

---

363) 김증한, "권리의 중층구조", 법조 제28권 제9호(1979), 법조협회, 4면.
364) 대법원 2012. 10. 11. 선고, 2012다55860 판결

Ⅱ. 의무

주택임차인은 임대차의 존속중에 두 가지 의무를 부담한다. 하나는 임차주택의 사용과 관련된 의무(A)이고, 다른 하나는 차임지급의무(C)이다. 임대차종료시에는 임차주택 반환의무(B)를 진다.

A. 임차주택 사용에 관한 의무

〈법조문〉

민법 제374조, 제610조, 제617조, 654조

제374조 ― 특정물의 인도가 채권의 목적인 때에는 채무자는 그 물건을 인도하기까지 선량한 관리자의 주의로 보존하여야 한다.

제610조 ― ① 차주는 계약 또는 그 목적물의 성질에 의하여 정하여진 용법으로 이를 사용, 수익하여야 한다.

제617조 ― 계약 또는 목적물의 성질에 위반한 사용, 수익으로 인하여 생긴 손해배상의 청구와 차주가 지출한 비용의 상환청구는 대주가 물건의 반환을 받은 날로부터 6월내에 하여야 한다.

제654조 ― 제610조제1항, 제615조 내지 제617조의 규정은 임대차에 이를 준용한다.

임차인은 임차주택을 사용함에 있어서 용법을 준수하여야 하며(1) 선량한 관리자의 주의로 보존하여야 한다(2).

1. 용법준수의무

임차인은 목적 건물을 주거용으로 사용·수익하여야 한다(민법 제654조, 제610조 제1항). 이는 적극적인 의무라기보다 소극적인 의무이다.

목적물의 성질에 의한 용법을 준수할 의무를 위반하였는지 여부는 문제행위가 행해진 시간 및 공간과 관련하여 판단된다. 가령 임차주택에서 야간에 소음을 일으키거나, 임차주택을 방탕한 장소로 바꾸거나, 위험한 광인을 유숙시키는 행위는 의무 위반에 해당한다.

나아가 임차인은 임차주택의 합의된 용도를 변경할 수 없다. 주거용으로 임대된 부동산은, 임대인과 합의하여 용도를 변경하지 않는 한, 상업용으로 쓰일 수 없다.

임차인이 의무위반행위를 하는 때에는 임대인은 불법한 사용수익을 정지할 것을 최고하고 그로 인하여 손해가 발생하였으면 손해배상을 청구할 수 있다. 이 손해배상청구권에는 6개월의 제척기간이 있다(민법 제654조, 제617조).

2. 선관주의의무

가. 근거

임대차계약상 명시적인 약정이 없다고 하더라도 임차인은 민법 제374조에 의하여 임차목적물을 선량한 관리자의 주의로 보존할 의무를 부담한다. 사실 선관주의의무는 임차인이 임대차종료시에 부담하는 목적물반환의무에 기인한다. 임차인은 목적물을 “원상에” 회복하여 임대인에게 반환하여야 하기 때문이다.

민법 제374조가 규정하는 선관주의의무란 거래상 평균인에게 일반적으로 요구되는 정도의 주의의무를 말한다. 즉 채무자가 처한 구체적인 각 상황에서 동일한 직업, 연령, 지식, 경험 기타 사회적 지위를 갖는 자에게 거래상 통상적으로 요구되는 주의의무를 말한다.

선관주의의무는 이처럼 일반적·객관적 기준에 의하여 정하여지므로 객관적 주의의무에 해당한다. 이러한 객관적 주의의무를 결하는 것을 추상적 과실이라고 하고 이 경우 과실은 경과실을 말한다.

선관주의 보존의무는 그 성질에 있어서 '본래의 급부의무'가 아니고 '기타의 행위의무'이며, 또한 결과실현에 향하여진 의무(결과채무)가 아니고, 채무자의 행위 자체에 향하여진 이른바 행위채무이다. 의무자가 하여야 하는 행위를 다하였으면 비록 멸실·훼손이라는 결과가 발생하였다 하더라도 그는 이행한 것이 된다. 그리하여 그는 멸실·훼손에 대하여 책임을 지지 않게 된다. 즉 그는 단지 그에게 귀책사유가 없었기 때문만이 아니고 그가 의무를 이행하였기 때문에 면책되는 것이다.

나. 내용

(1) 일반적인 내용

임차인이 부담하는 보존의무의 일반적인 내용은 다음과 같다.

첫째, 임차인은 타의에 의하여서든 자의에 의하여서든 자신의 지배범위로부터 목적물이 일탈하지 않도록 하여야 한다. 임차인은 목적물의 분실을 방지하기 위한 조치를 취하여야 한다. 임차인은 임차물에 대하여 권리를 주장하는 자가 있는 때에는 원칙적으로 지체없이 이를 임대인에게 통지할 의무를 진다(민법 제634조).

둘째, 임차인은 자연적 또는 인위적인 훼손으로부터 임차물을 보호하여, 임대차기간 동안의 정상적인 사용가치의 감소(ordinary wear and tear)를 제외하고는, 그 사용가치를 유지하여야 한다. 주택임차인의 경우 (집합건물의 공용부분을 포함한) 임차주택을 깨

끗하고 위생적인 상태로 유지하고 훼손하지 않아야 한다.[365]

뿐만 아니라 임차인은 임차물의 실체를 변경할 수 없다. 예를 들면 임대인의 명시적 허가 없이 칸막이를 제거하거나 문을 넓히거나 벽에 큰 구멍을 뚫는 행위를 할 수 없다. 임차인이 임대인의 허락을 받지 않고 임차물에 변경을 가한 때에는 임대차종료시에 원상태로 복구하여야 하며 그 비용은 자신이 부담하여야 한다.

임차물이 수리를 요하는 때에는 임차인은 지체 없이 이를 임대인에게 통지할 의무를 진다(민법 제634조). 나아가 임대인이 하는 임차물의 보존에 필요한 행위를 인용할 의무를 진다(민법 제624조).[366]

셋째, 임차인은 목적물의 멸실을 방지하여야 한다.

(2) 특약이 있는 경우

민법 제374조는 강행규정이 아니고 임의규정이고, 또한 특정물 채무자의 의무에 관한 원칙적 · 일반적 규정이므로 당사자 사이에 다른 특약이 있거나 법률에 특별한 규정이 있는 경우에는 채무자의 의무는 그 특약이나 법률규정에 의하여 결정된다.[367] 그러므로 임

---

365) 주택임차인의 선관보존의무로는 다음과 같은 것을 열거할 수 있다.
- 청결의무 : 쓰레기를 치울 의무, 쓰레기를 안전하고 깨끗하게 처리할 의무, 배관을 청결하게 유지할 의무
- 안전의무 : 화재경보기를 제거하거나 변형하지 않고 건전지를 제거하지 않을 의무
- 주택의 어느 부분이라도 고의 또는 과실로 훼손하거나 제거하지 않을 의무
- 타인으로 하여금 주택의 어느 부분이라도 고의 또는 과실로 훼손하거나 제거하도록 허락하지 않을 의무

366) 다만 임차인이 이 보존행위를 바라지 않고 또 그 때문에 임대차의 목적을 달성할 수 없을 때에는 임차인은 계약을 해지할 수 있다(민법 제625조).

367) 곽윤직 편집대표, 민법주해[Ⅷ], 박영사, 109면(송덕수 집필부분).

차인의 선관주의 보존의무도 임대차계약상의 약정에 의하여 영향을 받는다.368)

가령 임대인이 임차인에게 임차물에 변경을 가하는 것을 허락한 경우에는 임차인이 임차물에 변경을 가한 것이 선관주의 보존의무의 (적극적) 위반에 해당하지 않는다. 다른 예로 "계약기간중의 수선의무는 임차인이 부담한다"고 특약을 하였음에도 임차인이 통상적인 수선의무를 이행하지 않아 손해를 야기한 경우에는 선관주의 보존의무의 (소극적) 위반에 해당한다.

다. 의무위반의 태양

임차인이 선관주의 보존의무를 위반하는 모습은 적극적 위반과 소극적 위반으로 나눌 수 있다.

(1) 적극적 위반

적극적 위반이란 해서는 안 되는 일을 함으로써 손해를 야기한 경우이다. 예를 들어 아파트 임차인이 거실을 넓어보이게 하기 위해 거실과 부엌 사이의 내벽을 헐어냈으면 이는 적극적 위반에 해당한다. 그밖에도 문과 창문을 꽝 닫는 행위, 문을 그네처럼 타는 행위, 배수관을 타고 오르내리는 행위, 격자 모양의 울타리를 오르는 행위를 함으로써 임차목적물을 훼손한 경우에는 적극적 위반에 해당한다.

368) 하경효, "임대차계약에서의 급부장애", 고려법학 제49호(2007), 고려대 법학연구원, 112면.

(2) 소극적 위반

소극적 위반이란 방지조치를 하지 않음으로써 손해를 야기한 경우이다. 임차물이 수선을 필요로 하는 때에는 임차인은 지체 없이 그 내용을 임대인에게 통지할 의무를 지는데(민법 제634조) 이를 통지하지 않아 훼손이 일어난 경우[369]에는 소극적 위반에 해당한다.

라. 선관주의의무의 존속기간

특정물채무자의 선관주의의무는 특정물채권의 성립과 동시에 생기는 것이 보통이다. 그러나 임차인의 경우에는 그 목적물의 인도를 받은 때에 선관주의의무가 발생한다.[370] 보통의 주택임차인이라면 이사 들어올 때의 주택 상태를 잘 보존하면 된다.[371]

민법 제374조는 '물건을 인도하기까지' 선관주의의무를 부담하는 것으로 규정하고 있다. 여기서 인도하는 때란 물건을 인도하여야 하는 때, 즉 이행기를 말하는 것이 아니라 이행기의 전후를 불문하고 물건을 현실로 인도하는 때를 말하는 것으로 이해되고 있다. 그러나 엄밀하게 말하면 이행기 이후에는 현실로 인도할 때까지 채무자가 언제나 계속 동일한 정도의 보존의무를 부담하는 것은 아니다. 이행기를 경과한 사유가 무엇이냐에 따라 채무자의 선관주의의무가 가중되거나 경감되는 수가 있다. 이행기가 경과하는 사유는

369) 거실과 부엌 사이의 내벽이 붕괴할 위험이 있는데도 임차인이 아무런 통지를 하지 않아서 결국 무너진 경우가 있을 수 있다.
370) 대법원 1962. 3. 8 자, 4294행상17 결정
371) 이 때문에 미국에서는 임차인이 이사 들어올 때 임대인이 "임차목적물 상태보고서(Condition of Premises Report)"라는 것을 작성하여 교부한다.

이행지체, 채권자지체 그리고 기타의 경우로 나누어 볼 수가 있다. 각 경우에 따라서 채무자의 보존의무의 내용이 달라진다. 임차인도 마찬가지이다.

(1) 이행지체 이후의 보존의무 : 결과의무

민법 제392조에 의하면 채무자는 자기에게 과실이 없는 경우에도 그 이행지체 중에 생긴 손해를 배상하여야 한다. 따라서 이행지체 중에는 임차인은 선량한 관리자의 주의의무를 기울였음에도 불구하고 목적물에 대하여 발생한 훼손이나 멸실에 대하여 책임을 져야 한다. 따라서 임차인에게 과실 없이 목적물이 멸실된 경우 목적물반환의무는 전보배상의무로 전환된다.

그리고 임차인은 반환 당시의 목적물의 상태가 이행기의 현상이 아닌 경우에는 언제나 이에 대하여 책임을 져야 한다. 따라서 이행지체 중에는 더 이상 선관주의의무는 존속하지 않고 가중된 주의의무가 성립한다. 임차인은 결과의무를 부담하고 이에 대하여 결과책임을 진다.

(2) 채권자지체 이후의 보존의무 : 선관주의의무의 경감

민법 제401조에 의하면 채권자지체 중에는 채무자는 고의 또는 중대한 과실이 없으면 불이행으로 인한 모든 책임이 없다. 채권자지체중에는 임차인은 경과실로 인하여 발생한 훼손에 대하여도 책임을 지지 않는다. 따라서 채권자지체중에는 선관주의의무는 더 이상 존속하지 않고 경감된 주의의무가 성립한다.

(3) 기타의 경우의 보존의무 : 선관주의의무의 존속

이행지체나 채권자지체의 사유가 없이 이행이 지연되는 경우 임차인은 임차물을 임대인에게 실제로 반환할 때까지 선관주의 보존의무를 부담한다. 그러므로 불가항력으로 인하여 임대차 종료시에 목적물을 반환하지 못하던 중 임차인의 과실로 목적물이 멸실 또는 훼손된 경우에는 임차인이 채무불이행책임을 부담한다. 불확정기한의 도래사실을 몰라서 임차목적물을 반환하지 못하던 중에(387조 1항 2문) 임차인의 과실로 목적물이 멸실 또는 훼손된 경우에는 임차인이 채무불이행책임을 부담한다. 임차인에게 유치권이나 동시이행의 항변권과 같은 사유가 있어서 임차목적물을 반환하지 않던 중 임차인의 과실로 목적물이 멸실 또는 훼손된 경우[372]에 임차인이 채무불이행책임을 부담한다.

마. 한계

선관주의의무에도 한계가 있다. 임대인의 수선의무해태 또는 정상적 마모에 대해서는 임차인이 책임을 지지 않는다.

(1) 임대인의 수선의무 해태

임차인이 수선의무를 부담하기로 하는 특약이 없는 경우 민법 제623조가 적용되는데, 이 법률규정은 임차인의 선관주의 보존의무에 영향을 미친다.[373] 민법 제623조는 임대인에게 "계약존속중

---

372) 대법원 1991. 10. 25. 선고, 91다22605 판결

373) 곽윤직 편집대표, 「민법주해[IX]」, 채권(2), 박영사, 1995, 383면(양창수 집필부분)

사용수익에 필요한 상태를 유지하게 할 의무"를 과하고 있다.[374] 따라서 임차물이 파손 등으로 인하여 수선이 필요한 때에는 임대인이 수선하여야 한다. 가령 임차물에 화재가 난 경우에 그 화재의 책임이 임차인에게 있다는 점을 임대인이 입증하지 못하는 한, 임대인이 임차물을 수선하여야 한다. 따라서 임차인이 수선하지 않는다고 하여 선관주의 보존의무를 위반하는 것이 아니다.

(2) 정상적인 마모

통상적으로 사용·수익과정에서 정상적인 마모(ordinary wear and tear)가 일어난 경우에는 임차인의 선관주의 보존의무의 위반이 아니다. 따라서 그에 대하여 임차인에게 손해배상책임이 없다.[375]

바. 임차주택의 화재

임차주택에서 화재가 발생하면 임차인 소유의 내부집기가 타버릴 뿐 아니라 임차건물의 내·외부가 심각하게 훼손되거나 아예 멸실되기도 하며 인명피해가 발생하기도 한다. 이 때 임대인이 임차인에게 훼손된 건물을 보수할 것을 요구하면 임차인은 '건물이 노후해서 화재가 발생했다'고 하며 오히려 임대인이 자신의 손해를 배상해줄 의무가 있다고 주장하곤 한다.

임차목적물에 화재가 난 경우에 그 원인을 찾기는 매우 어렵다.

---

374) 독일민법도 임대인이 목적물을 계약에 좇은 사용에 적합한 상태로 유지할 의무를 규정하고 있다(독일민법 제535조 제1항).

375) 독일민법 제538조는 임차인이 계약에 좇은 사용으로 발생한 목적물의 변화 또는 훼손에 대하여는 책임이 없다고 규정한다.

설령 원인을 찾았다 해도 그 원인이 임차인이 선관주의 보존의무를 위반한 과실에서 비롯되었음을 증명하기는 쉽지 않다. 그런데 임대차목적물이 화재로 멸실된 경우에 관한 판례의 기본입장은, 목적물이 화재로 멸실되었기 때문에 임차인의 목적물반환채무가 이행불능이 되었다고 보고, 이 이행불능에 대하여 임차인이 선량한 관리자의 주의의무가 위반하였을 것임을 일응 추정하는 것이다. 즉 임차인이 점유하고 사용하던 중에 화재로 목적물이 소실된 경우에 임차인이 목적물 반환불능에 따른 손해배상을 면하려면 선량한 관리자의 주의의무를 다하였음을 증명할 것을 요구하고 이를 증명하지 못한 경우 채무불이행책임을 면하지 못하며 그 원인이 밝혀지지 않은 경우에도 임차인이 책임을 지는 것으로 보고 있다.[376]

그러나 목적물 멸실의 원인이 어디에 있는지를 고려하지 않고 임차인의 목적물반환채무의 이행불능만을 문제삼아 임차인이 선량한 관리자의 주의의무를 다하였다는 사실을 증명하지 못하면 일률적으로 책임을 귀속시키는 것은 임대차의 본질과 상반되는 것이다.[377] 임대인이 하자 있는 임차목적물을 제공함으로 말미암아 화재가 발생하였을 수도 있고, 임대인이나 임차인의 과실이 아닌 제3의 원인으로 발생하였을 수도 있는데 임차인의 선관주의의무 위반

376) 대법원 1969. 3. 18. 선고, 69다56 판결; 대법원 1980. 11. 25. 선고, 80다508 판결; 대법원 1982. 8. 24. 선고, 82다카254 판결; 대법원 1985. 4. 9. 선고, 84다카2416 판결; 대법원 1987. 11. 24. 선고, 87다카1575 판결; 대법원 1992. 9. 22. 선고, 92다16652 판결; 대법원 1994. 2. 8. 선고, 93다22227 판결; 대법원 1994. 10. 14. 선고, 94다38182 판결; 대법원 1999. 9. 21. 선고, 99다36273 판결; 대법원 2001. 1. 19. 선고, 2000다57351 판결; 대법원 2006. 1. 13.선고, 2005다50103 판결 등. 이러한 태도는 프랑스민법 제1732조가 규정하는 바("임차인은 그 사용수익기간중에 발생한 훼손 또는 멸실에 대하여 책임을 진다. 다만 이러한 훼손이나 멸실이 그 과실로 인하여 발생한 것이 아님을 입증한 때에는 그러하지 아니하다")와 같다.

377) 하경효, 앞의 논문(주 368), 고려법학 제49호(2007. 10), 고려대 법학연구원, 111면.

여부를 우선 고려하여 임차인에게 일방적으로 증명책임을 부담하게 함은 결과적으로 임차목적물의 멸실 위험을 사실상 임차인에게 부담시키는 것이다.[378] 이처럼 임대차계약에 따라 목적물을 점유·사용하는 임차인에게 목적물 멸실에 대한 위험을 부담할 것을 요구하는 것은 임대차계약의 본질에 반하는 것이다.[379] 임차인은 자신이 사용·수익하도록 계약상 정해진 범위와 특약 혹은 자발적 개입을 통해 인수한 범위에 대해서만 선량한 관리자로서 보존할 의무가 있을 뿐이다. 나머지의 위험은 위험부담의 일반원리에 따라 소유자가 부담하여야 한다.[380]

특정물채무자는 이행할 때의 현상대로 목적물을 인도하여야 한다(민법 제462조). 그 결과 목적물이 멸실된 경우에는 목적물의 인도의무를 면하게 되며, 훼손의 경우에는 훼손된 상태대로 인도하여야 한다. 손해배상의 문제는 채무자가 선관주의 보존의무를 모두 이행했는지 여부에 달려있다. 그 의무를 다했다면 임차인의 손해배상의무는 발생하지 않는다. 임대인이 위험을 부담한다.[381]

대법원 2000. 7. 4 선고, 99다64384 판결은 임차건물이 전기배선의 이상으로 인한 화재로 일부 소훼된 사건에서 임대인의 의무위반을 인정하였다. 즉 발화 원인이 된 현관 천장 부분의 비닐전선은 통나무로 된 벽 안쪽으로부터 천장 안쪽으로 연결된 배선의 일부분으로서 건물구조의 일부를 이루고 있어 외관상으로는 그 상태를 확인하거나 점검할 수 없는 상태여서 임차인이 전기배선의 이상을 미리 알았거나 알 수 있었다고 보기 어렵고, 임차인이 임차하여

378) 하경효, 위의 논문(주 368), 109면.
379) 하경효, 앞의 논문(주 368), 111면.
380) 하경효, 앞의 논문(주 368), 112면.
381) 하경효, 앞의 논문(주 368), 113면.

사용해오면서 한번도 전기배선에 문제가 생긴 적이 없어 수리를 하는 등의 작업을 한 일도 없으며, 특히 위 화재가 발생할 당시 이 사건 건물에는 아무도 없었고 위 발화지점 근처에는 전선이 통과하고 있는 이외에는 발화의 원인이 될 만한 다른 시설이나 물건이 없었다면, 그 하자를 수리 유지할 책임은 임대인에게 있어 임차목적물반환채무의 이행불능은 임대인이 자신의 의무를 다하지 못한 결과이고 임차인의 임차목적물의 보존에 관한 선량한 관리자의 주의의무를 다하지 아니한 결과가 아니라는 이유로 임차인의 손해배상책임을 인정하지 않았다.382)

그런데 특약에 의하여 임차인이 수선의무를 부담하는 경우에는 멸실·훼손의 원인이 목적물 자체의 결함 등이라 하더라도 위와 같은 결론을 도출할 수는 없을 것이다. 전기배선상의 문제점으로 화재가 발생한 사안에 대한 대법원 2006. 1. 13, 2005다51013 판결에서는 임차인이 장기간 임차하고 있으면서 화재의 원인이 된 인입선을 직접 설치하였다는 등의 사정에 근거하여 사고영역의 관리(인입선에 대한 전원차단 등)는 임차인의 지배관리영역 내에 있다고 하면서 특별한 사정이 없는 한 임차인의 지배관리영역내에서 발생한 사고에 대해서 임차인의 선관주의의무를 다하지 아니한 결과로 간주하였다. 이처럼 임대차계약 경위 및 임대기간, 임차물의 전반적인 운영방식, 사고영역에 대한 임차인의 개입여부, 임차인의 위험인식 여부, 위험영역에 대한 임차인의 점검보수 사실, 위험영

382) 비가 많이 와서 물이 새자 임차인의 처가 건물관리인에게 전기를 보아달라고 요구한 일이 있었던 것 외에는 99다64384 판결의 사안과 매우 비슷한 사안에 관한 대법원 2009. 5. 28, 2009다13170 판결은, 건물의 소훼는 전기배선의 하자를 제거하여 임대차목적물을 사용·수익하기에 적합한 상태로 유지할 임대인의 의무를 다하지 못한 결과라고 할 것이므로 임차인인 피고에게 그 목적물의 반환불능으로 인한 법적 책임을 물을 수 없다고 한 원심의 판결을 그대로 유지하였다.

역에 대한 관리(인입선에 대한 전원차단의 필요성) 등을 종합적으로 고려하여 묵시적으로 임차인이 수선의무를 부담하도록 하는 약정이 있었다고 볼 수 있는 경우에는 멸실·훼손의 원인이 목적물 자체의 결함 등이라 하더라도 임차인이 책임을 부담할 수 있을 것이다. 나아가 임차인이 수선의무를 부담하지 않는 사항에 임차인이 개입하여 임차목적물의 결함을 유발하였다면 임차인이 선관주의 보존의무를 위반한 것이 될 것이다.383)

B. 임대차종료시 반환의무

〈법조문〉

민법 제615조

제615조 — 차주가 차용물을 반환하는 때에는 이를 원상에 회복하여야 한다. 이에 부속시킨 물건은 수거할 수 있다.

임대차의 종료시에는 임차인은 목적물을 원상으로 회복하여(2) 반환할(1) 의무가 있다.

1. 임차인의 목적물반환의무

임대차가 종료한 때에는 임차인은 목적물을 반환할 의무가 있다. 목적물을 반환하였다는 데 대한 증명책임은 임차인이 부담한다. 임대인의 수령지체중에는 임차인은 고의 또는 중과실이 없는 한 불이행으로 인한 책임을 지지 않는다(민법 제401조). 즉 임차인의 책임

383) 대법원 1987. 11. 24. 선고, 87다카1575 판결의 사안 참조.

이 경감된다.

임대차가 종료하였음에도 목적물을 반환하지 않는 임차인은 점유할 권리 없이 타인의 물건을 점유하는 자가 된다. 따라서 임대인은 임차인과 그 동거인들을 상대로 퇴거청구의 소를 제기할 수 있다(민법 제213조).

〈외국의 입법례 5〉

주택임차인을 포함한 모든 주택점유자를 보호하는 영국의 1977년 강제퇴거금지법에 따르면, 주택점유자를 주거에서 불법적으로 내쫓는 행위, 주택점유자를 퇴거시킬 목적으로 주택점유자를 협박하는 행위, 주택점유자를 퇴거시킬 목적으로 주거에 간섭하거나 환영받지 못할 임차인을 고의로 입주시키는 행위, 기타 주택점유자를 퇴거시킬 목적으로 계속적으로 괴롭히는 행위, 이런 행위를 하겠다고 위협하는 행위는 범죄이다. 주택점유자로부터 점유를 불법적으로 박탈하는 것뿐만 아니라 그러한 박탈을 시도하는 것도 불법퇴거죄가 된다. 1977년 강제퇴거금지법은 불법퇴거와 괴롭힘을 범죄로 규정할 뿐 아니라 적법절차를 거치지 않고 주택점유자를 퇴거시키는 것을 금지한다. 기간의 정함이 없는 임대차를 해지하는 경우에는 올바른 방식을 갖춘 해지통고를 하여야 하고 해지되기까지 적어도 4주간의 기간을 주어야 한다. 1988년 주택법은 강제퇴거를 당한 주택점유자에게 손해배상청구권을 인정한다.

임대차가 종료한 후 또는 임대차계약이 무효임에도 목적물을 사용수익한 임차인은 부당이득반환의무 또는 손해배상의무를 부담한다. 임대차 종료 후 임차인이 임차물 반환을 지체하던 중 목적물이 멸실 또는 훼손된 경우에는 임차인은 자기에게 과실이 없이 발생한 손해에 대하여도 배상책임을 진다(민법 제392조). 즉 책임이 가중된다. 따라서 만일 임차인이 목적물의 반환을 지체하고 있는 중에 화재가 발생하면 그로 인한 손해배상책임을 부담한다. 임차인이 퇴거하지 않아서 임대인의 주택매도계획이 좌절되었다면 그에 대한 손해배상책임을 부담할 수도 있다.

2. 임차인의 원상회복의무

가. 손해배상책임

임차인은 목적물을 반환하여야 할 뿐만 아니라 원상으로 회복하여 반환하여야 한다(민법 제654조, 제615조). 즉 임차인은 원칙적으로 목적물의 훼손에 대해 손해배상책임을 진다. 이는 임차인이 부담하는 보존의무의 귀결인데, 보존의무는 목적물의 유효한 반환에까지 영향을 미친다.[384)]

임차목적물이 훼손된 경우에 그 원상복구가 불가능하다면 훼손 당시의 임대차목적물의 교환가치를 배상해야 하고 원상복구가 가능하다면 원상복구비를 배상해야 한다. 하지만 원상복구비가 임대차목적물의 교환가치 감소분을 현저하게 넘는 경우에는 특별한 사정이 없는 한 경제적인 면에서 원상복구가 불능이라고 보아 그 손해액은 임대차목적물의 교환가치 감소부분 범위 내로 제한한다.[385)]

나. 타인의 과실

임차인의 가족, 손님, 반려동물 등 임차인이 책임져야 할 자가 멸실이나 훼손을 일으킨 경우에도 임차인이 원상회복의무 또는 손

384) 반환시의 상태와 원상태를 비교할 수 있으려면 임대차를 개시할 때 '상태보고서'를 작성하는 것이 좋다.

385) 대법원 1999. 12. 21. 선고, 97다15104 판결

해배상의무를 부담한다.

(1) 이용보조자의 과실

이용보조자는 임차인이 목적물을 이용할 때 그 이용을 보조하는 자이며, 임차인의 가족, 동거인, 손님[386]이 그 예이다. 이용보조자의 행위는 임차인의 목적물 이용권에 협력하는 행위이면서 동시에 목적물보관의무를 보조하는 행위이다. 후자의 면에서 보면 이용보조자는 이행보조자라고 할 수 있다. 그러나 이용보조자는 권리행사도 보조하는 점에서 이행보조자와 다르다. 그렇지만 채무불이행에 관하여는 민법 제391조를 적용하여야 한다.[387]

(2) 이행대행자의 과실

이행대행자는 채무자의 이행을 위하여 단순히 보조하는 것이 아니라 독립하여 채무의 전부 또는 일부를 채무자에 갈음하여 이행하는 자이다. 전차인[388]과 수급인이 그 예이다. 이행대행자는 채무자에 대하여 채무를 부담하며, 채권자에 대한 관계에서는 보통의 이행보조자와 같다.

이행대행자의 행위에 대하여 채무자가 책임을 지는가에 관하여는 학설이 대립한다. 통설[389]은 세 경우, 즉 ⅰ) 명문규정상, 특약상, 채무의 성질상 대행자의 사용이 허용되지 않는 경우, ⅱ) 명문규정

---

386) 물론 임대인은 제외한다.

387) 대법원 1967. 12. 5. 선고, 67다2251 판결

388) 송덕수, 「신민법사례연습」, 박영사, 2010, 709면.

389) 곽윤직, 「채권총론」, 제6판, 박영사, 2003, 79면; 김상용, 「채권총론」, 화산미디어, 2009, 109면; 김형배, 「채권총론」, 제2판, 박영사, 1998, 162면.

상, 채권자의 승낙에 의하여 대행자의 사용이 허용되는 경우, iii) 명문상 또는 특약으로 금지되어 있지도 않고 허용되어 있지도 않아서 채무의 성질상 사용해도 무방한 경우를 나누어 판단한다. i)의 경우에는 대행자를 사용하는 것 자체가 의무위반이 되므로 대행자의 고의·과실을 불문하고 채무자의 책임이 생기고, ii)의 경우에는 원칙적으로 대행자의 선임·감독에 과실이 있는 때에만 책임을 지며 iii)의 경우에는 민법 제391조가 적용되어 대행자의 고의·과실이 채무자의 고의·과실로 다루어진다고 한다.

(가) 전차인

전차인이 임차물을 사용하던 중에 임차물이 멸실·훼손된 경우 임차인이 책임을 지느냐에 대하여는 이행대행자에 관한 이론을 그대로 적용하여야 한다. 그에 의하면 i) 임차인이 임대인의 동의를 얻지 않고 전대한 경우에는 전대 자체가 의무위반이므로 임차인은 전차인의 과실을 불문하고 멸실·훼손에 대한 책임을 져야 하고, ii) 임대인의 동의를 얻어 전대한 경우에는 전차인의 선임·감독에 과실이 있는 때에만 멸실·훼손에 대한 책임을 진다.[390]

임차인과 전차인에게 모두 손해배상책임이 인정되는 경우, 임대인은 임차인과 전차인 중 어느 한 사람에 대하여 또는 양자 모두에 대하여 전부의 이행을 청구할 수 있으며(민법 제414조), 임차인과 전차인 가운데 어느 한 사람이 손해배상채무를 이행한 때에는 손해배상채무가 소멸한다. 임차인이 임대인에게 손해배상을 한 경우 임차인은 전차인에게 구상권을 행사할 수 있을 것이다.[391]

---

390) 송덕수, 앞의 책(주 388) 709면.

(나) 수급인

임차인이 임차목적물을 수선하기 위해 수급인을 선임하는 경우 능력 있는 수급인을 선임하기 위해 주의를 기울여야 한다. 그런데 일반인이 수급인이 유능한지 여부를 판단하는 데에는 한계가 있다. 도급의 내용인 일이 포괄적이거나 기술적이라면 임차인은 수급인의 능력에 관하여 사업자조합 등에 조회하는 것이 합리적일 것이다. 최소한 관련 면허를 취득한 자를 수급인으로 선임하여야 할 것이다. 대법원 1987. 11. 24, 87다카1575 판결의 사안에서는 임차인이 전기공사면허 등이 없는 사람으로 하여금 점포의 전기공사를 하게 하고 그가 규격품이 아닌 전선으로 바꾸어 시공한 지 9개월 뒤에 점포에서 화재가 발생하였는데, 그 화재는 점포 천정 내의 옥내전선이 합선되어 발생한 것으로 추정되었다.

수급인을 선임한 임차인은 일이 제대로 되었는지를 점검하기 위해 주의를 기울여야 한다. 그런데 일이 기술을 요하는 것일수록 임차인이 수급인을 감독하는 것을 기대하기 어렵다. 상황에 따라서는 임차인은 자격 있는 전문가에게 감독을 위임하여 수급인의 과실을 발견하여야 한다.

다. 임차인의 면책가능성

임차인은 목적물의 훼손이 불가항력에 기한 것이라거나, 임대인 측의 유지의무의 해태로 인한 것이라든가, 정상적인 마모임을 증명함으로써 면책될 수 있다.

---

391) 신국미, 앞의 논문(주 362), 492면.

민법 제615조가 임차인에게 부과하는 원상회복의무란 임차인이 목적물을 인도받았을 때와 실질적으로 동일한 상태로 목적물을 임대인에게 반환하여야 함을 의미하는데, 그렇다고 해서 임차인에게 아무런 과실 없이 임차목적물이 멸실된 경우 임차인이 그 손해를 배상하거나 가령 건물이 멸실된 경우 새로이 건물을 지어야 하는 것은 아니다. 악천후로 인한 손해에 대하여는 임차인은 책임이 없다.[392][393]

C. 차임지급의무

〈법조문〉

민법 제616조, 제628조, 제633조, 제640조, 제654조, 제832조

제616조 — 수인이 공동하여 물건을 차용한 때에는 연대하여 그 의무를 부담한다.

제628조 — 임대물에 대한 공과부담의 증감 기타 경제사정의 변동으로 인하여 약정한 차임이 상당하지 아니하게 된 때에는 당사자는 장래에 대한 차임의 증감을 청구할 수 있다.

제633조 — 차임은 동산, 건물이나 대지에 대하여는 매월말에, 기타 토지에 대하여는 매년말에 지급하여야 한다. 그러나 수확기 있는 것에 대하여는 그 수확후 지체없이 지급하여야 한다.

제640조 — 건물 기타 공작물의 임대차에는 임차인의 차임연체액이 2기의 차임액에 대하는 때에는 임대인은 계약을 해지할 수 있다.

제654조 — 제610조제1항, 제615조 내지 제617조의 규정은 임대차에 이를 준용한다.

---

392) 대법원 1965. 11. 23. 선고, 65다1898 판결

393) 반면 임대인은 훼손이 천재나 불가항력에 의한 경우에도 수선의무를 부담한다. 곽윤직 편집대표, 앞의 책(주 373), 383면(양창수 집필부분).

제832조 — 부부의 일방이 일상의 가사에 관하여 제3자와 법률행위를 한 때에는 다른 일방은 이로 인한 채무에 대하여 연대책임이 잇다. 그러나 이미 제3자에 대하여 다른 일방의 책임없음을 명시한 때에는 그러하지 아니하다.

주택임대차보호법 제7조, 제7조의2

제7조 — 당사자는 약정한 차임이나 보증금이 임차주택에 관한 조세, 공과금, 그 밖의 부담의 증감이나 경제사정의 변동으로 인하여 적절하지 아니하게 된 때에는 장래에 대하여 그 증감을 청구할 수 있다. 다만, 증액의 경우에는 대통령령으로 정하는 기준에 따른 비율을 초과하지 못한다.

제7조의2 — 보증금의 전부 또는 일부를 월 단위의 차임으로 전환하는 경우에는 그 전환되는 금액에 다음 각 호 중 낮은 비율을 곱한 월차임의 범위를 초과할 수 없다.

1. 「은행법」에 따른 은행에서 적용하는 대출금리와 해당 지역의 경제여건 등을 고려하여 대통령령으로 정하는 비율
2. 한국은행에서 공시한 기준금리에 대통룡령으로 정하는 이율을 더한 비율

차임(임대료) 없이는 임대차가 성립하지 않는다. 차임의 지급은 임차인에게 부과된 본질적인 의무이다(민법 제618조).

1. 차임의 자유

차임은 임차인이 목적물을 사용·수익하게 하는 대가로서 임대인이 취득하는 반대급부이다. 그 금액은 계약에 의해 정해진다. 주택의 임차인은 한 번 임대차계약을 체결하면 적어도 임대차기간 동안은 차임의 인상 부담 없이 마음 놓고 그 곳에 거주할 수 있다.[394]

그런데 한번 정하여진 차임이 그 후의 사정의 변경으로 인하여 증감되는 경우가 있다. 민법이 정하는 것으로서는 다음의 두 가지 경우가 있다. 첫째, 임대주택의 일부가 임차인의 과실 없이 멸실되었다든가 하여 사용·수익할 수 없는 때에는 임차인은 그 부분의 비율에 따른 감액을 청구할 수 있다(민법 제627조 제1항). 차임은 임차물의 사용수익에 대한 대가이기 때문이다. 둘째, 임대주택에 대한 공과부담의 증감 기타 경제사정의 변동으로 인하여 약정한 임대보증금 또는 임대료가 상당하지 않게 된 때에는 당사자는 장래에 대한 임대료의 증감청구권이 있다(민법 제628조, 주택임대차보호법 제7조). 임대차계약은 계속적 계약이기 때문에 사정변경의 원칙이 적용되는 것이다. 그러나 증액하는 경우에는 연 5%를 초과하지 못한다(주택임대차보호법시행령 제8조).

주택임대차보호법은 사정변경으로 인한 차임증액의 경우 외에는 차임 또는 보증금액에 대한 통제를 하지 않는다. 대법원 1993. 12. 7 선고, 93다30532판결에서 판시하듯이, 주택임대차보호법 제7조 및 주택임대차보호법시행령 제8조는, 임대차계약의 존속 중 당사자 일방이 약정된 차임 등의 증감을 청구한 때에 한하여 적용되고 임대차계약이 종료된 후 재계약을 하거나 그 종료전이라도 당사자의 합의로 차임 등을 증액하는 경우에는 적용되지 않는다. 그 결과 임대인은 재계약을 앞둔 임차인에게 차임인상을 자유로이 요구할 수 있다.

임대보증금과 임대료는 임대인에게나 임차인에게나 매우 중요한 계약조건이다. 임대보증금과 월임대료의 결정을 당사자의 자치에 맡겨 놓으면 임대인이 임차인에게 지나치게 불리한 차임약정을 강

394) 곽윤직 편집대표, 앞의 책(주 239), 250면(민일영 집필부분).

요하는 현상이 나타난다. 주택임대차보호법 제정 후 최단기간이 보장되면서 차임이 크게 상승한 현상,[395] 1989년 말 최단기간을 2년으로 늘리면서 차임이 크게 상승한 현상[396], 1999년 이후 3년간 차임이 연 10% 이상 상승한 현상이 다 그러한 예이다.[397] 그래서 많은 나라에서는 민법 또는 특별법을 통하여 일정 범위에서 차임을 통제하고 있다.[398]

필자는 예외적으로 높은 차임으로부터 임차인들을 보호하는 수준의 차임규제는 이루어져야 함을 주장한다.[399] 이자제한법이 이자율의 상한을 정하듯이, 임대주택의 자본가치의 일정 퍼센트로 최고차임(maximum rent)을 정하는 것이 바람직하다.

---

395) 이해진 변호사는 1982. 6. 28 자 법률신문에서 "서민보호를 위한 이 법이 시행된 이후 때마침 경기침체 및 양도소득세율 인상으로 부동산거래 자체는 극히 부진할 뿐 아니라 거래가액도 시가보다 현저히 낮은 편이나 반면에 임대주택이나 전세주택값은 날로 치솟고 있는 것이 현실이다. 이같은 현상은 임대인이 상대적으로 자기보호를 위해 법이 정한 기간내에는 임대료인상이나 기간의 단축을 할 수 없기 때문에 미리 인상된 금액을 임차인에게 올려받고 있기 때문"이라고 하였다.

396) 1990년 초에 겨우 한두달 사이에 차임이 40-50%나 상승하였다.

397) 같은 견해 : 박운길, "우리의 주택임대차계약에 관한 실제적 고찰", 법학논총 4집(1998), 조선대학교 법학연구소, 98면.

398) 독일의 차임규제에 관하여는 김상용, "한국과 독일에서의 주거임차료규제에 관한 비교고찰", 법학논총 제8집(1991), 한양대학교, 219면 이하; 김세준, "독일의 주택임대차계약상 차임의 규제", 강원법학 제48권(2016), 강원대 법학연구소, 193면 이하; 소재선, "독일의 제4차 개정 주택임대차법의 내용과 문제점 소고 : 차임통제법, 경제형법 및 주택중개법의 개정을 중심으로", 경희법학 29권 1호(1994), 경희법학연구소, 251면 이하; 소재선, "독일 임대차현대화법(2001개정)의 과제와 전망", 성균관법학 16권 3호(2004), 성균관대학교 비교법연구소, 78-81면; 참조. 일본의 차임규제에 관하여는 김성욱, "일본 차지차가법의 시사점과 도익가능성에 관한 연구", 동북아법연구 제5권 제1호(2011), 전북대 법학연구소, 107면 이하 참조. 미국의 차임규제에 관하여는 윤성승, "공존, 상생을 위한 주택임대차 제도의 검토", 토지공법연구 제57집(2012), 한국토지공법학회, 28면 이하 참조. 캐나다의 차임규제에 관하여는 송재우, "주택임대차 관련 차임인상청구권에 관한 비교법적 검토", 법학연구 제58권 제4호(2017), 부산대 법학연구소, 94면 이하 참조.

399) 이은희, "영국의 차임규제에 관한 연구", 민사법학 제34호(2006), 한국민사법학회, 554면.

〈외국의 입법례 6〉

프랑스에서는 2014년 3월 24일 법률, 이른바 알뤼르 법이 시행되기 전에는 최초차임은 임차인과 임대인 사이에서 자유롭게 결정되었다. 하지만 2012년과 2013년에는 최초차임한도에 관한 데크레가 제정되어 위 원칙이 완화되었다. 2014년 3월 27일 이후에 체결된 임대차계약의 경우 "밀집"지역에 위치한 주택에 대한 최초차임은 상한규제를 받는다. 밀집지역이란 주거에 대한 접근이 매우 어려운 지역을 말한다. 그밖의 지역에서는 새로운 임대차의 경우 아무런 차임규제를 받지 않는다(1989년법 제17조 Ⅲ).

(1) 도지사에 의한 상한제

인구 5만명 이상인 도시지역으로서 주택의 공급과 수요가 불균형하여 주거에 대한 접근이 매우 어려운 곳에서는 도에 있는 국가의 대표자가 매년 결정으로써 기준차임과 최고기준차임, 최저기준차임을 정한다(제17조 Ⅰ 제2항). 이 차임들을 표시할 때는 거주할 수 있는 평면의 제곱미터당 가격, 주거의 범주, 지리적 구분을 기재한다.[400)]

(가) 기준차임(loyers de référence)

기준차임은 "지역 차임감독기구가 주거의 범주와 지리적 구분에 의하여 확인한 차임수준을 기초로 계산한 평균차임"이다(제17조 Ⅰ 제4항). 최고기준차임과 최저기준차임은 기준차임을 각각 증액하고 감액함으로써 정해진다(제17조 Ⅰ 제5항). 최고기준차임은 기준차임보다 20% 높은 차임이고(제17조 Ⅰ 제7항), 최저기준차임은 기준차임보다 30% 낮은 차임이다(제17조 Ⅰ 제8항).

(나) 기본차임 결정의 자유

임대차계약을 체결할 때 임차주거의 기본차임은 최고기준차임의 한계 안에서 자유로이 정한다(제17조 Ⅱ A 제1문). 임대차계약에서 정한 기본차임이

---

400) 주거의 범주와 지리적 구분은 지역 차임감독기구가 확인한 그 지역의 시장구조에 비추어 결정한다(제17조 Ⅰ 제3항).

계약서명일에 시행중인 최고기준차임보다 높은 때에는 차임감액청구권을 행사할 수 있다.

(다) 차임보충

같은 지역에 위치한 같은 범주의 주거들과 비교할 때 위치가 탁월하다든가 편의성[401]이 뛰어난 경우에는 기준차임에 차임보충이 적용될 수 있다(제17조 II B 제1항). 그 적용방식은 참사원의 데크레로써 정한다. 단 기준차임이 최고차임보다 적은 경우에는 차임보충을 적용할 수 없다(제17조 II B 제4항). 차임보충금액과 그 이유로서의 주거의 특성은 임대차계약서에 기재한다(제17조 II B 제2항). 차임보충이 적용되는 경우에는 기본차임과 보충차임을 합한 것이 차임이다(제17조 II B 제3항).

(2) 데크레에 기한 상한제

각 밀집지역에 대해 국참사원은 가구가 딸리지 않은 주택과 갱신계약에서의 차임인상 한도를 데크레로써 매년 정한다(제18조 제1항).

2. 차임지급의 양태

차임지급시기는 특약이 없으면 후급이다. 즉 주택에 관하여는 매월 말에 지급한다(민법 제633조).

우리나라의 임대차에서 차임지급방식은 다음과 같이 구분할 수 있다. 첫째, 일정기간에 따른 차임을 현실적으로 지급하는 방식; 둘째, 목적물가격의 6-7할에 달하는 임차보증금을 일시에 교부하고 보증금의 이자로써 차임지급에 갈음하되 임대차종료시에 그 보증금을 반환받기로 하는 방식(채권적 전세); 셋째, 그 중간적 방식.

---

401) 프랑스에서 편의성이라고 하면 화장실과 목욕시설, 난방시설을 의미한다.

필자는 최근 일어나고 있는 보증금의 월세전환은 바람직한 현상이라고 생각한다. 하지만 임대인이 보증금을 줄이고 월세를 받을 때 자기의 우월한 지위를 이용해서 시장대출금리보다 훨씬 높은 수준으로 월세를 책정하는 것은 경제정의에 어긋나는 일이다. 그런데 월세전환율 상한선이 대통령령에서 어떻게 정해지는가에 따라 '임대차보호'의 효과가 달라질 수 있다. 월세전환율 상한선이 높게 책정되는 경우에는 오히려 임대료 인상을 부추기는 셈이 될 것이며 전환율이 지나치게 낮게 책정되는 경우에는 월세전환을 가로막는 셈이 된다.

3. 차임연체에 대한 제재

임대인은 차임채권을 실현하기 위해 여러 권리를 행사할 수 있다. 차임지급이 없는 경우 임대인은 계약해지권(민법 제640조)을 가지며 임대차의 묵시적 갱신이 인정되지 않는다(주택임대차보호법 제6조 제3항).

4. 차임지급의무에 대한 연대책임

가. 공동임차

공동임차란 수인이 공동하여 동일한 물건을 임차하는 것이다. 공동임차인은 연대하여 그 의무를 부담한다(민법 제654조, 제616조). 따라서 각 공동임차인은 차임채무 전부를 각자 이행할 의무가 있고 공동임차인 1인의 이행으로 다른 공동임차인도 그 의무를 면한다(민법 제413조). 임대인은 어느 공동임차인에 대하여 또는 동시나

순차로 모든 공동임차인에 대하여 차임채무의 전부나 일부의 이행을 청구할 수 있다(민법 제414조). 어느 공동임차인에 대한 임대차계약의 무효나 취소의 원인은 다른 공동임차인의 차임채무에 영향을 미치지 아니한다(민법 제415조).

민법 제616조는 임의규정이므로 수인의 공동임차인이 있는 경우에도 임대인과의 특약으로써 각자의 의무를 분할적인 것으로 할 수 있다.

나. 기혼임차인

(1) 혼인중

민법 제832조는 "부부의 일방이 일상의 가사에 관하여 제3자와 법률행위를 한 때에는 다른 일방은 이로 인한 채무에 대하여 연대책임이 있다. 그러나 이미 제3자에 대하여 다른 일방의 책임없음을 명시한 때에는 그러하지 아니하다"고 규정한다. 임차주택의 차임은 민법 제832조가 말하는 가사로 인한 채무에 포함될 수 있다. 그 결과 부부는 쌍방의 주거로 실제 사용되는 공간에 대한 차임지급에 관하여 연대채무를 부담한다. 따라서 임대인은 부부 각자에게 차임 전부의 지급을 청구할 수 있다.

사실혼관계에 있는 임차인은 기혼임차인과 달리 그 배우자가 당연히 연대채무를 부담하지 않는다. 그 배우자가 공동임차인인 경우에만 연대채무를 부담한다(민법 제654조, 제616조).

(2) 혼인해소 후

부부 일방이 타방과 별거하며 살고 있는 주거공간에 관하여는 부부 쌍방의 연대채무가 발생하지 않는다(민법 제833조 참조). 민법 제836조 제1항은 "협의상 이혼은 가정법원의 확인을 받아 신고함으로써 그 효력이 생긴다"고 규정한다. 따라서 이혼신고일까지는 차임지급에 관하여 연대채무를 부담한다.

Ⅲ. 채무불이행에 대한 제재

1. 강제이행

임차인이 부담하는 의무를 위반한 경우 여러 가지 제재를 받게 된다. 먼저 임대인은 임차인을 상대로 강제이행을 청구할 수 있다. 그런데 차임지급의무와 관련하여서는 강제이행이 특별히 어려운 점이 없으나, 임차주택과 관련된 의무의 이행을 강제하는 데 있어서는 어려운 점이 많다.

2. 계약해지

임차인이 목적물을 훼손한 경우 임차인은 차임 전액을 지급할 의무가 있다.[402] 그러나 임대인이 계약을 해지하면 임차인이 장래의 차임을 지급할 의무는 소멸한다.[403] 임차인이 차임을 선납한 뒤 매월 차임을 공제하는 방식의 임대차계약을 체결한 경우에는, 임차인은 임대차 종료 이후의 차임은 반환할 것을 임대인에게 청구할 수 있다.

---

402) 곽윤직 편집대표, 앞의 책(주 239), 104면(민일영 집필부분).
403) 곽윤직 편집대표, 위의 책(주 239), 104면(민일영 집필부분).

3. 손해배상

임차인이 부담하는 보존의무의 내용은 임차인이 부담하는 목적물반환의무의 본질적 내용을 이룬다.404) 보존을 잘못하여 물건이 훼손된 경우에는 목적물반환의무의 불완전이행에 해당한다. 따라서 임차인은 임대인에 대해 손해배상의무를 부담한다. 임차인이 배상하여야 할 손해배상액은 목적물의 가치 감소분 또는 수리비 상당액이다.

임차인이 목적물을 잘 보존하지 못하여 화재로 소실된 경우에도 목적물반환의무의 불이행책임을 진다.405)

손해배상금은 통상 임차인이 맡긴 임차보증금에서 공제된다.406)

제2절 주택임대인의 법적 지위

Ⅰ. 권리

주택임대인은 임대차기간중 차임지급청구권을 갖는다. 임대차가 종료하면 임차인에게 임차주택의 반환을 청구할 수 있다. 이에 관하여는 주택임차인의 의무(차임지급의무, 목적물반환의무)로서 설명하였다.

---

404) 남효순, "특정물의 보존의무에 관한 소고", 고시계 461호, (1995. 8), 120면.

405) 대법원 1986. 10. 28. 선고, 86다카1066 판결은 "건물의 구조가 목조건물로서 건물 전체가 1칸 내지 2칸 정도의 점포로 구분되어 있는데, 각 점포가 구조상 독립하여 있는 것이 아니라 서로 벽을 통하여 인접함으로서 각 유지존립함에 있어 불가분 일체를 이루고 있는 경우, 그 중 한 점포 임차인의 과실로 위 건물 전체가 소실되었다면 그 임차인의 화재로 인한 임차물반환의무의 이행불능으로 인한 손해배상으로서는 그 임차점포에만 한할 것이 아니라 이를 유지존립함에 있어 불가분 일체를 이루고 있는 인접된 점포들에 대한 손해에 관해서도 그 배상을 할 의무가 있다고 보는 것이 상당하다"고 한다. 대법원 2004. 2. 27. 선고, 2002다39456 판결도 마찬가지이다.

406) 대법원 1999. 12. 7. 선고, 99다50729 판결

Ⅱ. 의무

A. 임대차존속중의 의무

〈법조문〉

민법 第623조 내지 第625조, 第627조, 第634조

第623조 ― 임대인은 목적물을 임차인에게 인도하고 계약존속중 그 사용, 수익에 필요한 상태를 유지하게 할 의무를 부담한다.

第624조 ― 임대인이 임대물의 보존에 필요한 행위를 하는 때에는 임차인은 이를 거절하지 못한다.

第625조 ― 임대인이 임차인의 의사에 반하여 보존행위를 하는 경우에 임차인이 이로 인하여 임차의 목적을 달성할 수 없는 때에는 계약을 해지할 수 있다.

第627조 ― ① 임차물의 일부가 임차인의 과실없이 멸실 기타 사유로 인하여 사용, 수익할 수 없는 때에는 임차인은 그 부분의 비율에 의한 차임의 감액을 청구할 수 있다.

② 전항의 경우에 그 잔존부분으로 임차의 목적을 달성할 수 없는 때에는 임차인은 계약을 해지할 수 있다.

第634조 ― 임차물의 수리를 요하거나 임차물에 대하여 권리를 주장하는 자가 있는 때에는 임차인은 지체없이 임대인에게 이를 통지하여야 한다. 그러나 임대인이 이미 이를 안 때에는 그러하지 아니하다.

임대인의 의무의 본질적인 성격은 계속적인 측면을 갖는다는 점이다. 이는 매매와의 혼동을 피하기 위해서 강조되어야 한다. 임대인의 의무 가운데 일부는 매도인의 의무와 동일한 이름(인도의무, 하자담보책임)으로 불리지만, 그 실질적 내용은 계속적 성격으로 인하여 다르다.

1. 사용수익허여의무

(1) 임대인의 의무 총칭

'임대인의 의무'라는 제목을 달고 있는 민법 제623조는 임대인이 임차인에게 부담하는 본질적인 의무를 표현하고 있다. 즉 임대인은 임차인에게 목적물의 사용수익을 보장할 의무를 부담한다. 이는 임대인이 부담하는 여러 의무 중의 하나가 아니고, 임대인의 의무를 총칭하는 것이다. 그밖에 임대인이 부담하는 (담보책임과 안전배려의무 등) 모든 의무는 이 목표를 달성하기 위한 여러 수단에 불과하다.

(2) 본질적 의무

이처럼 사용수익허여의무는 본질적인 의무이므로 약정에 의해서 임대인이 면할 수는 없는 의무이다. 가령 목적물의 모든 위험을 임차인이 부담하기로 약정할 수 없다.

2. 인도의무

(1) 인도의무의 내용

임대인이 시간적으로 제일 먼저 해야 하는 것은 목적물을 임차인에게 인도하는 것이다(민법 제623조). 물건을 사용수익하려면 우선 물건을 점유하여야 하기 때문이다.

인도의무는 가장 기본적인 의무이므로 어떠한 약정에 의해서도 면제될 수 없다. 따라서 목적물에 어떠한 점유부담이 존재하여서는 안 된다. 하지만 임차인이 일정한 불편을 감수하기로 하는 약정은 허용된다. 나아가 임대차계약에서 약정한 용법과 관련하여 행정청의 허가가 필요하다면 임대인은 임차인이 행정청의 허가를 받는 데 협력할 의무가 있다.

목적물은 "사용수익에 필요한 상태"(민법 제623조)로 인도되어야 한다.

임대인의 의무는 계속적 성격을 가지므로, 인도의무는 임대차기간 내내 계속된다. 따라서 임대인은 목적물의 형태를 변경할 수 없고, 목적물의 일부 요소를 제거할 수 없고, 하물며 목적물을 파괴할 수 없다.

(2) 인도의무의 연장 : 존중의무

임대인은 인도의무의 연장으로 존중의무를 부담한다. 즉 임대인은 임차인의 활동이 목적물의 사용과 관련이 있다는 핑계로 임차인의 활동에 끼어들 수 없다. 특히 주택임대인이 임차주택에 함부로 들어오는 것은 주거침입이 될 수 있다. 임차인이 자기 친척을 재워주는 것을 임대인이 금지할 수 없고, 임차목적물의 보존에 필요하지 않은 공사를 임차인이 인용하도록 할 수 없다.

3. 유지의무

(1) 유지의무의 내용

인도의무는 임대차개시시에 부담하는 의무임에 반하여 유지의무는 임대차기간 중에 부담하는 의무이다. 임대인은 임대차기간 내내 목적물이 "사용, 수익에 필요한 상태를 유지하게 할 의무"를 부담한다(민법 제618조, 제623조).

이는 필요한 '수리'(민법 제634조)를 해야 함을 의미한다. 가령 임차물에 화재가 난 경우에 그 화재의 책임이 임차인에게 있다는 점을 임대인이 입증하지 못하는 한, 임대인이 수리하여야 한다. 수리작업은 지속적으로 수행되어 적절한 시기에 완료되어야 한다.

반면 통상적인 사용·수익과정에서 발생할 수 있는 경미한 하자나 파손은 임차인이 부담하여야 하는 생활상의 위험이므로 임대인에게 수선의무가 없다.

임차인은 임대인의 수선 노력에 협조할 의무를 진다. 즉 수선에 방해되지 않도록 임차인 소유 동산을 치우는 등의 협조를 하여야 한다. 임대인이 목적물의 보존에 필요한 행위를 하는 때에는 임차인이 이를 인용할 의무가 있기 때문이다(민법 제624조). 하지만 임대인이 임차인의 의사에 반하여 보존행위를 하는 경우에 임차인이 이로 인하여 임차의 목적을 달성할 수 없는 때에는 계약을 해지할 수 있다(민법 제625조).

그러나 목적물이 노후하여 재건축이 필요하다고 해서 임대인이 재건축을 할 의무까지는 없다. 가령 보존에 필요한 공사비가 목적물의 가액과 동일한 때에는 목적물의 멸실로 인하여 임대차가 종료하게 된다. 하지만 임대인이 그동안 유지의무를 해태한 결과 목적물이 노후하게 되었다면 임대인은 책임을 면할 수 없다.

유지의무에 관한 민법 제623조는 강행규정이 아니다(민법 제652조 참조). 일정한 수선을 임차인이 하기로 하는 약정은 유효하다.

(2) 의무위반에 대한 제재

임대인이 유지의무를 게을리 하는 때에는 임차인은 강제이행을 청구하거나 손해배상을 청구하거나 임대차를 해지할 수 있다(민법

제627조 제2항).[407] 법원의 허가를 얻어 임대인의 비용으로 제3자가 수선을 하게 할 수도 있다(민법 제389조 제2항). 이 때 임차인은 임대인에 대하여 가는 채권과 차임을 상계할 수 있다.

임대인이 유지의무를 게을리하는 경우 임차인은 차임지급을 거절할 수 있는가? 임차인이 동시이행의 항변으로써 차임지급을 거절하기 위해서는, 임대인의 유지의무 해태로 말미암아 목적물의 사용이 불가능하게 되었어야 한다.

임대인은 또한 유지의무 해태로 인하여 임차인에게 발생한 손해를 배상하여야 한다. 가령 임차물의 배관 수리가 필요하다고 임차인이 임대인에게 통지하였는데(민법 제634조) 임대인이 수리를 하지 않아서 물난리가 난 경우 임대인은 그로 인한 임차인의 손해를 배상해야 한다.

4. 조언의무

임대인은 임차인에게 목적물의 사용과 관련하여 일반적인 방식으로 주의를 주고 조언을 할 의무를 부담한다. 가령 기계장치를 올바르게 사용하는 데 필요한 안내를 해야 한다. 만약 임대부동산의 벽면시설이 강도가 침입하기에 용이하다는 점을 임차인에게 경고하지 않았을 때 임대인은 경고의무 불이행으로 인한 손해배상책임을 부담한다.

407) 독일민법 제536a조는 목적물에 계약에 좇은 사용에 대한 적합성을 소멸시키거나 감소시키는 결함이 있을 때 임대인이 그 하자의 제거에 관하여 지체에 빠진 경우 임차인이 손해배상을 청구할 수 있도록 하고 있다.

5. 담보책임

임대인이 임차인에게 인도한 목적물에 하자가 있는 경우 임대인은 매도인과 마찬가지의 담보책임을 부담한다(제567조).

임대차에 민법 제569조를 준용하면[408] 임대차의 목적인 주택이 타인에게 속한 경우에는 임대인은 임대권한을 취득하여 임차인에게 인도하여야 한다. 임대인이 임대권한을 취득하여 임차인에게 인도할 수 없는 때에는 임차인은 계약을 해제할 수 있다. 그러나 임차인이 계약 당시 임대권한이 임대인에게 속하지 아니함을 안 때에는 손해배상을 청구하지 못한다.

임대차에 민법 제580조를 준용하면 임차주택에 하자가 있는 때에는 임차인은 손해배상을 청구할 수 있다. 하자로 인하여 계약의 목적을 달성할 수 없는 경우, 임차인은 임대차계약을 해지할 수 있다. 그러나 임차인이 하자있는 것을 알았거나 과실로 인하여 이를 알지 못한 때에는 계약을 해지할 수 없다. 매도인의 담보책임과 임대인의 담보책임은 다음 세 가지 점에서 차이가 있다.

첫째, 하자가 계약 당시에 존재하였는지 여부는 중요하지 않다. 임대차는 계속적 계약이기 때문에 임대인은 하자가 임대차계약 전에는 없었다고 하더라도 하자에 대하여 책임이 있다. 예를 들면 임차인이 견딜 수 없는 소음, 악취, 진동, 열기와 주위의 위험시설도 하자로써 임대인이 담보책임을 부담한다.

둘째, 매도인은 신뢰이익의 배상책임을 지는 데 그치지만, 임대인은 그 하자를 알지 못하였다 하더라도 하자의 모든 결과를 부담

---

408) 필자의 견해와는 달리, 임대차에는 권리의 하자담보책임규정이 적용될 여지가 없고 물건의 하자에 관한 민법 제580조와 제581조만이 준용된다는 견해[조규창, "임대인의 하자담보책임", 고시연구 (1991. 11), 95면]도 있다.

하여야 한다(단지 차임을 반환하는 것에 그치지 않는다). 즉 임대인이 하자를 알지 못한 것이 정당하다 하더라도 임대인은 임차인이 입은 모든 손해를 배상할 책임을 면할 수 없다. 가령 임차인이 임차주택의 하자로 인하여 연탄가스에 중독되어 사망하였다면 그 손해를 배상하여야 한다.

셋째, 매도인과는 달리, 임대인은 불가항력의 경우에는 담보책임을 부담하지 않는다.

6. 안전배려의무

임대인은 안전배려의무를 부담하며 이는 원칙적으로 수단채무이다. 그 결과 안전과 관련된 비용은 임대인이 부담한다.

임대인이 하자결과손해에 대해 채무불이행책임을 지기 위해서는 임대인에게 과실이 있어야 하나,[409] 공작물소유자로서의 책임을 지는 데에는 과실이 요구되지 않는다.

하자는 공작물이 그 용도에 따라 통상 갖추어야 할 안전성을 갖추지 못한 상태에 있음을 말하는 것으로, 이와 같은 안전성의 구비 여부를 판단함에 있어서는 당해 공작물의 설치·보존자가 그 공작물의 위험성에 비례하여 사회통념상 일반적으로 요구되는 정도의 방호조치의무를 다하였는지의 여부를 기준으로 판단하여야 한다.[410]

멸실·훼손의 원인이 된 결함이 임대차계약체결시에 이미 존재한 경우에는 임대목적물의 멸실·훼손 등의 손해는 임대인이 부담

409) 하경효, 앞의 논문(주 369), 114면.

410) 대법원 1992. 2. 24. 선고, 91다37653 판결; 대법원 2005. 1. 14. 선고, 2003다24499 판결

한다.[411] 나아가 그로 인해 발생한 임차인의 손해에 대해서는 임대인의 공작물소유자로서의 책임(민법 제758조 제1항)이 문제될 수 있다.

멸실·훼손의 원인이 된 결함이 임대차계약체결 후에 발생한 경우에도 임대인에게 공작물소유자로서의 책임이 성립할 수 있다. 가령 임차목적물인 방에 임차인의 사용·수익에 지장이 없는 약간의 실금형태 균열과 외벽에 있는 금은 그 방을 사용할 수 없을 정도의 파손상태라고 할 수 없고, 반드시 임대인에게 수선의무가 있는 대규모의 것이라고도 할 수 없어 임대인에게 채무불이행책임을 물을 수는 없지만,[412] 공작물소유자로서의 책임은 물을 수 있다.

공작물의 보존에 관하여 임차인에게 과실이 있다고 하더라도 과실상계의 사유가 될 뿐이다.[413] 임차인이 임차목적물의 결함을 알고도 이를 임대인에게 통지하지 아니한 경우에는 임차인의 선관주의 보존의무 위반이 인정될 수 있다. 만일 비가 와서 물이 새는데도 임차인이 아무런 통지를 하지 않았다면 임차인의 과실이 문제될 수 있을 것이나, 임대인에게 공작물소유자로서의 책임을 묻는 데 있어 과실상계의 사유가 될 뿐이다.

---

411) 하경효, 앞의 논문(주 368), 114면.
412) 대법원 1994. 12. 9. 선고, 94다34692 판결
413) 대법원 1993. 11. 9. 선고, 93다40560 판결

B. 임차보증금 반환의무

〈법조문〉414)

주택임대차보호법 제3조의2, 제13조

제3조의2 — ① 임차인이 임차주택에 대하여 보증금반환청구소송의 확정판결이나 그 밖에 이에 준하는 집행권원에 따라서 경매를 신청하는 경우에는 집행개시요건에 관한 「민사집행법」제41조에도 불구하고 반대의무의 이행이나 이행의 제공을 집행개시의 요건으로 하지 아니한다.

② 제3조제1항·제2항 또는 제3항의 대항요건과 임대차계약증서상의 확정일자를 갖춘 임차인은 「민사집행법」에 따른 경매 또는 「국세징수법」에 따른 공매를 할 때에 임차주택(대지를 포함한다)의 환가대금에서 후순위권리자나 그 밖의 채권자보다 우선하여 보증금을 변제받을 권리가 있다.

③ 임차인은 임차주택을 양수인에게 인도하지 아니하면 제2항에 따른 보증금을 받을 수 없다.

④ 제2항 또는 제7항에 따른 우선변제의 순위와 보증금에 대하여 이의가 있는 이해관계인은 경매법원이나 체납처분청에 이의를 신청할 수 있다.

제13조 — 임차인이 임대인에 대하여 제기하는 보증금반환청구소송에 관하여는 「소액사건심판법」제6조, 제7조, 제10조 및 제11조의2를 준용한다.

414) 민법은 임차보증금의 법률관계에 관하여 아무런 규정을 두지 않고 있다. 2004년 민법개정안은 다음과 같이 임차보증금에 관한 조문을 마련한 바 있다.
제647조의2 : 임차인이 임대인에게 보증금을 지급한 경우에 임대인은 임대차 종료 후 보증금으로써 지체된 차임, 그 밖의 임대차와 관련하여 생긴 채권의 변제에 충당하고 잉여가 있으면 이를 반환하여야 한다.

1. 반환해야 하는 금액

임대차가 종료하면 임대인은 보증금을 반환하는데, 연체차임이나 손해배상채무가 있으면 그만큼을 공제한 잔액만을 반환한다.415)

임차주택에 대한 경매개시결정 기입등기가 이루어 진 후 그 매각대금이 납부되기 전까지 임차인이 차임을 지급하지 않은 경우에는 그 임차인이 배당받을 임대차보증금에서 차임 상당액이 당연히 공제된다.416)

〈사례10〉

청주시 서원구에 있는 X건물을 소유하고 있는 甲은 X건물에 관하여 2014. 1. 2. A와 임대차계약을 체결하였다. 임대차기간은 2년, 보증금은 1억원, 월 차임은 80만원으로 정하였다. A는 2014. 1. 10. X건물에 관한 임차보증금 반환채권을 B에게 양도하였고, 甲은 그 채권양도를 승낙하였다. 2015. 말 甲은 A의 차임연체를 이유로 임대차계약을 해지하고 X건물을 명도받았다. 당시 A는 3개월간의 차임을 지급하지 못하고 있었다. B는 甲에게 임차보증금 1억원을 자신에게 지급하라고 요구할 수 있는가?

2. 임차주택반환과의 동시이행관계

보증금의 반환은 임대인 또는 그 수임인이 주택을 반환받음과 동시에 행해져야 한다. 주택을 반환받고도 보증금을 반환하지 않은 경우에는 지체된 만큼 지연이자에 해당하는 금액을 가산한 금액을 반환하여야 한다.

---

415) 대법원 1987. 6. 23. 선고, 87다카98판결 참조.
416) 대법원 2017. 7. 27. 선고, 2015다230020 판결

그러나 주택임차인이 임차주택에 대하여 보증금반환청구소송의 확정판결 기타 이에 준하는 채무명의에 기한 경매를 신청하는 경우에는 목적물반환 또는 반환의 제공을 집행개시의 요건으로 하지 않는다(주택임대차보호법 제3조의2 제1항).

3. 임차보증금반환청구소송

임대차가 종료되었는데도 임대인이 보증금을 반환하지 않는 경우 임차인은 임대인을 상대로 보증금반환청구소송을 제기하여 승소판결을 받은 후 그 판결을 집행권원으로 하는 경매를 신청할 수 있다(주택임대차보호법 제3조의2 제1항 참조).

임차주택에 대한 보증금반환청구소송에서는 임차보증금이 3,000만원을 초과하는 경우에도 소액사건심판법에 따라 소송절차를 신속하게 진행한다(같은 법 제13조, 소액사건심판법 제6조, 제7조).

사례 풀이

〈사례1에 대한 풀이〉

결론 : 상환판결을 하여야 한다.

근거 :

1. 논점의 정리

말소등기절차이행청구는 민법 제214조의 소유권에 기한 방해제거청구권으로서 ① 청구권자에게 소유권이 있을 것, ② 방해자의 등기가 있을 것, ③ 그 등기가 원인무효일 것을 요한다.

사안에서 甲의 소유권과 丙의 저당권등기는 인정된다. 따라서 甲의 말소등기청구가 인용될 수 있는지 여부는 乙의 전세권이 유효한지 여부와 만일 유효하더라도 甲이 전세금을 반환함으로써 전세권이 소멸되어 저당권이 효력이 없는 것인지 여부에 달려 있다.

2. 乙의 전세권이 유효한지 여부

(1) 甲과 乙 사이의 전세권설정계약의 효력

임차인과 임대인 사이의 합의에 따라 임차인 명의로 전세권설정등기를 경료한 경우, 전세권설정계약은 통정허위표시(민법 제108조 제1항)로서 무효이다(2006다58912).

(2) 甲이 전세권설정계약의 무효를 丙에게 주장할 수 있는지 여부

민법 제108조 제2항은 통정허위표시의 무효를 선의의 제3자에

게 대항하지 못한다고 규정한다. 여기에서 제3자란 통정허위표시의 당사자 및 포괄승계인 이외의 자로서 허위표시에 의하여 외형상 형성된 법률관계를 토대로 실질적으로 새로운 법률상 이해관계를 맺은 자를 말한다.

(3) 丙은 민법 제108조 제2항에 의하여 보호된다.

3. 甲이 丙에게 차임채권을 주장할 수 있는지 여부

(1) 丙의 저당권의 실행방법

전세기간이 만료하면 丙은 전세권에 갈음하여 존속하는 것으로 볼 수 있는 전세금반환채권을 그 지급 전에 압류하여 전부명령을 받음으로써 자신의 권리를 행사할 수 있다.

(2) 전세금의 담보범위

전세금은 그 성격에 비추어 민법 제315조 소정의 전세권설정자의 전세권자에 대한 손해배상채권이 아닌 다른 채권까지 담보한다고 볼 수 없다. 따라서 전세권설정자가 전세권자에 대하여 위 손해배상채권이 아닌 다른 채권을 가지고 있더라도 이를 가지고 전세금반환채권에 대하여 물상대위권을 행사한 전세권저당권자에게 상계 등으로 대항할 수 없다.

(3) 소결

甲은 丙에 대하여 전세권설정계약의 무효를 주장할 수 없으므로 전세권설정계약과 양립할 수 없는 임대차계약에 의하여 발생한 甲의 차임채권 등을 주장할 수 없다. 결국 甲은 위 채권으로써 丙이 전부받은 전세금반환채권과 상계할 수 없다.

4. 甲의 변제공탁으로 丙의 전세금반환채권이 소멸하지 아니하였다. 따라서 상환판결을 하여야 한다(민법 제317조, 2006다29372).

〈사례2에 대한 풀이〉

결론 : 일부(840만원)인용

근거 :

1. 임차보증금의 성질

임차보증금은 정지조건부 반환청구권을 수반하는 금전소유권의 이전이다. 정지조건은 임대차가 종료한 때 또는 임차물명도시에 임차인의 채무불이행이 없을 것이다. 임대인은 이러한 임차보증금의 성질에 기하여 우선변제권을 갖는다. 사안에서 임대인이 임차보증금에서 1520만원을 공제하였는바, 그 금액이 타당한지가 문제이다.

2. 위 손해배상금조항이 유효한지 여부

사안에서 임대인이 1520만원이라는 금액을 산출한 근거는 임대차계약서상의 손해배상금조항이다. 그러나 위 조항은 약관규제법 제2조에서 말하는 약관에 해당한다. 왜냐하면 위 조항은 A가 여러 명의 상대방과 계약을 체결하기 위하여 일정한 형식으로 미리 마련한 계약의 내용으로서 A가 B에게 제안하였기 때문이다. 그런데 약관규제법 제8조에 따르면 고객에게 부동하게 과중한 지연손해금 등의 손해배상의무를 부담시키는 약관조항은 무효인 바, 위 조항은 약관규제법 제8조에 의하여 무효이다.

3. 임대차종료 후 임차인의 목적물 계속점유와 부당이득

B는 A에게 계약종료일로부터 목적물 명도시까지 30일간의 차임(400만원)을 지급하여야 한다.

4. 관리비

B는 A에게 계약종료일로부터 목적물 명도시까지 30일간의 관리비(280만원)를 지급하여야 한다.

〈사례3에 대한 풀이〉

1. 계약자유의 원칙과 신의성실의 원칙

계약을 체결하고자 교섭을 시작하였다고 하더라도 그가 반드시 계약을 체결해야 할 의무를 부담하지는 않는다. 따라서 교섭중에 일방이 계약체결의 가능성을 주관적으로 신뢰하고 이에 따라 비용을 지출했다 하더라도 상대방이 당연히 손해배상의무 등 책임을 지지는 않는다(서울민지판 89가합20656).

그러나 乙이 계약체결을 위한 교섭 중에 계약이 틀림없이 성립할 것이라는 신뢰를 丁에게 일으켜놓고 적절한 이유 없이 교섭을 파기함으로써 丁에게 손해를 야기했다면 문제가 될 수 있다. 당사자 사이에 계약체결에 대한 확실한 기대를 바탕으로 하여 형성된 특별한 신뢰관계가 당사자 중의 일방에 의하여 아무런 이유 없이 파괴된다는 이는 중대한 신의칙 위반이 되기 때문이다.

2. 계약교섭의 부당파기로 인한 손해배상책임의 성질

(1) 계약책임론

종래의 통설은 계약교섭이 부당하게 파기된 경우의 손해배상책임을 계약책임으로 본다. 즉 계약의 교섭과정에서 이미 각 당사자는 상

대방의 이익을 해하지 아니할 신의칙상의 의무를 중심으로 하는 채권관계를 맺으며, 이 의무를 위반한 경우에는 손해배상책임이 발생한다고 한다. 이 때 채무자가 귀책사유에 대한 입증책임을 지고 제391조가 적용된다.

(2) 불법행위론

반면 판례는 계약교섭이 부당하게 파기된 경우의 손해배상책임을 불법행위책임으로 본다(2001다53059). 즉 대법원은 "① 어느 일방이 교섭단계에서 계약이 확실하게 체결되리라는 정당한 기대 내지 신뢰를 부여하여 ② 상대방이 그 신뢰에 따라 행동하였음에도 ③ 상당한 이유 없이 계약을 체결을 거부하여 손해를 입혔다면 이는 신의성실의 원칙에 비추어 볼 때 계약자유원칙의 한계를 넘는 위법한 행위로서 불법행위를 구성한다"고 판시하였다.

피해자가 귀책사유에 대한 입증책임을 지고 제391조 대신 제756조가 적용된다.

3. 손해배상의 범위

학설은 민법 제535조의 취지에 따라 배상범위를 신뢰이익에 한정짓는다. 신뢰이익의 내용은 피해자인 丁이 계약의 교섭이 차라리 없었더라면 지출하지 않았을 비용 기타 손해를 말한다.

판례도 같은 태도이다. 즉 '계약교섭의 부당한 중도파기가 불법행위를 구성하는 경우 그러한 불법행위로 인한 손해는 일방이 신의에 반하여 상당한 이유 없이 계약교섭을 파기함으로써 계약체결을 신뢰한 상대방이 입게 된 상당인과관계 있는 손해로서 계약이 유효하게 체결된다고 믿었던 것에 의하여 입었던 손해, 즉 신뢰손해에 한정된다고 할 것이고 이러한 신뢰손해란 예컨대, 그 계약의 성립을 기대하고 지출한 계약준비비용과 같이 그러한 신뢰가 없었더라면 통상 지출하지 아니하였을 비용 상당의 손해라고 할 것이다.' (2001다53059)

4. 사안의 해결

丁이 배상받고자 하는 100만원은 신뢰이익에 해당한다. 이는 계약교섭의 부당파기로 인해 배상받을 수 있는 손해이다. 문제는 법적 근거를 마련하는 데 있다.

(1) 계약책임론에 따른 해결

丁이 乙의 교섭파기에 따른 손해의 배상을 甲에게 청구하기 위해서는 민법 제390조가 요구하는 요건을 갖춰야 한다. 乙은 甲의 이행보조자로서 그의 고의나 과실은 甲의 고의나 과실로 본다(제391조). 乙에게 과실이 없다는 점은 甲이 입증하여야 한다.

(2) 불법행위론에 따른 해결

丁이 乙의 교섭파기에 따른 손해의 배상을 甲에게 청구하기 위해서는 민법 제756조가 요구하는 요건을 갖춰야 한다. 그러기 위해서는 우선 피용자 乙의 행위가 민법 제750조에서 정하는 불법행위요건을 갖추어 하고, 丁이 乙의 과실을 입증해야 한다.

〈사례4에 대한 풀이〉

결론 : 타당하지 않다.

근거 :

1. 법인 아닌 사단의 법률관계

사단의 실질을 가지고 있지만 법인으로 되지 않는 것을 '법인 아닌 사단'이라고 한다. 법인 아닌 사단으로 인정되려면, 단체로서의 조직을 갖추고, 대표의 방법 · 총회의 운영 · 재산의 관리 기타 단체의 중요한 점이 정관이나 규칙으로 확정되어 있어야 한다. 판례에 의하면 종중은 법인 아닌 사단에 해당한다.

법인 아닌 사단이 사원의 집합체로서 물건을 소유할 때에는 총유로 한다(민법 제275조 제1항). 총유에 관하여는 사단의 정관 기타 규약에 의하는 외에 민법 제276조와 제277조에 의한다(민법 제275조 제1항). 총유물의 관리 · 처분은 사원총회의 결의에 의한다(민법 제276조 제1항). 따라서 정관이나 규약에 달리 정함이 없는 경우 사원총회의 결의를 거치지 않은 총유물의 관리 및 처분행위는 무효이다(2002다64780).

판례에 따르면 법인 아닌 사단에 대하여는 사단법인에 관한 규정 가운데에서 법인격을 전제로 하는 것을 제외하고는 모두 이를 유추적용하여야 한다. 문제는 대표권제한의 경우에 민법 제60조를 유추적용할 수 있는가이다. 판례는 비법인사단의 경우에는 대표자의 대표권제한에 관하여 등기할 방법이 없어 민법 제60조를 준용할 수 없다고 본다(2002다64780). 비법인사단의 대표자가 정관에서 사원총회의 결의를 거쳐야 하도록 규정하고 있는 대외적 거래행위를 함에 있어서 이를 거치지 않은 경우, 그 거래 상대방이 그와 같은 대표권제한 사실을 알았거나 알 수 있었을 경우가 아니라면 그 거래행위는 유효하다고 본다(2002다64780).

2. 위 임대차계약의 유동적 무효

(1) 문제의 제기

사안에서 甲이 丙과 임대차계약을 체결한 것은 대표행위에 해당한다. 그런데 총회의 결의를 거치지 않았다. 이러한 경우에 임대차계약의 여부는 두 단계에서 검토되어야 한다.

우선 이 임대차계약의 체결이 민법 제276조 제1항의 총유물의 관리·처분에 해당하여 무효로 되는지를 살펴보아야 한다. 사원총회의 결의는 총유물의 관리·처분행위의 특별효력요건에 해당하기 때문이다.

만약 X토지의 임대차 총유물의 관리·처분에 해당하지 않는다면 다음 단계로 위 임대차계약이 대표권제한의 위반이어서 무효로 되는지를 검토하여야 한다. 乙종중이 정관으로 고정자산의 임대에 총회의 결의를 거치도록 한 것은 대표권의 제한에 해당하고 甲이 총회의 결의 없이 임대차계약을 체결한 것은, 이 제한을 위반한 것이기 때문이다.

(2) X토지의 임대가 총유물의 관리·처분에 해당하는지 여부

총유물의 관리 및 처분행위라 함은 총유물 그 자체에 관한 법률적·사실적 처분행위와 이용·개량행위를 말하는 것으로서, 본 사안에서 X토지에 관하여 임대차계약을 체결하는 것은 총유물 그 자체에 대한 관리행위이다. 따라서 위 임대차계약에 대하여는 민법 제276조 제1항이 적용되며, 그 결과 본 사안에서의 임대차계약은

민법 제276조 제1항에 의하여 무효이다.

그리고 이는 표현대리가 적용될 여지도 없다(2001다73626). 따라서 민법 제126조의 요건이 구비되었는지에 관계없이 무효이다. 그러나 그 행위는 무권대표행위로서 본인인 乙종중에 의하여 추인이 될 수는 있다(민법 제130조).

3. 무권대표행위의 추인

무권대표행위의 추인은 단독행위로서, 효력발생여부가 불확실한 행위에 대하여 그 행위로 인한 효과를 자기에게 직접 발생하게 하는 것을 목적으로 하는 의사표시이다. 추인을 위해서는 특별한 방식이 요구되지 않으며 명시적·묵시적 방법으로 모두 행사할 수 있다. 추인의 의사표시는 무권대표 또는 무권대표행위의 상대방 어느 누구에게나 할 수 있다. 상대방에 대하여 하는 경우에는 바로 추인의 효과가 발생한다.

사안에서 乙종중이 丙에게 임차보증금의 지급연기를 요구한 것은 결국 임차보증금을 지급하겠다고 하는 의사를 표시한 것이다(2001다59217 참조). 이는 임대차계약에 기한 의무이행(2003다44059 참조)의 의사를 상대방에게 표시한 것으로서 추인에 해당하며 추인의 효과는 바로 발생한다.

乙종중이 위 임대차계약을 추인하면 무권대표행위는 처음부터 유권대표행위로서 乙종중에게 효력을 갖는다(민법 제133조 본문).

〈사례5에 대한 풀이〉

결론 : 낙찰대금 1억원에서 먼저 丙이 9,000만원을 변제받는다. 그리고 그 나머지 1,000만원은 甲이 변제받게 된다.

근거 :

1. 甲의 우선변제권

甲은 4,000만원의 임차보증금회수와 관련하여 어떤 우선변제권을 갖는지 검토하기로 한다.

(1) 전세권자로서의 우선변제권

甲은 丙의 저당권등기가 있은 후에 전세권을 취득하였으므로 전세권자로서의 우선변제순위는 2순위이다(민법 제303조 제1항).

(2) 소액임차인으로서의 우선변제권

주택임차인은 보증금 중 일정액을 다른 담보물권자보다 우선하여 변제받을 권리가 있다(주임법 제8조 제1항 제1문). 이 경우 임차인은 주택에 대한 경매신청의 등기 전에 주임법 제3조 제1항의 요건(주택의 인도와 주민등록)을 갖추어야 한다(주임법 제8조 제1항 제2문). 그리고 이에 따라 우선변제를 받을 임차인 및 보증금 중 일정액의 범위와 기준은 주택임대차위원회의 심의를 거쳐 주택가액의 2분의 1의 범위에서 대통령령으로 정한다(주임법 제8조 제3항). 주임법시행령에 의하면 우선변제를 받을 수 있는 보증금 중 일정액의 범위는 공주시에서는 보증금 4,500만원 이하인 경우에 한하여 1,500만원까지이다(주입법시행령 제3조 제1항, 제4조). 사안에서

甲은 공주시의 임차인으로서 보증금이 4,000만원이므로 보증금 4,500만원 이하에 해당하며, 그에게 우선변제권이 인정되는 경우 丙보다 앞서 1,500만원을 우선변제받을 수 있다.

사안에서 주택임차인 甲은 보증금채권의 배당을 요구하였다. 그런데 경매신청등기시에는 대항요건을 갖추지 못한 상태였다. 그러므로 甲은 소액임차인으로서의 우선변제권이 인정되지 않는다.

2. 丙의 우선변제권

丙은 甲의 전세권이나 주택임차권, 丁의 저당권보다 앞서 2014년 2월 1일에 저당권을 취득하였다(부동산등기법 제6조 제2항). 따라서 丙의 우선변제순위는 1순위이다(민법 제356조). 따라서 낙찰대금 중 9,000만원을 배당받는다.

3. 丁의 우선변제권

丁은 丙의 저당권등기, 甲의 전세권등기가 있은 후인 2014년 12월 1일에 저당권을 취득하였다(부동산등기법 제6조 제2항). 따라서 丁의 우선변제순위는 3순위이다(민법 제356조). 그런데, 丙, 甲에게 배당이 이루어진 후에는 낙찰대금이 남지 않게 되므로 丁은 전혀 배당을 받지 못한다.

〈사례6에 대한 풀이〉

1. 문제의 제기

2. 소액임차인의 우선변제권

(1) 요건

(2) 우선변제를 받는 대상

3. 미등기주택 임차인의 대지 환가대금에 대한 우선변제권

(1) 주택임대차보호법의 규정 및 입법취지

(2) 미등기주택의 경우 대항력만을 인정해서는 임차인 보호에 미흡하다.

(3) 우선변제권이 인정되지 않으면 주택 및 대지 소유자가 부당이득을 하게 된다.

(4) 담보권자의 이익이 침해된다고 할 수 없다.

4. 문제의 해결 : 2004다26133

〈사례7에 대한 풀이〉

1. A는 무권대리인이므로 대리행위의 효과는 당연히 B에게 귀속하지는 못한다. 계약의 무권대리행위는 유동적 무효이다. 그러므로 본인의 추인 또는 추인거절에 따라 본인에 대한 효과귀속여부가 결정된다. 본인인 B의 추인 또는 추인거절이 있을 때까지 C는 추인여부에 대한 확답을 최고할 수 있으며(민법 제131조), 또한 임대차계약의 성립요소인 자신의 의사표시를 철회하여 임대차계약의 구속력으로부터 완전히 벗어나는 것도 가능하다(민법 제134조).

2. 만일 본인이 추인을 하게 되면 C의 B에 대한 사용·수익청구권(임차권)이 처음부터 유효하게 성립한 것과 같이 된다(민법 제130조·제133조). C는 B에게 아파트의 사용을 허여할 것을 청구할 수 있다.

3. 만일 본인이 추인을 거절하게 되면 B는 C에 대해서 아무런 책임도 부담하지 않는다. C는 B에게 아파트의 사용을 허여할 것을 청구할 수 없다. 이 때 C는 A에 대하여 사용·수익허여의무의 이행을 청구할 수 있다(민법 제135조 제1항).

〈사례8에 대한 풀이〉

결론 : 타당하다.

근거 :

1. 문제의 제기

주택임차인이 거주하던 주택이 임대인의 채권자들에 의해 경매에 붙여지는 경우 주택임차권은 경락에 의하여 소멸한다(주택임대차보호법 제3조의 5 본문). 다만 보증금이 전액 변제되지 아니한 대항력이 있는 임차권은 소멸하지 않는다(같은 조 단서). 여기서 대항력이 있는 임차권이란 임차주택상에 있던 1번 저당권보다 앞서 대항요건을 갖춘 임차권을 말한다(98다32939).

임차주택의 경락으로 임차권이 소멸하는 임차인은 임대인으로부터 반환받아야 할 임대보증금을 경락대금에서 변제받아야 한다. 임차주택의 경락에 의하여도 임차권이 소멸하지 않는 임차인은 경락대금에서 변제받지 못한 보증금을 경락인으로부터 반환받을 수 있다. 왜냐하면 경락인이 임대인의 지위를 승계하기 때문이다. 따라서 어떤 주택임차권이 1번 저당권보다 앞서 대항요건을 갖추었는가 아닌가는 주택임차인에게나 경락인에게 커다란 차이를 낳는다.

2. 丙의 대항력 취득시점 : 2002다38361

〈사례9에 대한 풀이〉

결론 : 乙이 선의인 경우 계약을 해제하고 손해배상을 청구할 수 있다.

근거 :

1. 丙에 대한 乙의 주택인도청구권

주택임차인이 주택의 인도를 받고 주민등록을 마친 때에는 그 다음 날로부터 임차권을 가지고 제3자에게 대항할 수 있다(주택임대차보호법 제3조 제1항). 사안에서 丙이 거주하고 있으므로 주택의 인도가 있었다고 볼 것이며 乙이 소유권이전등기를 마치기 1년 전에 주민등록을 마쳤으므로 丙은 자기의 임차권을 가지고 乙에게 대항할 수 있다. 그러므로 乙은 丙에게 소유권에 기한 주택인도청구를 할 수 없다.

오히려 乙이 법률상 당연히 임대인의 지위를 승계한다(같은 조 제4항). 따라서 乙은 丙의 임대인으로서의 권리와 의무를 가진다.

2. 甲의 담보책임을 이유로 한 乙의 권리

乙은 丙에게 X주택의 인도를 청구할 수 없으므로 완전한 소유권의 이전을 받을 수 없게 된다. 따라서 매도인 甲은 매수인 乙에 대하여 제한물권이 있는 경우의 담보책임을 지게 된다(같은 조 제5항). 그러나 매도인 甲이 담보책임을 지는 데 있어서는 乙의 선의·악의에 따라 그 내용이 달라진다.

즉 乙이 그 주택에 대항력이 있는 임차권이 존재하는 것을 알지 못한 경우에는 계약의 목적을 달성할 수 없음을 이유로 매매계약을 해제하고 손해배상을 청구할 수 있다(민법 제575조 제1항). 이와 같은 권리는 임차권의 존재 사실을 안 날로부터 1년의 제소기간에 걸린다(같은 조 제3항). 하지만 乙이 처음부터 대항력 있는 임차권의 존재를 알고 있었던 경우에는 손해배상도 청구할 수 없다(같은 조 제1항, 제3항).

〈사례10에 대한 풀이〉

결론 : 연체차임을 공제한 잔액(9760만원)만을 요구할 수 있다.

근거 :

Ⅰ. B가 임차보증금반환채권을 유효하게 취득하는지 여부

1. 임차보증금반환채권의 의의

임차보증금은 부동산임대차 특히 건물임대차에 있어서 임대인의 채권(차임채권, 손해배상채권 등)을 담보하기 위하여 임차인이나 제3자가 임대인에게 교부하는 금전 기타의 유가물이다.

임차보증금반환채권은 목적물반환시에 임대인의 채권을 공제한 잔액에 대하여 발생한다. 임대인의 보증금반환의무는 임차인의 임차물반환의무와 동시이행의 관계에 있다.

2. 채권양도

지명채권은 원칙적으로 양도성을 갖는다(민법 제449조 제1항 본문). 지명채권의 양도는 당사자인 양도인과 양수인의 합의에 의해 행해진다. 그런데 지명채권의 양도는 양도인이 채무자에게 통지하거나

채무자가 승낙하지 아니하면 채무자에게 대항하지 못한다(민법 제450조 제1항). 이는 통지나 승낙이 있으면 양수인이 채무자에게 자신이 채권자임을 주장할 수 있다는 의미이다.

3. B가 채권양도의 대항요건을 갖추었는지 여부

사안에서 B는 A로부터 채권을 양수한 양수인이다. 사안에서 甲은 A가 임차보증금반환채권을 B에게 양도함을 승낙하였다. 따라서 B는 甲에게 채권자임을 주장할 수 있다.

Ⅱ. B의 보증금반환청구권의 발생시기

임차보증금반환채권은 임대차가 종료한 뒤 임차물을 반환하는 때에 발생한다. 그것도 임대인의 차임채권액과 손해배상채권액을 공제한 잔액에 관하여 발생한다.

사안의 경우 甲과 A 사이의 임대차가 甲에 의해 해지되었다(민법 제640조). 따라서 임대차는 종료되었으므로 A가 甲에게 임차건물을 반환할 때 A의 채무가 있으면 그 채무를 공제한 금액에 관하여 乙의 임차보증금반환채권이 발생한다. A는 3개월분의 차임을 지급하지 못하였으므로 甲은 3개월간의 차임 240만원을 공제한 9천 760만원만을 乙에게 지급하면 된다.

조문색인

[민법]

[주택임대차보호법]

판례색인

주거복지법제와 주택임대차법의 현황과 과제

저 자 : 이은희· 여경수
발행처 : 충북대학교 출판부
발행인 : 김 수 갑
주 소 : 28644 충북 청주시 서원구 충대로 1
전 화 : (043) 261-2952, 3014
팩 스 : (043) 274-1256
이메일 : presscbu@chungbuk.ac.kr
등 록 : 제1983-2001-7호
초판1쇄: 2019.02.20
인쇄처 : 삼성디자인기획

ISBN 978-89-7295-489-7 93360

* 이 책은 2018년 충북대학교 국립대학 육성사업에 의해 지원 발행되었음.

값 23,000원